教育 4.0：

新五倫‧智慧創客學校

鄭崇趁　著

作者簡介

鄭崇趁　1953 年生　臺灣省雲林縣人

- **學歷**

  國立政治大學教育學博士（1999）

  國立高雄師範大學教育學碩士（1989）

  國立臺灣師範大學教育學學士（1986）

  省立臺北師範專科學校畢業（1974）

- **經歷**

  國民小學教師五年（1976～1981）

  教育部行政職務十九年（1982～2000），

  經任幹事、秘書、組主任、專門委員

  國立臺北教育大學專任教師（2000～），經任主任秘書、教育政策與

  管理研究所所長、教育經營與管理學系系主任、研發長

- **現職**

  國立臺北教育大學教育經營與管理學系教授（2006～）

- **榮譽**

  高等考試教育行政人員（1981）

  教育部 1991 年及 2000 年優秀公務員

- **專長**

  教育經營學、校長學、教師學、教育計畫、教育評鑑、家長教育學

  知識教育學、智慧創客教育、KTAV 教學模式、教育 4.0、新五倫教育

  學、進升領導

- 著作

    教育 4.0：新五倫‧智慧創客學校（2018）

    知識教育學：智慧人‧做創客（2017）

    教育經營學個論：創新、創客、創意（2016）

    家長教育學：「順性揚才」一路發（2015）

    教師學：鐸聲五曲（2014）

    校長學：成人旺校九論（2013）

    教育經營學：六說、七略、八要（2012）

    教育經營學導論：理念、策略、實踐（2011）

    教育的著力點（2006）

    國民中小學校務評鑑指標及實施方式研究（2006）

    教育計畫與評鑑（增訂本）（1998）

    教育與輔導的軌跡（增訂本）（1998）

    教育與輔導的發展取向（1991）

序

進升「教育 4.0」的元素：覺識、方法、動能、價值

「教育 4.0」的想像與建構，來自「工業 4.0」對教育發展的啟示。「工業 4.0」已有明確的「進升指標」版本：1.0 機械化→2.0 電氣化→3.0 自動化→4.0 智慧化。教育 4.0 還在想像與建構階段，亟待深耕教育的學者專家發揮集體智慧，研發最適化「版本指標」，帶動學校「進升經營」，迎接「教育 4.0」的時代，推進教育新文明與文化。

筆者認為，建構「教育 4.0」的版本，要系統思考「教育進升」的四大元素：「覺識」、「方法」、「動能」與「價值」。覺識者，覺察到的深層見識也；在本書中，指覺識「素養、能力、知識、價值」四者之間的緊密關係與教育經營的任務指標。方法者，經營教育的進升力點也；在本書中，指新教育「組件元素」的優化、活化、創化、新化的進升焦點，例如：「KTAV 教學模式」進升「新五倫·智慧創客教育」。動能者，教育人員的認同加持與承諾力行也；在本書中，指六大主題計畫，帶動教育人員邁向「教育 4.0」的新動能。價值者，人類共好的生活品質也；在本書中，指發現「教育 4.0」的新知識價值，發現 KTAV 的新技術價值，發現主題計畫的新動能價值，發現智慧創客的新人生價值。

是以本書共分四篇十八章：第一篇「理念素養篇：新覺識」，包括第一章至第五章，覺識五大理念素養：「教育 4.0 版本」、「核心素養元素」、「4.0 教師」及「4.0 校長」、「知識教育學」、「知識遞移說」；第二篇「進升策略篇：新方法」，包括第六章至第十章，用 KTAV 教學模式串聯實踐新五倫教育、價值教育、智慧教育、創客教育、資源統整、校務治理等新元素組件，分別找出它們的進升策略與使力焦點；第三篇「實踐計畫篇：新動能」，包括第十一章至第十六章，專業示範六大主題計畫，開啟校長智慧領導、教師創客教學，學生「做中學，有作品」，師生共同「論價值」的教育新動能；第四篇「新詞釋義篇：新價值」，包括第十七章及第十八章，

第十七章詮釋本書二十個新專有名詞的價值意涵，第十八章則詮釋「後教育4.0」的未來發展，暨「新覺識、新方法、新動能、新價值」再進升的價值脈絡。

　　本書共約二十萬字，具六個稍有亮點的價值貢獻：(1)定義「教育4.0」的有效版本：1.0是指「書院、私塾教育時期」，2.0是指「公共教育普及化時期」，3.0是指「特色品牌學校教育時期」，4.0是指「新五倫‧智慧創客學校時期」；(2)分析鉅觀微觀的版本價值：本書分析兩個鉅觀教育（學校教育、學習成就）及八個微觀教育（課程教學、校長領導、優質學校、資源統整、教育計畫、體驗學習、自造者教育、教育博士），從1.0至4.0的進升版本，具有任務指標引領經營價值；(3)解碼教育元素組件系統：將教育的分項、議題解碼為具體的元素、組件及系統結構，提供教育人員掌握使力進升的焦點；(4)運作KTAV進升教學模式：KTAV教學模式及KTAV單元學習食譜，是價值教育、智慧教育、創客教育、新五倫德育通用的「課程設計」及「教學實踐」之精緻模式，就一般教學模式而言，具有大幅進升的價值；(5)進升品格、智慧、創客教育：這三大教育都有明確的「概念型定義」、「操作型定義」及「績效價值」論述，教育的實境由此三大教育脈絡，帶動進升，邁向「教育4.0」；(6)創新知識價值素養教育：「教育4.0」的教育是素養取向的教育，是知識價值化的生命歷程，本書接續《知識教育學：智慧人‧做創客》一書，繼續創新，開啟「教育4.0」新教育文明與文化。

　　「新覺識」暨「新動能」對人的影響價值最深層，在本書即將出版之際，筆者對教育4.0的「最適化版本」又有新的覺識：教育1.0是「生活化（經驗化）」時期，教育2.0是「知識化」時期，教育3.0是「能力化」時期，教育4.0是「素養化」時期。此一版本更有助於原來學校教育版本的「實踐經營」暨「進升發展」，筆者已在第一章最後補註說明。

　　本書若有不足之處，敬請方家指導斧正。

鄭崇趁　寫於崇玉園

2018年11月1日

目次

第一篇
理念素養篇：新覺識

教育新覺識　覺識新教育
　　素養　是　內隱的　新知能元素模組
　　能力　是　外顯的　好價值行為實踐
　　知識　乃　素養能力的　優活水源頭
知能融合創價　智慧人・做創客
推進　教育4.0　新文明文化

教育 4.0 進升任務指標

教育 1.0〈經驗化〉	私塾、書院時期〈脫文盲、求功名〉
教育 2.0〈知識化〉	學校教育公共化時期〈知識人、社會人〉
教育 3.0〈能力化〉	特色品牌學校時期〈獨特人、永續人〉
教育 4.0〈素養化〉	新五倫・智慧創客學校時期〈智慧人、做創客〉

第一章 「教育 4.0」的意涵暨 「學校經營」的進升

導論

本章的「核心內容」曾發表在 2018 年 4 月號《教育研究月刊》（288 期，頁 53-67），因本文具有五大特質，所以選為本書的首章。這五大特質是：(1)提出「教育 4.0」的討論版本：鉅觀二個、微觀八個；(2)採用「進升」的觀點探討教育的發展：不用改革、改進的傳統名詞；(3)接續「工業 4.0」分析人類文明與文化性質：文明具有進升性，文化具有含容性；(4)建議找出教育的「組件元素」成為經營的「進升力點」：如本章的微觀八個分項；(5)推薦 KTAV 教學模式，經營「教育 4.0」新五倫・智慧創客學校：KTAV 是當前四大教育趨勢通用的教學「智慧型工具」。

「教育 4.0」的想像來自「工業 4.0」的啟示，其版本規劃，應系統思考「文明進升性」、「文化含容性」暨「臺灣學校教育」的發展事實。教育 4.0 的鉅觀意涵在「進階分級」及「目標詮釋」；教育 4.0 的微觀意涵則在「學校經營」的進升。從臺灣的「學校教育歷史」看教育 1.0 至教育 4.0，概要如下：

教育 1.0：書院、私塾教育時期 〈脫文盲・求功名〉

教育 2.0：學校教育公共化、普及化時期 〈知識人・社會人〉

教育 3.0：特色品牌學校教育時期 〈獨特人・永續人〉

教育 4.0：新五倫・智慧創客學校時期 〈智慧人・做創客〉

壹、緒言：「優質學校4.0版」與「邁向博士2.0」的討論

這是真實的教育情境，也即將是教育的最新議題。教育有沒有 4.0？如果「有」，那它是什麼？教育人員能否運用它「進升」的「目標設定」，來增進學校經營「著力點」的掌握，進而提升教育品質，強化個別教育（人）或組織教育（學校）的競爭力，創新教育的價值。

筆者曾參與臺北市「優質學校 4.0 版」（4.0 版係第三次修訂，第四種版本）的認證項目及指標的規劃，完成「資源統整」向度，認證「項目」、「指標」、「評審標準」及「學校參考作法」的文本（文字規範）。「資源統整 4.0」的優質學校，將「資源統整」四代版本的「進升焦點」界定如下：1.0 版為「親師合力」、2.0 版為「資源系統」、3.0 版為「知能創價」、4.0 版則為「智慧創客」，是以 4.0 版資源統整的四大認證項目即為：「親師合力」→「資源系統」→「知能創價」→「智慧創客」。上述每一項目內含兩個認證指標，學校經營的文本與實踐符合其八大指標的規範內涵，就可通過評選，獲得臺北市政府頒給的獎金二十萬元暨獎牌、獎座。學校成為「資源統整」優質學校，學校師生獲得莫大榮譽，師生都創新了個人生命價值，同時也創新了組織（學校）的教育價值。

國立臺北教育大學教育經營與管理學系博士班的招生廣告，強調「邁向教育博士 2.0」，筆者在博士班授課時，有學生提問：「我們的招生廣告為什麼是邁向教育博士 2.0，而不是博士 4.0，現在不是進入了工業 4.0，而我們的教育只有 2.0 嗎？」那一堂課，花了一小時的時間討論「博士 1.0 至博士 4.0」是什麼，還沒來得及討論教育 1.0 至教育 4.0。最後，筆者在白板上用黑筆及紅筆寫下以下的摘要：

博士 1.0：取得博士學位。

博士 2.0：論文可出版。

博士 3.0：論文之外有系列著作或研究。

博士 4.0：有發現新理論、工具或重大貢獻。

是以招生廣告提列「邁向教育博士 2.0」是適當的。學校期待「進來就學的博士生」都能順利畢業「取得博士學位」（1.0）；取得博士學位的學生，都有博士論文，如果他的博士論文可以正式出版，或將核心內容改寫成 SSCI 或 TSSCI 文章，傳承創新知識，則為博士 2.0。招生廣告很適合「國立臺北教育大學教育經營與管理學系博士班」的水準，已有強烈「進升」的意涵指標。

本文將尋根探源，優先探討工業 4.0 的發展、工業 4.0 對教育事業發展上的啟示，然後再以「鉅觀」的教育視角（如學校教育、學習成就），詮釋教育 4.0 的可能意涵。之後接續以「微觀」的個別教育議題（如課程教學、校長領導、優質學校、資源統整、體驗學習、自造者教育）等討論 4.0 的進升版本，提供學校經營者作為參照經營之「方向」與「著力點」。

貳、工業 4.0 對教育發展的啟示

工業 1.0 到工業 4.0 的發展，彩繪著人類不同階段的新文明與文化，人類的生活型態因其發展而改變，同時也增生了人類生命的價值與尊嚴。工業 1.0 指的是約從 1776 年起的「機械化」時期，因為瓦特（James Watt）發明蒸汽機，機械動能（引擎）讓人類發明各種器具，而成為工作與生活的利器。工業 2.0 約從 1870 年開始，稱為「電氣化」時期，機電整合突飛猛進，電話、電鍋、電動車、鐵路電氣化、飛機、高鐵、生活及交通器具等，皆有革命性的進化。工業 3.0 約從 1950 年起，稱為「自動化」時期，

機器人發展逐漸取代勞力密集工作，電腦及手機加入自動化革新，「全球化」（地球村）的景象已然形成。工業 4.0 約從 2010 年開始，稱之為「智慧化」時期，最大特色的 AI（智慧機器人、智慧型手機、電腦及數位產品）、物聯網及大數據，勢將人類的生活導入「智慧創客」新世界。

　　工業 4.0 對教育的啟示有四：(1)文明普及化後成新文化：工業 1.0 至 4.0，代表人類文明發展的四階段，先由菁英知識分子研發（發現），少數人使用的時期，即為新文明；新文明普及化後，有多數人跟進，而成為基本生活型態，即為新文化；(2)文明具有「進升性」、文化具有「含容性」：新文明本是文化進升而來的，通常工業 1.0 普及化成為新文化後，工業 2.0 的新文明接著出現，進升到 2.0 普及化後，接續進升到 3.0 及 4.0；人類的人口眾多，國家的文明進程及貧富落差頗大，文明與文化進程參差不齊，多數人的基本生活稱為文化；同一個國家中，雖然部分的人已進入工業 4.0 的生活，但也有更多的人停留在 3.0、2.0，甚至 1.0 的生活，1.0 至 4.0 的人同時存在於一個國家、一個族群之中，此稱為文化的含容性；(3)發現「新元素及新零組件」是創新文明與文化的根：如瓦特發明「蒸汽機」、愛迪生（Thomas Edison）發明「電燈」、萊特兄弟（Wright brothers）發明「滑翔機」等，都是發現「新元素」，組合成工業革命的動因。近代比爾・蓋茲（Bill Gates）創新的微軟世界（電腦）、史蒂夫・賈伯斯（Steve Jobs）的蘋果天下（手機），以及羅琳（J. K. Rowling）的「哈利波特」都是發現「新零組件」。新元素及新零組件的系統重組，讓工業 1.0 進升到 2.0，再進升到 3.0，現在則進升到 4.0。因此，發現「新元素及新零組件」是創新文明與文化的「根」，工業發展如此，教育事業的發展亦當如此；(4)教育 4.0 將推進人類新文明與文化：工業 4.0 的發展對人類的貢獻大家看得見，教育的經營如果也能明確揭示教育 1.0 至教育 4.0 的進升階段與指標系統，並發現教育主體之「元素及零組件」，有 4.0 的教育文明，就能串聯帶動

原本 1.0、2.0、3.0 的進升，累進創新人類的教育文明與文化。

參、教育 4.0 的「鉅觀」意涵：「進階分級」與「目標詮釋」

　　教育 1.0 至教育 4.0 到底是什麼？它是否「真的存在」，是當前教育界的新興議題，也即將成為最夯的熱門議題。對它的討論與爭辯，將有助於教育人員的覺醒，思考自己關注的「終身志業」對人類真實貢獻的程度，進而調整「生命價值觀」，深耕「自我實現」及「智慧資本」的定位與實踐，全面增進教育經營的效能與效率，邁向教育 4.0 的榮景。本文旨在提供一個初步討論的「版本」，希望能爭取「認同、加持、實踐、創新」，為臺灣的教育事業發現「新的教育元素及零組件」，期待它能點亮臺灣教育新亮點。

　　就整體教育現況而言，「臺灣教育」與「教育文明國家」相較，臺灣的教育約在 2.0 至 3.0 之間，談不上教育 4.0（國際間尚沒有正式或公認的教育 4.0 文獻）。

　　教育的發展及進升與國家社經水準（國力）攸關，目前臺灣人的平均 GDP 也大約處於 2.0 至 3.0 之間，因此筆者就「鉅觀教育」的視角，從「學校教育歷史」及「學習成就」兩個面向，分析教育 1.0 至教育 4.0 的階段與內涵，概要如下。

一、學校教育歷史的教育 4.0

　　就「臺灣本位」思考，整體中華文化學校教育的歷史發展，勉強可用四個較明顯的階段，來劃分討論教育 1.0 至教育 4.0。筆者提供一個概要的「版本」，如表 1-1 所示。

表 1-1 「學校教育歷史」看教育 1.0 至教育 4.0

教育 1.0	書院、私塾教育時期	〈脫文盲・求功名〉
教育 2.0	學校教育公共化、普及化時期	〈知識人・社會人〉
教育 3.0	特色品牌學校教育時期	〈獨特人・永續人〉
教育 4.0	新五倫・智慧創客學校時期	〈智慧人・做創客〉

　　表 1-1 的劃分基準主要在「學校教育機制」的「形成」及其「核心內容」的演進。教育 1.0 指的是封建時代的「書院教育」及「私塾教育」時期，它們是當前「學校教育」的濫觴（起源）。書院、私塾教育時期的教育目的有二：「脫文盲」（平民而言）及「求功名」（知識分子而言），是以「十年寒窗無人問，一舉成名天下知」成為當時「讀書人」的最佳寫照。教育 2.0 指的是「學校制度的形成」及「公共教育普及化」階段，用學制作判準，「六年國教」及「九年國教」的實施，基本教育普及化及高等教育人口比率的提升，其教育目的之主軸在培育「知識人及社會人」。教育 3.0 指的是學校教育進入本位化、特色化、品牌化階段，例如：2000 年頒布的「國民中小學九年一貫課程綱要」，引導學校開展「學校本位課程」及「特色教育」，臺北市實施「優質學校」評選及「教育 111 標竿學校」認證，新北市有「卓越學校」、「新北之星學校」，教育部則舉辦「教學卓越獎」、「校長領導卓越獎」、「空間美學特色學校」評選，而多數縣市也多獎勵「學校特色」或有「特色品牌的師生」各項獎勵。教育 3.0 階段的目標就像「教育 111」的三個 1：「一校一特色、一生一專長、一個都不少」，其教育目的則強調「獨特人」及「永續人」。教育 4.0 指的是學校教育進升到「新五倫・智慧創客學校」的階段，用「新五倫及其核心價值」逐漸轉化傳統的五倫之教，統整德育及智育教學，用具有實際「價值」行為表現的「智慧教育」及「創客教育」，來呼應和實踐「核心素養」導

向的教育階段,其教育目的關注在「智慧人‧做創客」的培育。筆者出版《知識教育學:智慧人‧做創客》(鄭崇趁,2017)一書,對此趨勢有較詳細的說明與論述,讀者可參考之。

二、學習成就的教育 4.0

「學歷」是學生個人接受國家教育程度的核心指標,它雖然不能完全反應每個人的學習成就與知識技術能力,但它是依循國家「學制」與「國際標準」通用的成就指標,因此每個國家對完成各級學校學業的人民,均核發給畢業證書,以證明其「學歷」與潛在「學力」。高等教育階段亦分級別,授予學士學位、碩士學位,以及博士學位,用畢業證書及學位來「表達」學習成就的級別。依此原理,我們亦可用學生的「學習成就」來詮釋教育 1.0 至教育 4.0。筆者擬訂了表 1-2 的參照版本。

表 1-2 學生「學習成就」看教育 1.0 至教育 4.0

教育 1.0	完成十二年國民基本教育(國小、國中、高中畢業)
教育 2.0	完成大學教育,取得學士學位
教育 3.0	完成碩士學程,取得碩士學位
教育 4.0	完成博士學程,取得博士學位

肆、教育 4.0 的「微觀」意涵:「學校經營」的進升

教育 4.0 的「鉅觀」意涵,旨在「系統思考」當前教育的文明與文化,給予「進階分級」與「目標詮釋」。前述兩種「鉅觀教育」的 4.0 分級版本,不一定有明確的科學證據,然在筆者撰寫出版「經營教育五學」及「知識教育學」之後,經由「系統思考」(觀照全面→掌握關鍵→形優輔弱→

實踐目標）之歷程，成果應可拋磚引玉，激發有志之士，研發更好（更精準詮釋）的創新版本，用教育產品（版本），帶動推進教育的新文明與文化。

從教育的文明與文化回頭看教育 4.0 的規劃，由於文明具有「進升性」，而文化具有「含容性」，且「新元素」及「零組件」是更新文明與文化的根。教育的「元素」及「零組件」要從「微觀教育」（分項教育主題）探尋與分析，深究其深層結構，始可發現。因此，本文接續就「課程教學」、「校長領導」、「優質學校」、「資源統整」、「教育計畫」、「體驗學習」及「自造者教育」等，論述其 4.0 版本暨學校經營進升著力點。

一、「課程教學」的進升：知識本位課程及素養取向教學

課程教學是國家教育的實際內容及實施方式，受三大因素的影響：(1)國家政治取向；(2)國力強弱（教育教學資源）；(3)教育領導人的思想抉擇（如課綱修訂）。因此，課程教學 1.0 至 4.0 的劃分難度最高，必須參照國家課綱的發展脈絡，並蒐集國際化文獻，再對照本國學校經營實踐的事實，再統整規劃其級別階段。部分的課程教學理論發現得很早（例如：我國的學記、有教無類、因材施教、六藝、王安石的太學三舍法、朱熹的白鹿洞書院學規；國外的柏拉圖的理想國、盧梭的愛彌兒、自然主義教育、兒童本位教育、杜威的民主主義教育、做中學），然在每一個國家的學校教育中，真正被關注、認同、採納，並加以實踐進而傳承創新者，各國的時間並不一致。筆者依據「課程本位」及「教學取向」，劃分其 1.0 至 4.0，如表 1-3 所示，以彰顯課程教學的進升在知識本位課程及素養取向教學。

表 1-3 課程教學 1.0 至 4.0 的進升指標及核心理論

課程教學	指標	核心理論
課程教學 1.0	國家本位課程、編序有效教學	1.德、智、體、群、美五育說 2.認知、情意、技能教學目標
課程教學 2.0	學校本位課程、課程統整教學	1.全人格教育說 2.能力說、發展說、品質說
課程教學 3.0	學生本位課程、優勢能力教學	1.多元智能說 2.價值說、自我實現說、智慧資本說
課程教學 4.0	知識本位課程、素養取向教學	1.知識教育學 2.教師學、知識遞移說

　　表 1-3 中，「課程教學 1.0」階段概指「國家本位課程及編序有效教學取向」時代，2000 年「九年一貫課程綱要」頒布前均屬之，其主要的課程教學理論，因國家教育目標強調「德智體群美五育均衡發展」，故以 Bloom 的「認知、情意、技能教學目標」理論以及 Skinner 的編序教學法被使用最廣。「課程教學 2.0」階段概指 2000 年「九年一貫課綱」頒行之後，因實施「一綱多本」教材以及鼓勵「學校本位課程」開展，迄今永續茁壯中，學校經營關注課程統整教學，教師自編主題統整教材教案，其課程教學理論以全人格教育以及能力說、發展說、品質說較受關注。「課程教學 3.0」階段約自 2010 年起，受到智慧型數位科技衝擊，學校教育設施升級、學生主體、翻轉教室，「以學定教」思潮影響，「學生本位課程」及「優勢能力教學」取向受到關注，其理論以多元智能說、價值說、自我實現說、智慧資本說漸被流行實踐。「課程教學 4.0」階段預估約自 2020 年起，強調「核心素養」取向的課程教學，「知識」為本位的課程，以及「智慧教育」、「創客教育」推動實踐，教師學及知識教育學將導引新課程教學理論的開展。

◤ 二、「校長領導」的進升：知識價值領導及智慧創客領導

　　校長領導是教育經營的軸心，「有怎樣的校長就有怎樣的學校」。校長領導的進升與校長任用制度攸關，首長派任時代，能夠表現職能特質行為者以及具備教育專業素養者，容易被聘任為校長，學校的文化風格受校長本身的人格特質影響極大；校長改為遴選制度之後，校長領導取向也隨之轉變，先是情境權變領導與轉型領導，後來分布式領導與參與式領導被強化與關注。另外，「知識領導」是「教育領導」的核心實體，也是之後「課程領導」、「教學領導」、「學習領導」共同的根。是以校長領導 1.0 至 4.0 的進升，筆者用「知識領導」及「領導取向」雙核心來建構其版本，如表 1-4 所示。

表 1-4　校長領導 1.0 至 4.0 的進升指標

校長領導 1.0	知識專業領導、行為特質領導
校長領導 2.0	知識學習領導、權變轉型領導
校長領導 3.0	知識創新領導、分布參與領導
校長領導 4.0	知識價值領導、智慧創客領導

　　「校長領導 1.0」係指校長由首長派任時期，重視校長個人知識專業的領導（以校長的教育專業知識領導同仁經營教育事業），以及行為特質的領導（領導上的特質論及行為論共同被實踐）。「校長領導 2.0」係指校長聘用改為遴選制初期（約從 2000 年開始），校長領導重視知識學習領導（校長領導幹部及教師學習教育專業知能，共同辦好教育工作），以及權變轉型領導（校長著力學校組織文化的轉型，營造最佳校園情境）；此時研究與實踐 Fiedler 的權變領導理論及 Burns 的轉型領導理論之情況較為明顯。「校長領導 3.0」約從 2010 年開始，重視知識創新領導（校長帶領教

師創新願景目標、創新課程教材、創新教學實踐、創新環境設施）提升教育品質，以及分布參與領導（校長與幹部、教師會、學生會、課程發展委員會分布職能且賦權增能參與擴能，共同經營學校教育事業）。

　　「校長領導 4.0」亦預估約從 2020 年起，知識價值領導逐漸被了解接受，智慧創客教育也普遍在學校現場實踐。校長在學校中對幹部、教師、學生的領導作為，集中在知識價值化的領導，領導師生用知識創新生命價值，用作品創新教育新價值，一起過著「智慧人・做創客」的日子，彰顯「順性揚才」與「適配教育」的價值，大家都有適配幸福人生。

■ 三、「優質學校」的進升：智慧創客教育・KTAV 教學模式

　　臺北市的「優質學校」是廣義的「特色學校」，並且是全國發展最嚴謹、「學理結合實務」最緊密的特色學校，推動滿十二年就訂頒 4.0 版本，具有「創新教育價值」的歷史意義，代表教育的經營進升，可以比照工業 4.0 的國際發展脈絡，系統思考本國「教育文明」及「教育文化」（進升與含容）的事實，針對整體教育（鉅觀）及分項主題教育（微觀）給予「進階分級」及「目標詮釋」。就優質學校本身，其 1.0 至 4.0 的進升再整理成表 1-5 的摘要，方便讀者對照。

表 1-5　優質學校 1.0 至 4.0 的進升脈絡

優質學校 1.0	特色經營教育・CIPP 教學模式	〈本位經營具特色〉
優質學校 2.0	精緻品牌教育・PDCA 教學模式	〈教育品質精緻化〉
優質學校 3.0	創新統整教育・HTDG 教學模式	〈學生主體新統整〉
優質學校 4.0	智慧創客教育・KTAV 教學模式	〈創新實驗國際化〉

「優質學校 3.0 版」由當時的臺北市立教育大學林天祐校長主持專案研究，並負責向擬申請學校說明。HTDG 教學模式係其研發創新，H 指 have（有什麼），T 指 think（想什麼），D 指 do（做什麼），G 指 get（得什麼），對於申請文本的撰寫具有莫大的啟示作用。而在「優質學校 4.0 版」中，KTAV〔K 指 knowledge（知識），T 指 technique（技術），A 指 ability（能力），V 指 value（價值）〕教學模式（鄭崇趁，2017）與「KTAV 單元學習食譜」並用，係推動智慧教育、創客教育、新五倫（價值）教育的共同工具（KTAV 教學模式及「KTAV 單元學習食譜」請見本書第二章及第八章的介紹）。

四、「資源統整」的進升：新五倫‧智慧創客學校

筆者配合臺北市優質學校 4.0 版指標的擬訂工作，將其中的「資源統整」向度，調整為 4.0 版的認證「項目」、「指標」、「評選指標」及「學校實踐參考作法」。為讓讀者明瞭資源統整 1.0 至 4.0 的進升方向，特以表 1-6 呈現其內容。

表 1-6　資源統整 1.0 至 4.0 的進升方向

資源統整 1.0	親師合力（以家長志工及社區資源為主的統整）
資源統整 2.0	資源系統（以校內外多元資源系統協助學校教育）
資源統整 3.0	知能創價（資源系統經由師生知能創新教育價值）
資源統整 4.0	智慧創客（師生智慧創客成為新五倫‧智慧創客學校）

表 1-6 係由本章「緒言」的部分文本優化而成，旨在提供讀者更方便閱讀及了解的型態。資源統整是「優質學校評選」的一個分項，「優質學校評選」本身可以設計 4.0 版；「資源統整」是分項，也可以設計 4.0 版，

代表「教育整體」的本身可以就其文明與文化的進升（含容），規劃設定 1.0 至 4.0。教育的次級系統及再次級系統（主題教育）亦均可就其發展常軌，設計其 1.0 至 4.0 的「核心指標」，作為學校經營進升的方向及著力點。

五、「教育計畫」的進升：具價值（慧）——自我實現·智慧資本的計畫

2018 年 1 月底至 3 月初，臺北市教師研習中心辦理國民小學主任培訓班，筆者擔任「處室經營計畫」科目的授課教師，共有四堂課（每堂三小時），必須教會這些候用主任（58 位）具備擬訂優質教育計畫（處室經營計畫）的能力，並在第五堂課舉辦計畫作品成果發表。筆者的教學綱要就採行 KTAV 教學模式的「KTAV 單元學習食譜」（本書第 108 頁），並且在第一次授課（2018 年 1 月 31 日下午）時，講解工業 4.0 對教育的啟示、教育 4.0 的可能樣貌，以及教育計畫 4.0 的脈絡。教育計畫 1.0 至 4.0 的進升，可以用表 1-7 來表達。

表 1-7　教育計畫 1.0 至 4.0 的進升脈絡

教育計畫 1.0	已存有（真）	有目標、策略、項目、配套內容
教育計畫 2.0	現好樣（善）	計畫含關鍵技術、理念績效
教育計畫 3.0	展優質（美）	計畫成系統結構、品質卓越
教育計畫 4.0	具價值（慧）	計畫帶給師生自我實現、智慧資本

課堂中為學員提示教育計畫 1.0 至 4.0 進升版本，學員最有感，會猛然覺醒自己擬訂「計畫能力」的位階，趕緊學會計畫的「關鍵核心技術」與「系統結構」要領，爭相努力要學習寫出邁向 4.0 的計畫，紮根自己教育計畫的素養（KTAV）。

■ 六、「體驗學習」的進升：究‧經營力點〈找到進升的著力點〉

2017 年 12 月及 2018 年 1 月間，筆者配合博士班課程需要，應學生期望，參訪了兩所績優學校的辦學（學生 12 位，績優學校校長本身即學員）。筆者將課程單元名稱定為「體驗學習」，並且提示體驗學習 1.0 至 4.0 的進升指標，要求每位學員離開參訪學校前的座談，要用 KTAV 學習食譜或 1.0 至 4.0 的指標進行分享回饋，回報主人（校長）提供「學校資源」給大家參訪（體驗學習）之辛勞與價值。筆者提示的體驗學習 1.0 至 4.0 的進升指標，如表 1-8 所示。

表 1-8　體驗學習 1.0 至 4.0 的進升指標

體驗學習 1.0	看（表象成果）	看到學校的事實成果績效（真：致用知識）
體驗學習 2.0	思（深層結構）	思考學校經營的深層結構（美：實踐能力、文化）
體驗學習 3.0	探（元素組件）	探討建構的元素及零組件（善：經營技術、文明）
體驗學習 4.0	究（進升力點）	提供進升努力的策略力點（慧：共好價值）

KTAV 教學模式〔表達學到的「致用知識」（真）、「經營技術」（善）、「實踐能力」（美）、「共好價值」（慧）〕與 1.0 至 4.0 的指標，讓兩次綜合座談的內涵充滿活潑生氣、動能強大、賓主盡歡，績效價值前所未見，會後參訪學生完成的「KTAV 單元學習食譜」評量作品，即為師生共同的「智慧創客」產品，得以直接提供主辦校長進升經營學校的「方向」與「著力點」，而「K（真）、T（善）、A（美）、V（慧）」即成為有效的教學模式，也是「核心素養」的共同元素，且「教育 4.0」的規

劃與設計,也可以成為有效的教學工具(模式),揭示學生深度學習的「方向」與「力點」。

七、「自造者教育」的進升:智慧創客教育學校(畢業生每人展十件作品)

筆者曾就參與新北市「創客教育中心學校」的輔導經驗,撰述《教育經營學個論:創新、創客、創意》(鄭崇趁,2016a)及《知識教育學:智慧人‧做創客》(鄭崇趁,2017)兩書有關自造者(創客)教育的論述內容,試擬自造者教育 1.0 至 4.0 的進升方向與著力焦點如表 1-9,希望能拋磚引玉,激發國內教育經營學者研發更為確當、普遍的「進升版本」,善用有限的「自造者教育」之預算與資源,幫助國內自造者教育普及化,「創客教師帶著創客學生」儘快邁入教育 4.0 的境界,推進教育的新文明與文化。

表 1-9 自造者教育 1.0 至 4.0 的進升脈絡

自造者教育 1.0	自造者教育中心學校(實物作品教育、智慧校園)
自造者教育 2.0	創課創新教育學校(教師編製創課教材、學生做中學、有作品)
自造者教育 3.0	創客作品教育學校(創客教師教創客學生、師生作品聯展)
自造者教育 4.0	智慧創客教育學校(畢業生每人展出智慧創客代表作品十件)

「自造者教育」是最新的教育議題,其核心內涵與外延正在逐步討論中,何時真的「有共識」而被政府採納為重要教育政策,教育界當拭目以待。就以「名稱」及教育核心內容而言,目前國教署的計畫方案用「自造

者教育」，新北市用「創客教育實驗中心學校」，生活領域課綱採「自造者生活應用教育」；而 2009 年「自造者嘉年華會」的海報標示著「從自造者到創客」，為教育領域實踐自造者運動找到最佳的詮釋，連結創新、創意、創課到創客，使用「創客教育」更符合教育的本意，自造者教育 3.0 至 4.0 的「進升」就得以銜接教育 4.0「新五倫‧智慧創客學校」。

伍、結語：「新五倫‧智慧創客學校」推進教育的新文明與文化

工業 4.0 彩繪了人類的新文明與文化，大家看得見，「機械化」→「電氣化」→「自動化」→「智慧化」實質改變了人類生活內涵，創新了人類生命價值與百業興隆，人人可以過著適配幸福的日子。「教育機制」對於人類文明與文化的傳承創新，其重要性理當高於「工業革命」，因為文明的「進升性」及文化的「含容性」都需要「教育」的介入，人類才能實質永續的傳承創新，推進新文明文化。因此，應從「鉅觀」與「微觀」的視角，設定教育 4.0 可以提供學校經營的「目標方向」與「經營力點」。

本書總共設計了十個教育 4.0，二個是鉅觀的教育（學校教育、學習成就），八個是微觀的教育。在八個微觀教育中，有四個是教育分項（課程教學、校長領導、優質學校、資源統整），有四個是教育主題（教育計畫、體驗學習、自造者教育及緒言中的「教育博士」）。可謂教育機制中大大小小的事務，都可以設定 1.0 至 4.0 的進升「目標主題」及「著力焦點」，推進教育的新文明與文化。

當前臺灣的教育，就整體教育文化而言，處在 2.0 至 3.0 之間（例如：5%「老人文盲」1.0；60%「高中大學人力」2.0；30%「碩士博士教師」3.0；5%「卓越教師」4.0；「綜合」2.5）。就分項教育主題，也多數處在

2.0 至 3.0 之間起起落落。本書界定教育 4.0 為「新五倫・智慧創客學校」，並在相關著作中，研發兩個新教育理論：「知識遞移說」及「新五倫及其核心價值」；兩個新教學工具：「KTAV 教學模式」及「KTAV 學習食譜」；定義教育新思維，如素養展能力、翻轉成創客、創新要智慧、集體講價值、知識能遞移；揭示教育新願景，如智慧人、做創客、新領導、優教師、能家長、行國民；統整教育新方法，如「知識→技術→能力→價值」四位一體的「智慧教育」、「研發有創意學習食譜→教導能創造操作學習→建構再創新知能模組→完成做創客實物作品」四創一體的「創客教育」。「新五倫・智慧創客學校」推進臺灣教育的新文明與文化，邁進教育 4.0，期待讀者的認同、加持、實踐、創新。

【補註】

　　關於教育 4.0 鉅觀視角的版本，在本書寫完，送印出版之際（2018 年 11 月 1 日），筆者有了新的覺識（版本建構）。從「教育哲學」的觀點，教育 1.0 至 4.0 的發展，也可以這般詮釋：教育 1.0「生活化（經驗化）」時期；教育 2.0「知識化」時期；教育 3.0「能力化」時期；教育 4.0「素養化」時期。「教育即生活」是杜威的名言，遠古時代的教育沒有學校，父母傳子女、求生存的教育，就是「教育即生活」（經驗持續的進升）。教育 2.0 開始有學校，學校教育的主要目的在傳承創新知識，是「教育即知識」的時代。教育 3.0 進升為「教育即能力」，例如：2000 年頒布「九年一貫課程綱要」，強調培育學生「十大基本能力」，而大學都重視系所學生「核心能力」的教育。教育 4.0 再進升為「教育即素養」，例如：兩岸的基本教育新課綱都進升為「素養取向」的教育。素養、能力都來自知識，素養含能力，素養展智慧，素養創新知識新價值（智慧人・做創客）。此一版本更有助於原來學校教育版本的實踐經營，進升發展。

第二章　建構「核心素養」的元素及零組件

【新知能模組說、知識遞移說、知能創價說】

導論

本章全文曾刊載於 2018 年 6 月號的《教師天地》（206 期，頁 1-14），具有四大特質：(1)用「組件元素」詮釋「核心素養」：素養由三大零組件及六大共同元素所建構；(2)三大組件從不同視角詮釋素養：「新知能模組說」註解素養的「理論意涵」；「知識遞移說」註解素養的「功能意涵」；「知能創價說」註解素養的「績效意涵」；(3)素養及其三大組件都由六大元素組成：真（致用知識）、善（經營技術）、美（實踐能力）、慧（共好價值）、力（行動意願）、行（德行作品）；(4)內隱素養外顯能力：本文主張素養是人身上的「新知能模組」，屬內隱知識（看不到），其外顯化成有價值行為，稱為「能力」，先有素養才有能力，素養含能力。

素養者，修養的元素也。素養是六大元素（真、善、美、慧、力、行）所建構的「新知能模組」；這六大元素也指「知識」（K）、「技術」（T）、「能力」（A）、「價值」（V）、「意願」、「實踐」。是以，「素養取向教育」最核心的教學元素是前四者：「知識→技術→能力→價值」這四大元素交互生成，關係緊密，理應四位一體教學，故筆者研發「KTAV 教育（教學）模式」及「KTAV 單元學習食譜」供教師們使用。

「知識遞移說」從「教育功能」意涵，詮釋「素養取向教育」，學生習得知識能力、創新知識（遞移成功）的四大關鍵技術：「知識解碼→知識螺旋→知識重組→知識創新」。「知能創價說」從「教育績效」意涵，註解「素養取向教育」知能融合創價基本歷程：「知識學習→知能融合→知能創價→智慧創客」。本章將用三個「圖說」來描繪這三大組件元素。

壹、緒言：「核心素養」意涵的討論

配合 2019 年新課綱的實施，教育界全面開展「素養取向」的教與學，編擬「素養取向」的評量。「十二年國民基本教育課程綱要總綱」（教育部，2014）對於核心素養的界定是：「核心素養」是指一個人為適應現在生活及面對未來挑戰，所應具備的知識、能力與態度。「核心素養」強調，學習不宜以學科知識及技能為限，而應關注學習與生活的結合，透過實踐力行而彰顯學習者的全人發展（吳清山，2017a）。此一定義具有三大重點：(1)素養包括能力：知識、能力、態度三大元素建構素養，是以素養包括能力；(2)素養的取得重視生活實踐力行：關注學科知識技能要與生活的實踐力行結合，才容易得到素養；(3)素養取向的教育在協助學生全人發展：全人發展仍然是素養取向的教育（學習）目標。

是以「十二年國民基本教育課程綱要總綱」所訂的核心素養，以「成就每一個孩子：適性揚才、終身學習」為願景。然後是四項總體課程目標：(1)啟發生命潛能；(2)陶冶生活知能；(3)促進生涯發展；(4)涵育公民責任。接著是核心素養，又分成三大面向與九大項目，並以圖 2-1 展現其滾動圓輪意象。其中，三大面向與九大項目分別為：

1. 自主行動：身心素質與自我精進、系統思考與解決問題、規劃執行與創新應變。

2. 溝通互動：符號運用與溝通表達、科技資訊與媒體素養、藝術涵養與美感素養。

3. 社會參與：道德實踐與公民意識、人際關係與團隊合作、多元文化與國際理解。

因此，方德隆（2017）認為，從 1968 年起，九年國民教育原本強調「義務教育」，重視「學科知識」的學習，2000 年頒行的「九年一貫課程

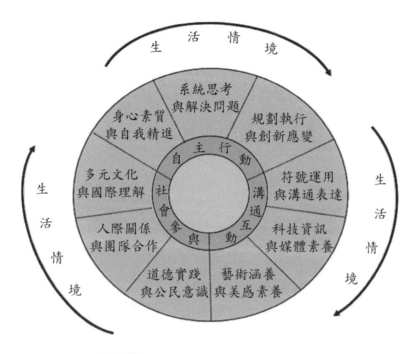

圖 2-1　臺灣教育核心素養的架構

資料來源：教育部（2014，頁 3）

綱要」，課程改革進升為「基本能力」，K-12 年級一貫課程改革則再進升為「核心素養」，將學科知識與基本能力擴大為「核心素養」，培養生活所需的自主行動、溝通互動、社會參與等核心素養。

　　蘇永明（2017）指出，在我國課綱用詞的國際比較上，九年一貫課程綱要（教育部，2000）所用的「基本能力」及十二年一貫課程綱要所用的「核心素養」都對照經濟合作暨發展組織（OECD）的「key competency」並不適當。「key competency」最合理的中譯，應翻成「關鍵能力」，而「素養」的英文較適合用「literacy」，並採 UNESCO 的定義：literacy 是指「識別、理解、解釋、創造、運算，以及使用不同環境下印刷與書面資料的能力，為涉及個人能夠實現目標、發展知識和潛能，並充分參與社區及

擴大社會的連續學習」。因此，literacy（素養）的定義已超越了讀寫能力，而著重個人認知與學習能力的整合開展。

OECD 的「邁向 2030 年的教育架構」被稱為「全球素養」的教育架構，它包括四大元素：知識（knowledge）、技能（skills）、態度（attitude）與價值觀（values）。其中的知識及技能各包含三大類元素：知識類有學科知識、跨學科知識、實用知識三類素養；技能類有認知與後設認知技能、社會與情緒技能、身體與實用性技能。強調現代學習的基本要素就是要能夠反思自己最佳的學習方式，每位學習者必須努力獲致一些核心素養，如自主行動的素養。素養能夠靈活應用知識、技能、態度與價值觀，同時能反思學習的歷程，以便在社會中與人互動與行動，故全球素養正是建構在此模式之上。方德隆（2017）將其翻譯如圖 2-2 所示。

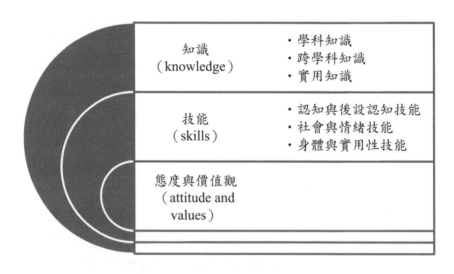

圖 2-2　OECD 的「全球素養」

資料來源：方德隆（2017）

筆者認為，上述的討論沒有詮釋三個問題：

1. 「素養」與「能力」到底有何異同：為何以前稱「基本能力」，而現在稱「核心素養」，英文卻都同樣使用「key competency」？
2. 教育在教素養也在教能力，那教什麼算素養，教哪些又算能力？
3. 教育教給人的是從「知識」入手，那知識如何變成人的素養或能力，其核心歷程又是什麼？

這三個問題如沒有合宜的註解詮釋，公告周知，讓教師及教育領導人釋疑明瞭，素養取向的教育將會陷入困境，就可能會像駱賓王〈詠蟬〉的詩句：「露重飛難進，風多響易沉。」

筆者為了詮釋這三個問題的「可能答案」，撰寫《知識教育學：智慧人‧做創客》（鄭崇趁，2017）一書，提出了三個近似理論的原理學說：「新知能模組說」、「知識遞移說」、「知能創價說」，用「新知能模組說」詮釋第一個問題；用「知識遞移說」及「知能創價說」綜合詮釋第二個及第三個問題。接續說明如下。

貳、核心素養的「理論」意涵：新知能模組說

Nonaka 與 Takeuchi（1995）發表知識管理公式「$KM = (P + K)^s$」及「知識螺旋」（knowledge spiral）效應，將知識分為內隱知識及外顯知識。知識螺旋是指，學習者的內隱知識不斷與教學者或同儕之外顯知識交流對話的「內部化」暨「外部化」交互作用螺旋過程，意味著學習者學習新知識，要先經「內部化」（螺旋）成為自己的「內隱知識」之一部分，然後才能參與分享再「外部化」（表達）成為自己的「外顯知識」（學習成果）。

　　知識教育學（鄭崇趁，2017）將知識界定為「萬物之名」，廣義的知識浩瀚無垠，包括五大類知識：物理現象的知識、事理要領的知識、生命系統的知識、人倫綱常的知識、時空律則的知識。教育（教與學）都在啟動生命系統的知識來學習這五大類知識。但生而有涯、知識無垠，每個人真正能夠習得的知識都是有限的。教育的偉大使命在教給人「夠用」而「有價值」的知識，這些知識的核心內容包括「真（致用知識）」、「善（經營技術）」、「美（實踐能力）」、「慧（共好價值）」。它們要先成為「內隱知識」（形成知能模組），才能進一部外顯化成為「外顯知識」（表達的知識，含行為能力）。

　　人類用四種方法習得知識：感覺而來的知識、知覺而成的知識、概念建構的知識、現象詮釋的知識。是以人類習得知識的主要歷程在於「感→知→覺→識」的轉化，是「內隱知識」與「能量」（知能）受到「新知識」刺激，產生互動融合之後，先形成身體內的「新知能模組」，然後才能外顯化，表現出有價值行為，包括：創新自己生命價值、創新知識價值、創新作品價值、創新教育價值。「新知能模組」是經由新知識的學習之後由「真（致用知識）」、「善（經營技術）」、「美（實踐能力）」、「慧（共好價值）」、「力（行動意願）」、「行（德行作品）」六大元素建構而成的，得稱之為「素養」。每個人學習之後的「知能模組化」情形並不一致，人類經由基本教育（十二年）、高等教育（四年以上），學習應備知識之後，其「知能模組」一定要經「定型化」、「有機化」、「知能化」，然後才能表達實踐價值行為標準者，稱之為「核心素養」。筆者以圖 2-3 的人形圖，來呈現「新知能模組」（素養）的建構。

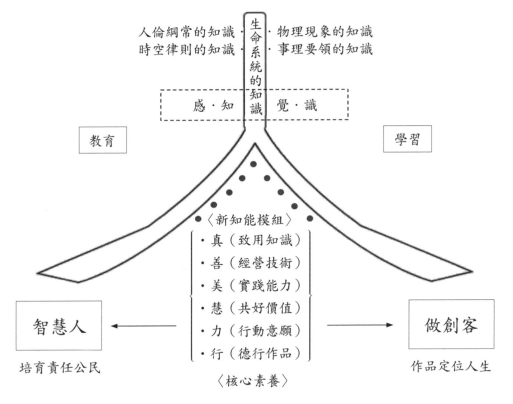

圖 2-3　「新知能模組」說：核心素養的建構元素

資料來源：作者自行繪製

　　圖 2-3 顯示，建構新知能模組（素養）的「元素及零組件」可分為四個層次說明：(1)準備學習時的教材知識：指五大類知識（用生命系統的知識來學習物理現象的知識、事理要領的知識、生命系統的知識、人倫綱常的知識、時空律則的知識），編輯成為教材單元知識（第一個零組件）；(2)身體接觸知識時啟動的擷取知識途徑：感、知、覺、識為元素所建構的第二個零組件（感覺而來的知識、知覺而成的知識、概念建構的知識，以及現象詮釋的知識）系統重組；(3)新知識進入身體後喚醒本身既有的知能

之元素及第三個零組件：包括體能、德能、智能、群能、行能、意能、美能（人字下的諸點，都是既有的知能）。這些知能與新知識對話交流，螺旋重組；(4)新舊知識及知能基模系統重組後的「新知能模組」（第四個零組件）：包括「真（致用知識）」、「善（經營技術）」、「美（實踐能力）」、「慧（共好價值）」、「力（行動意願）」、「行（德行作品）」六大元素共構的第四個零組件。教學時可直接將教材中的前四者〔K（知識）→T（技術）→A（能力）→V（價值）〕標示後進行教學，內外共鳴融合，生新創價效果最大。

　　新知能模組外顯化成為有價值的行為實踐，就是讓學習者本身成為「有智慧的人」（智慧人）以及「有作品的人」（做創客）。就整體教育而言，可以產出教育新願景，全新的責任公民是：智慧人、做創客、新領導、優教師、能家長、行國民。前四組「元素」的模組化及新教育願景都是建構「核心素養」的零組件。因此，優化智慧型手機的「元素及零組件」，可以提升智慧型手機的超強功能，提高產品的競爭力；發現教育的核心「元素及零組件」，優化其「知能模組」的系統結構與功能價值，就可以加速「知識遞移」的流量，深化教育創新人生命的價值，活化知識創新知識的教育價值。

　　因此，「素養」等同於人內在的「新知能模組」，其核心元素包括：「真（致用知識）」、「善（經營技術）」、「美（實踐能力）」、「慧（共好價值）」、「力（行動意願）」、「行（德行作品）」六大元素。從理論上推論，人只要處於「教育」及「學習」狀態中，其內在的「知能模組」就都會是新的，只是每個人「系統重組」的深淺程度不一，模組化、結構性、穩定性也具有個別差異，此之謂「新知能模組說」。

參、核心素養的「功能」意涵：知識遞移說

　　教育之目的在增進人的核心素養，核心素養中的元素，包括：「真（致用知識）」、「善（經營技術）」、「美（實踐能力）」、「慧（共好價值）」、「力（行動意願）」、「行（德行作品）」。這些元素都是「知識」優化而來的，「知識」在進入人的身體之後，它就隨著人的生命而具有生命，教材上的知識與人既有的知識互動，「知識為本位」→「知識含技術」→「知識組能力」→「知識展價值」→「知識能遞移」→「知識成智慧」→「知識達創客」→「知識行道德」→「知識通素養」，此之謂「知識為本位」的教育（知識教育學九大特質）（鄭崇趁，2017）。因此，知識本身有生命，知識能遞移，教師身上及教材上的知識，都能有效「遞送、轉移」到學生身上，傳承創新知識本身的生命價值，此之謂「知識遞移說」。教育之目的（功能）就是在促進知識遞移後的流量。「知識遞移說」補強核心素養的功能意涵。

　　「知識能遞移」是教育最神聖的使命與功能。人類設學校、聘教師、排課程、編教材、教學生，從小學教到大學，大學還分學士、碩士、博士，現在更強調「終身學習」，都是為了「知識能遞移」。學生發展上、專業上需要的知識，都能夠經由教育（教學）機制及學生的自主學習，將教材上或教師身上的知識「遞送、轉移」到學生身上，成為學生的「致用知識（真）」、「經營技術（善）」、「實踐能力（美）」、「共好價值（慧）」，成為學生「帶得走的能力」或成為責任公民的「核心素養」。更具體地說，成為學生的「新知能模組」，並促成學生有價值的行為實踐：智慧人‧做創客。

　　「知識能遞移」等於「知識創新知識」的歷程，用「學習中的知識」創新「學習者的知識」。知識遞移具有四大步驟（運作技術）：「知識解碼」→「知識螺旋」→「知識重組」→「知識創新」：(1)知識解碼：知識

要進入身體前，將要學習的知識主題解碼成次級系統的知識（亦得稱為技術），讓學習者循序方便學習；(2)知識螺旋：知識進入身體後，先與身體內的知識及能量互動對話，產生螺旋效應，爭取新舊知能之融合；(3)知識重組：新舊知識及能量「知識基模系統重組」；(4)知識創新：身體內的「新知能模組」開始外顯化為「有價值行為實踐」，做出作品及共好行為表現，此即為知識創新。

「知識遞移說」本身也是建構「核心素養」的「零組件」之一種，其內的「知識解碼」→「知識螺旋」→「知識重組」→「知識創新」是次級系統的知識，可當作「元素」或直接稱其為「運作（經營）技術」。知識教育學多次強調「知識含技術」、「技術再含次級系統的技術」，技術都是經由「知識解碼」而來，因此可以這樣詮釋：知識的次級系統知識就成為技術；技術的上位系統技術也得稱為知識，或者鉅觀的知識稱知識，微觀的知識稱技術；鉅觀的技術得進升為知識，微觀的技術（不能再解碼）就稱技術或元素。

因此，「知識解碼」、「知識螺旋」、「知識重組」、「知識創新」四者，本身是「知識遞移說」理論中的「運作技術」，然四者都含有更次級系統的「技術（元素）」，本身則成為次級系統的四組「零組件」，這四組零組件均各自有其「核心技術（元素）」。《知識教育學：智慧人・做創客》一書第二十章「知識的經營價值」（鄭崇趁，2017，頁 383-402）揭示，「知識解碼」的核心技術有十二個，包括：編序、鷹架、步驟、流程、原型、元素、成因、脈絡、次級、系統、次要、變項。「知識螺旋」的核心焦點（技術）亦有十二個，包括：內化、外化、交流、對話、新化、活化、深化、優化、同化、調適、融入、存有。「知識重組」的核心技術即為建構「新知能模組」的六大元素，包括：真（致用知識）、善（經營技術）、美（實踐能力）、慧（共好價值）、力（行動意願）、行（德行

作品）。「知識創新」則提到知識創新知識的十二個價值，包括：真實、體驗、生新、創價（以上四者為新作品知識的價值），均等、適性、民主、永續（以上四者乃教與學新知識的價值），傳承、創新、精緻、卓越（以上四者為新教育對人類文明與文化的價值）。為使讀者更加明瞭其彼此之間的關係，筆者以圖 2-4 來詮釋其脈絡發展。

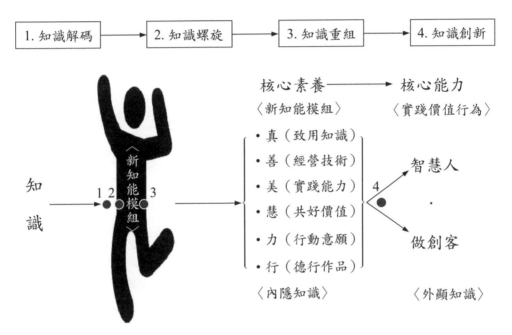

| 1.知識解碼 | → | 2.知識螺旋 | → | 3.知識重組 | → | 4.知識創新 |

核心素養 ——————→ 核心能力
〈新知能模組〉　　　　　〈實踐價值行為〉

知識 → 1 2〈新知能模組〉3 →

• 真（致用知識）
• 善（經營技術）
• 美（實踐能力）
• 慧（共好價值）
• 力（行動意願）
• 行（德行作品）

〈內隱知識〉

4 → 智慧人
　　·
　　做創客

〈外顯知識〉

1.「知識解碼」要領	2.「知識螺旋」焦點	3.「知識重組」系統	4.「知識創新」價值
「編序」「鷹架」	「內化」「外化」	真（致用知識）	「真實」「體驗」
「步驟」「流程」	「交流」「對話」	善（經營技術）	「生新」「創價」
「原型」「元素」	「新化」「活化」	美（實踐能力）	「均等」「適性」
「成因」「脈絡」	「深化」「優化」	慧（共好價值）	「民主」「永續」
「次級」「系統」	「同化」「調適」	力（行動意願）	「傳承」「創新」
「次要」「變項」	「融入」「存有」	行（德行作品）	「精緻」「卓越」

圖 2-4 知識遞移說的次級系統知識（零組件及次級元素）

資料來源：作者自行繪製

在圖 2-4 中，「知識」進到人身體之內到外顯化為行為表現，以四個「灰點」標示：灰點 1 為即將進入身體的當下，灰點 4 為出了身體之後的具體行為表現，灰點 2 及灰點 3 則停留在身體之內優化，同時也促進「新知能模組」的形成，而成為建構核心素養最關鍵的元素及零組件。「知識遞移說」的四大步驟標示在圖的上沿；其次級系統的核心技術則標示在圖的下沿。灰點 1（學習時要進入身體前）先行「知識解碼」，「知識解碼」的要領共列了十二個。灰點 2（即新知識進入身體的初期）進行「知識螺旋」（新舊知識、能量互動對話、產生螺旋作用），「知識螺旋」的焦點也列了十二個，都是它們的核心技術。灰點 3 指新知能模組已形成，是第三步驟「知識重組」的成果，即將外顯化，走出身體。「知識基模系統重組」的元素就等同於「新知能模組」的核心元素（真、善、美、慧、力、行），都是新舊知識、能量融合優化（模組化）還能留在身體之內的內隱新知識。灰點 4 在身體之外，指「知識創新」，身體內在的新知能模組外顯化為「有價值行為實踐」即「知識創新」：創新人的生命（成為有智慧的人）、創新人的作品（做創客）、創新知識本身的價值（成智慧、達創客），也創新教育的價值（培育智慧人、做創客、新領導、優教師、能家長、行國民）。因此，圖 2-4 下沿配合「知識創新」，列了十二個教育核心價值可引導教師或學習者參照使用。

肆、核心素養的「績效」意涵：知能創價說

核心素養等同於內隱的「新知能模組」。「新知能模組」要創新人的生命價值或創新教育知識的價值，才具有實質意義，建構它的「知識本身」及「教育本身」也才具有真正的價值。探討「知識學習」→「知識融合」→「知能創價」→「智慧創客」的教育歷程，稱之為「知能創價說」，它也

是建構「核心素養」理論的輔助理論，也可以當作重要的元素及零組件。「知能創價說」是一個新教育零組件，「知識學習」、「知能融合」、「知能創價」、「智慧創客」是此一零組件內的四個重要程序步驟，亦得當作「四大元素」。「知能創價說」強化「新知能模組說」的教育意涵，連同「知識遞移說」共同建構「核心素養」的理論基礎，它們都成為核心素養理念的重要零組件。逐一說明如下。

「知識學習」從狹義至廣義概有四義：(1)教師進行單元教學時的知識學習：學校的課程設計分領域（學科），所有的科目（領域）都由專任授課教師擔任教學，幾乎所有的教師為讓學生有效學習，多以「單元知識」為單位，分節次進行主題單元教學；因此，最狹義的知識學習，即指平時教師授課的單元主題教學；(2)學校的定期教育活動：學校教育除了分科（領域）課程由專任教師教學外，還設計了諸多學生共同參與的教育活動，如開學典禮、運動會、校慶活動、整潔活動、升旗朝會、社團時間、晨讀、課間活動、藝文競技比賽、童軍、品德實踐、社區服務等的知識學習；(3)學生與他人互動的知識學習：學生在學校中要與老師、同學互動，回到家中要與父母、兄弟姊妹互動，生活上要與人群互動，在人與人的生活互動經驗之下，也有很多「新知識」會進到學生身體裡面，此是更廣義的知識學習；(4)學生自主知識的學習：學生由未成熟邁向成熟，學生的學習會由非自主邁向自主，自主決定要學習的各種知識，會配合學校教育、教師教學及與他人互動的啟示，自己複習所學知識，精熟教育成果，用電腦、網路、手機、圖書館自主學習自己有興趣、想要擁有的深層知識。

前述四大類的「知識學習」，有由「被動」到「主動」的意味。所有的文明國家，教育機制均頗為完善，但人民的「知識遞移」流量有時落差頗大，教育的績效價值影響程度不一。筆者認為其最大因素，在於有否激勵學生「自主學習知識」的教育，學生習得自主學習知識的要領技巧，又

願意養成自主學習的好習慣，每天至少有30～60分鐘的自主「知識學習」，學生的「知識」源頭最為豐沛並逐日厚實與深化，對人一生的成就與價值影響最大。綜合來說，這四類的「知識學習」都在學習本文前述的五大類知識：物理現象的知識、事理要領的知識、生命系統的知識、人倫綱常的知識、時空律則的知識，也就是「德育、智育、體育、群育、美育」的知識。

「知能融合」是指，知識進到人體之後，「新知識」與既有的「舊知識」（含能量）融合為一體，而成為身體的「新知能」（新知能模組）。因為人有「本能」及「知能」，知識學習結合本能後成為知能，隨著人的身心成熟與教育學習，知能每天都在成長改變，「知能融合」即成為「知能」成長改變的核心步驟。因此，「知能融合」亦有四部曲：(1)新知識與既有知識結合，成為新知識，亦即心理學上的「同化」，也就是人的既有知識可以同化新學習的知識，成為新的知識（無法融合的稱為調適，存而未得）；(2)體內「新的知識」與既有「本能」融合：身體內的能量有「本能」及「知能」，本能是指能量的成熟度，如認知發展能量成熟度、體能發展能量接受度；新形成的知識要這兩個「本能」均有能力接受（成熟度夠），才能融合互動成為「新的知能」；(3)「新的知能」與「既有知能」融合，成為真實的「新知能模組」：新舊的知能元素（真、善、美、慧、力、行）相互對話、交流、融合，進行模組化及系統化；有的融合效果好，系統化、模組明確，能學到真實的新知能（素養），有的融合效果不佳，格格不入，雜亂無章，似懂非懂，具有個別差異情形；(4)「知能融合」的教與學：「知能融合」有的順利，有的成為無效學習，如果在「融合」的過程中，教師有教導「融合」的技巧與要領，即可幫助學生儘快有效融合，例如：「學→思→達」，由思到達中間的「討論」→「分析」→「歸納」；分組學習「分享」的表達模式與內容重點；「系統思考」的運作技術（觀

照全面→掌握關鍵→形優輔弱→實踐目標）；KTAV 教學模式（知識→技術→能力→價值，四位一體的教學）；心智圖教學；「博觀約取」的教學（技術）等。「知能融合」也是可以教與學的，教育的經營可以提升「知能融合」的績效以及「知識遞移」的流量。

「知能創價」是指，學習者用新習得的「知識」及「能力」創新教育的績效價值。「知能創價」所創新的績效價值包括四個層次：(1)創新自己的生命價值：每個人內在「新知能模組」中「真、善、美、慧、力、行」的任何一個元素及零組件有所更新，人的生命就是新的；食物、空氣、水創新人的生理生命，知識創新人的心理生命；(2)創新作品的教育價值：知能創價的第二個層次，在新知能外顯化，完成學習作品，這些作品具有具體的教育價值；(3)創新教師教學的教育價值：即指教師用新教材、新方法教學是有績效價值的，創新「知識遞移」流量，學生學會新知識；(4)創新行為表現教育價值：學生能夠展現有價值行為表現，師生都創新教育價值。

「知能創價」乃接續「知識基模系統重組」（簡稱知識重組）之後所形成的「新知能模組」，給予「創新意涵」的價值詮釋，其範圍包含身體之內及外顯化所創新的「生命價值」及「有價值行為表現（德行作品）」的教育新價值。並且，「知識」及「能力」並用，為「知能融合」的發展找到出口，且導引「知識的生命」由身體之內「創價」，再走出身體之外，用知能創價。教育用「知識」結合「能力」創新「人」、創新「知識」，也創新「教育」，賦予三者全新的價值，此之謂「知能創價」。

「智慧創客」是「知能創價說」的第四個步驟，指的是「知識教育」的總目的在培育智慧人（有智慧的責任公民）及做創客（作品定位人生），同時也是「知識遞移說」（知識創新）及「新知能模組說」（外顯成有價行為）的共同指標，也意味著「智慧創客」教育的實施，可以在教育的真實情境中實踐，由「智慧教師」編製「智慧型教案」（KTAV 單元學習食

譜）教導「智慧學生」；由「創客教師」，運作「創客教材」（KTAV 做中學有作品），培育「創客學生」，師生都是「智慧人、做創客」，並以「智慧創客」為基石，逐次擴大「新領導、優教師、能家長、行國民」（責任公民）的比率。彩繪教育新文明與文化，邁向教育 4.0（核心素養取向的教育）。

「知能創價說」、「知識遞移說」及「新知能模組說」是建構「素養取向」教育的三大零組件，它們都有共同的元素與不同的組合模組，圖 2-5 可以接續說明三者之間的關係。

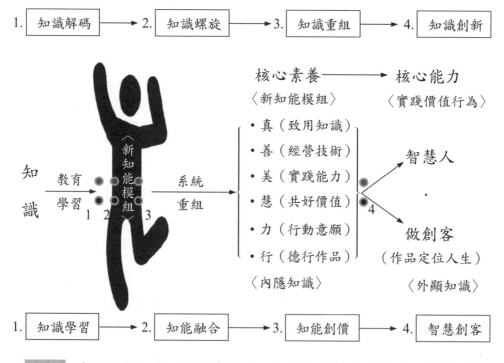

圖 2-5 新知能模組說、知識遞移說、知能創價說（三說）之系統結構

資料來源：作者自行繪製

　　圖 2-5 顯示，「新知能模組說」、「知識遞移說」及「知能創價說」三者的共同元素有兩部分：第一種是正要教學或學習的「知識」，這些知識尚未進入身體之前，通常用單元或教材或教師的「說明教學」呈現，對同一班級的學習同儕而言，大家都一樣，這是第一種共同元素（新要教與學的知識）；第二種共同元素是教與學之後，經由「知能融合」及「知識螺旋重組」作用，產生已經學（習）得的「知能元素」，包括：「致用知識（真）」、「經營技術（善）」、「實踐能力（美）」、「共好價值（慧）」、「行動意願（力）」、「德行作品（行）」，簡稱「真、善、美、慧、力、行」，由這些共同元素建構「新知能模組」。這六種已習得的共同元素，再依人的需求、功能與理想目的，建構不同的零組件，包括：「知識遞移說」、「知能創價說」及「素養取向的教育」。

伍、素養取向教育的著力點：KTAV 教學模式

　　本文主張「素養」即人內在的「知能模組」，它是「知識遞移」加「知能融合」之後的「知能創價」產品，是以教育本身之職能，在持續教導學生「如何有效習得新知識」，包括「解碼→螺旋→重組」才能「創新知識」（知識遞移說），更包括「如何讓新知識與原有的素養能力融合」而產出新的素養能力，創新「知能模組」、創新生命價值、創新教育價值（知能創價說）。是以「素養取向」的教育，應優化這三大零組件及其共同元素。

　　就「新知能模組說」而言，師生均要認識四大「創新知識」的存有：(1)「知能模組」的存有：它是「知識」加（乘）「本能」之後的「知能」，存在人的身體之中，是一種內隱知識（有能量加入）；(2)建構「新知能模組」的「核心元素」之存有：它們是人已習得的知識，並且已與能量融合，共有六大元素，包含：「致用知識（真）」、「經營技術（善）」、「實

踐能力（美）」、「共好價值（慧）」、「行動意願（力）」、「德行作品（行）」，簡稱「真、善、美、慧、力、行」；(3)新知能模組的核心元素都是「知識」與「能量」互動後，「優化知識」的存有：知識是有生命的，知識含技術、知識組能力、知識展價值、知識能遞移、知識成智慧、知識達創客；(4)「新知能模組」個別差異的存有：同樣的教與學因為學習者本身的遺傳秉性及既有「知能模組」個別差異大，學習後能夠建構的「新知能模組」也具有個別差異；有的學生「知識遞移」流量大，「知能創價」高（完整學會新知識，具有高尚素養能力及作品）。有的學生「知識遞移」有限（不完整），「知能創價」低（僅能完成一般性作品，未必有高尚素養能力）。「新知能模組」個別差異的事實，也反映教育文化的常態（具有含容性），但仍可以透過教育機制的優化與教師的經營，縮小其差異程度。

就「知識遞移說」而言，讓學生學會當下單元的「知識、技術、能力、價值」，增加「知識遞移」的流量，是所有教師的神聖使命。是以教師務必要體會「知識→技術→能力→價值」四位一體的重要性，以及兩兩之間關係轉化的核心技術，體悟「知識解碼」→「知識螺旋」→「知識重組」→「知識創新」的具體著力點，從「知識生命」發展歷程，詮釋學生學習當下單元知識的要領，促使學生真的學會、真的會用，成為帶得走的能力，並持續表現有價值行為，驗證「知識遞移」成功。

具體而言，教師應關注下列事項，方能提高自己教學的「知識遞移」流量（績效價值）：(1)標示「知識含技術」的重點摘要（解碼要領）：教師備課時的首要任務，即需對單元教學知識進行解碼，將知識先行解碼為可操作的「技術」；(2)分享「次級系統知識」的教與學：教師的解說及師生的討論對話，都是廣義的「分享」（share），是促進「知識螺旋（效應）」的主要型態，宜直接從次級系統的「技術」進行教與學，學生的「知

能融合」效應才會更為容易；(3)運用「圖、表、作品」歸納學習成果（重視元素及零組件）：圖、表可以幫助習得的知能邏輯化、系統化，作品則可進一步模組化，動能展演的作品更可以清楚呈現能力及素養的優化程度；(4)進行「價值評量與回饋」（創新知識、技術、能力、作品之教育價值）：教師在結束單元教學前，必須帶領學生進行「價值論述」與「價值回饋」，揭示本單元教學創新學生之知識、技術、能力、作品的教育價值，並要求學生自我檢核，表達實踐的程度。前述四大教師應行關注事項，筆者在研發「KTAV 教學模式」及「KTAV 單元學習食譜」時，已予「系統思考」，是「新五倫‧智慧創客教育」共同可用的教學工具。

就「知能創價說」而言，「知能融合」及「知能創價」核心技術的掌握最為重要，本文前段「知能融合的教與學」已約略揭示其要點，茲再補充說明四個重點如下：(1)運作「操作技術」較能夠找到學習者的「舊經驗」，進而與之銜接，增進知能融合；(2)探討知能共有的「深層結構」教學：用類似的行為模組（影片）教學，提供知能融合創價的實例，例如：用NBA三分球明星賽的影片來教學「知識→技術→能力→價值」的知能融合要領；(3)開啟「群組動能」教學：同儕的「知識」、「能力」之水準接近，但新舊知能融合有快慢個別差異，分組群組動能可以「示範帶動」同儕融合創價效益；(4)揭示師生「知能創價」指標：如作品的技術及品質標準，以及有價值行為實踐的項目及標準，並詮釋其教育價值，導引學習者融合創價。就前述四大重點的實踐，亦得使用「KTAV 單元學習食譜」預為規劃。

陸、結語：「知識價值化」是「素養取向」教育的新焦點

本文探究建構「核心素養」的元素與零組件，發現素養的共同元素是「尚未學習的知識」，以及「已經習得」的「致用知識（真）」、「經營技術（善）」、「實踐能力（美）」、「共好價值（慧）」、「行動意願（力）」、「德行作品（行）」，此六大元素簡稱「真、善、美、慧、力、行」共同在人的身體內建構了「新知能模組」。這新知能模組看不到、摸不著，即課綱所稱的「核心素養」（內隱知識或內才），核心素養外顯化，得稱為核心能力（外顯知識或外才），是以「素養」及「能力」都來自「知識」，來自知識進入人身體後「價值化」所形成的「新知能模組」之一體兩面：內隱的知能稱素養，能夠外顯的知能則稱能力，且素養含能力・素養展能力。

建構「核心素養」的零組件有三：「新知能模組說」、「知識遞移說」、「知能創價說」。「新知能模組說」是核心理論，「知識遞移說」及「知能創價說」則為輔助理論。「知識遞移說」強調四大步驟技術（也可視同為元素），「知識解碼」→「知識螺旋」→「知識重組」→才能「知識創新」，揭示教師運作其「核心技術」，「遞移・創新」學習者知識的歷程，註解「素養取向」教育的實體（知識）及其「價值化」的途徑。知識創新致用知識（真）、知識創新經營技術（善）、知識創新共好價值（慧）、知識成智慧（智慧人）、知識達創客（做創客）。筆者建議，可採行「KTAV單元學習食譜」，帶動「知識價值化」，增益「知識遞移」流量（績效價值）。

「知能創價說」亦強調四大歷程技術（也可視同為元素），「知識學習」→「知能融合」→「知能創價」→達成「智慧創客」，揭示知識進入

身體後，與「本能」及既有「知能」先「融合」再「創價」的「因緣」（技術焦點），補充註解「知識組能力」→「知識展價值」→「知識成智慧」→「知識達創客」成為知識價值化另一途徑，並且以「知能創價」闡揚「知識遞移」及「新知能模組」（素養）的教育價值，完整詮釋「人」、「教育」與「知識」三者的關係及系統結構。

　　素養取向的教育重新關注「德育」以及情意、態度的教學，它屬於「人倫綱常」知識的教育，是「知識價值化」（共好價值‧慧）的探究。素養取向的教育重新關注「群育」與「美育」的融合，群育屬「人倫綱常」之美的知識，美育則屬「時空律則」之美的知識。我國傳統的「五倫之教」在當代社會實境（人際關係類別）已不符合需求，因此筆者（鄭崇趁，2014）主張用「新五倫及其核心價值」來整合德育、美育及群育的「發展方向」，更是「知識價值化」（類別知識探究核心價值）的整合，再連同本文建構核心素養的三大「零組件」及六大「核心元素」，「知識展價值」（慧‧共好價值）則是三者最關鍵的共同元素。因此，「知識價值化」的探究（研發其核心技術與有效教學模式）成為素養取向教育的新焦點。筆者的「新五倫‧智慧創客教育KTAV教學模式」及「KTAV單元學習食譜」已然破冰，希能拋磚引玉，帶動更「精緻、到位」、「功能優化」的教育產品（工具），像智慧型手機一般，永續研發、永續開展，邁向「教育4.0：新五倫‧智慧創客學校」。

第三章 從「教育 4.0」談教師的「角色責任」及「核心素養」

導論

　　教師是經營教育的基點，有 4.0 的教師，才能經營 4.0 的教育，教出 4.0 的學生。若教育發展真的進升至「教育 4.0」的時代，那麼教師的「角色責任」及「核心素養」就應該進升到 4.0，這是撰寫本章的主要旨趣。教師的「角色責任」也是進升來的：1.0 是「取得教師資格」；2.0 是「師者，所以傳道、授業、解惑也」（韓愈《師說》）；3.0 是「教書匠與教育家」（劉真），或「生命之師、知識之師、智慧之師、風格之師」；4.0 是「傳生命創新之道、授知識藝能之業、解全人發展之惑、領適配生涯之航」。本章論述 4.0 教師之「角色責任」的深層意涵。

　　教師的「核心素養」文獻尚未豐富，教育部（2016）的《中華民國教師專業標準指引》及教育部（2012）的《中華民國師資培育白皮書》所強調之「富教育愛的人師、具專業力的經師及有執行力的良師」可以作為參照指標，然此二者皆「能力導向教育」時代的產品（版本），而非「素養取向教育」（4.0）時代的詮釋，有待進升。因此，本章進升詮釋 4.0 教師的「核心素養」有四：(1)教育專業的知識（K）；(2)課程教學的技術（T）；(3)智慧創客的能力（A）；(4)教新五倫的價值（V）。意味著 4.0 的師資培育課程，亦應進升為「KTAV 模組課程設計」。

　　教育專業的知識（K）包括「教師學」及「知識教育學」兩門素養取向

的課程。課程教學的技術（T）除了「知識管理」（知識螺旋）技術外，更要進升到「知識遞移說」及 KTAV 教學技術的素養能力。智慧創客的能力（A）是指教師要具備實施「智慧教育」及「創客教育」的素養能力。教新五倫的價值（V）則強調，教師普遍認同實踐「新五倫及其核心價值」之教育，能夠運作「價值評量」來整合「智育」及「德育」的學習。

壹、緒言：「4.0 的教育」需要「4.0 的教師」

我國「十二年國民基本教育」課程綱要預計自 2019 年起實施，強調「核心素養」取向的教與學。教師要培育學生的核心素養，那教師本身的「核心素養」是什麼？教師要具備哪些「核心素養」，才有足夠的素養能力教育學生、教會學生，達成課程教育目標。當前教育界開始在探討「教育 4.0」，「4.0 的教育」就需要「4.0 的教師」，教育 4.0 是從「工業 4.0」對教育的啟示而來的，1.0→2.0→3.0→4.0 的進階劃分，有助於教育經營者找到進升「方向」與使力「焦點」，提升教育經營的效能與效率。

本章從「教育 4.0」的進升需求談起，討論教師「角色責任」1.0 至 4.0 的變遷與詮釋，讓教師了解「素養取向」（4.0）需求的教師角色責任之風貌。然後探討教師核心素養 1.0 至 4.0 的進升意涵。最後論述「價值教育」乃教師核心素養及智慧責任共同的根，提供 KTAV 教學模式，用「價值評量」來統整「知識→技術→能力→價值」四位一體的智慧教育。「價值」連同前述的「知識」、「技術」、「能力」（KTAV）乃智慧及素養的共同元素。

貳、教師角色責任的變遷與詮釋

工業 1.0 至工業 4.0 的發展，概為 1.0「機械化」，約自 1776 年起；2.0「電氣化」，約自 1870 年起；3.0「自動化」，約自 1950 年起；4.0「智慧化」，約自 2010 年起，四個世代更新了人類的文明與文化。教育 1.0 至 4.0 的發展，概為教育 1.0「書院、私塾時期」，指國民學校尚未形成前的教育，當時平民的私塾教育在「脫文盲」，貴族書院的教育則在「求功名」；教育 2.0 為「學校教育公共化、普及化時期」，概指六年國教及九年國教時期，教育之目的在培育「知識人」及「社會人」；教育 3.0 為「特色品牌學校教育時期」，約自 2000 年起，臺灣頒布「國民中小學九年一貫課程綱要」，鼓勵學校開展學校本位課程、特色教育，教育目的在關注「獨特人」及「永續人」；教育 4.0 指「新五倫・智慧創客學校時期」，智慧教育、創客教育、價值教育（新五倫），創新實驗教育結合素養取向，培育「智慧人」及「做創客」為教育新焦點，預計自 2020 年起，搭載著「十二年國民基本教育」課程綱要的實施，開始邁入教育 4.0（鄭崇趁，2018b）。

教師是教育的實踐家，教師經由「教書」與「教人」，經營國家的教育事業。劉真（1991）曾歌頌教師的角色責任為「教書匠」與「教育家」。韓愈《師說》：「師者，所以傳道、授業、解惑也」，成為古今絕唱。筆者出版《教師學：鐸聲五曲》（鄭崇趁，2014）一書，其中的第二章「師涯願景〈構築人師的抱負〉」描述教師四大角色責任，教師是學生的「生命之師」、「知識之師」、「智慧之師」及「風格之師」。第三章「教育志業〈彩繪人師的軌跡〉」，進一步詮釋教師的角色責任為：「傳生命創新之道」、「授知識藝能之業」、「解全人發展之惑」及「領適配生涯之航」。

就前述工業 4.0 及教育 4.0 的「進升」意涵，來看不同教師角色責任的

詮釋，劉真（教書匠及教育家）及韓愈《師說》（傳道、授業、解惑）之所言可列為師道責任 2.0；《教師學：鐸聲五曲》一書第二章（生命之師、知識之師、智慧之師及風格之師）可列為師道責任 3.0；《教師學：鐸聲五曲》一書第三章則可列為師道責任 4.0。因為劉真及韓愈的說法，均有系統地提出師道責任的基本元素及零組件：韓愈偏向元素，劉真則較接近零組件。因為傳「道」、授「業」、解「惑」，都是教育的核心元素，它是「人」與「書」記載的主要內容。劉真也很了不起，他說教書匠有四大條件：(1)法定的教師資格；(2)豐富的教材知識；(3)統整的教學方法；(4)專業的服務精神。教育家除了教書匠的條件外，尚需四項精神：(1)慈母般的愛心；(2)園丁般的耐心；(3)教士般的熱忱；(4)聖哲般的懷抱。「教書匠」以「書」為重心，以「教書」為主；「教育家」以「人」為重心，以「身教」為主。真正的教書匠難求，真正的教育家更難求，都是每一位教師嚮往與努力學習的對象（引自鄭崇趁，2014，頁 80）。「教書匠」與「教育家」這兩個神聖的名詞及其內涵，用現代的「手機語言」來說，就是教育的珍貴「零組件」。韓愈與劉真所描述的「師道」責任屬 2.0 的進升境界。

《教師學：鐸聲五曲》一書第二章所描繪的師道責任，也有明確的三個進升點：(1)以學生為主體；(2)兼及傳承創新；(3)貫串人一生的開展。「生命之師」、「知識之師」、「智慧之師」及「風格之師」四者，均以學生為本位，指教師要創新學生的生命、創新學生的知識、創新學生的智慧、創新學生的風格。「生命之師」類似傳道；「知識之師」類似授業；「智慧之師」類似解惑；「風格之師」創新前三者的統整，乃兼及傳承創新的經營主張。另外，「生命、知識、智慧、風格」四者指學生一輩子的「精神食糧」，代表教師的楷模示範，所以歸屬於師道責任 3.0 的進升級別。

《教師學：鐸聲五曲》一書第三章所描繪的「師道責任」，用更現代

的名詞稱之，就是「角色責任」，並且可歸屬於 4.0 進升層級。因為它有三個明確的進升點：(1)「傳道→授業→解惑」三者之後加了「領航」，共四種角色；(2)四種角色的「責任焦點」有明確聚焦：傳道在傳生命創新之道，授業在授知識藝能之業，解惑在解全人發展之惑，領航在領適配生涯之航；(3)敘明四種角色「責任焦點」之基本教材：傳生命創新之道在「知識遞移說」及「新知能模組理論」；授知識藝能之業，以教育事業為例，在經營教育之學和知識教育學；解全人發展之惑，基本教育的全人發展在「成熟人、知識人、社會人、獨特人、價值人及永續人」六大角色責任；高等教育的全人發展在「智慧人、做創客、新領導、優教師、能家長、行國民」六大角色責任；領適配生涯之航，在領航人一生的四大適配「適配的教育→適配的事業→適配的伴侶→適配的職位」，邁向每個人的適配幸福人生。如此的教師及教授就是 4.0 的教師。

　　21 世紀以後，現代化國家都流行用「專業標準」來規範教師的「角色責任」，教育部亦於 2016 年頒行《中華民國教師專業標準指引》（教育部，2016）。「教師專業標準」共十點：(1)具備教育專業知識並掌握重要教育議題；(2)具備領域／學科知識及相關教學知能；(3)具備課程與教學設計能力；(4)善用教學策略進行有效教學；(5)運用適切方法進行學習評量；(6)發揮班級經營效能營造支持性學習環境；(7)掌握學生差異進行相關輔導；(8)善盡教育專業責任（熱忱、倫理、參與）；(9)致力教師專業成長（實踐研究、進修、學習社群）；(10)展現協作與領導能力（同儕互動、夥伴協作、經營校務）。

　　國家的「教師專業標準」必須配合國家的教育發展進程及實務需求，臺灣的整體教育現況約在教育 2.0 至教育 3.0 之間，前述的「教師專業標準」亦定位在 2.5 左右，頗為適當。此一專業標準必須考量當前正式教師 80%左右的基本條件，並要有 20%左右的專業「成長空間」及「使力焦

點」。國家有 2.0 以上的「教師專業標準」實為國家之福，代表國家已經「現代化」，它將協助國家教育文化提高 3.0 至 4.0 的人口比例。

「教師專業標準」在 2.0 至 3.0 之間，那麼有否 4.0 的標準？筆者主張「教師專業標準」應有基本學歷、專門專業資格取得規範、自備課程教材比例、教師評鑑等。是以 4.0 的「教師專業標準」，宜將「中小學教師」及「高等教育教師」分訂標準。「中小學教師 4.0」的專業標準版本概要如下：(1)全面碩士化（取得碩士學位）；(2)修畢教育學程學分（內含教師學及知識教育學選修課程）；(3)通過教檢及教甄，取得正式教師資格；(4)自編 15～25%的課程教材；(5)定期接受教師評鑑（檢核教學、研究、輔導、服務績效價值）；(6)參與碩士化教育實習課程，取得領域（學科）教學認證。

「大學（高等教育）教師 4.0」的專業標準版本概要如下：(1)全面博士化（或業界高等成就領導人亦得聘為專門教師）；(2)有專門系列研究著作；(3)定期教師評鑑（檢核教學、研究、輔導、服務績效價值）；(4)學生教學回饋評量及教師升等：講師→助理教授→副教授→教授；(5)教授有七年一次的休假，以及研究、教學、導師、服務優良績效獎金；(6)全面使用「自編教材」或「自己著作」授課。

參、教師核心素養的意涵及 4.0 的進升

學生有核心素養，教師必須依據課綱教學，培育學生的核心素養，則教師本身應先具備核心素養，示範核心素養與專業能力，學生才能獲得楷模標竿及有效學習。核心素養與核心能力的界定在國內有多重版本的詮釋，有「素養含括能力」（鄭崇趁，2017；吳清山，2017b）；有「能力含括素養」（蔡清田，2016）；有「素養即能力」（素養及能力都由英文key competences中譯而來），亦即九年一貫課程綱要翻成「核心能力」，十二年國民基本教育課程綱要翻成「核心素養」（陳伯璋等人，2007）；有「素養乃智能」（蘇永明，2017），主張「素養」的英文來自 literacy，「能力」的英文來自 competences。

　　這些不同的定義與主張，對於課綱的實踐將產生前所未有的挑戰！臺灣教育的效能、效率可能更加險峻。筆者發現，此一爭議來自兩個因素：一為「中文語意」與「英文語意」的不同；中文的「素養」意思有幾種，根據《國語活用辭典》的釋義為「平日的素養和鍛鍊」（周何，2002），因此筆者主張為「修養的元素」；而英文卻直接由「key competence」翻譯而來，兩者語意落差大。二為「素養」與「能力」的起源都來自知識，人學習知識所形成的「內隱」新知能模組可稱之為「素養」（看不到的知識或潛在能力）；新知能模組「外顯化」成有價值的行為實踐就稱為「能力」（看得到的知識或行為智能）。是以從英文中譯來說，key competence 適合翻譯成「核心能力」，competence 雖含有「潛在能力」之意涵，若直接翻成「核心素養」則又不夠精準，未符合國人對「素養」語意的理解。key literacy才適合翻譯成「核心素養」，它是指內在的「智能」，能夠外顯化成為行為者才與 competence 銜接。兩者都是人學習知識之後，知識在人身上與既有「本能」及「知能」互動滋長：「含技術」→「組能力」→「展價值」的成果。「內隱」的「新知能模組」稱素養（適合用 literacy）；「外顯」的「有價值行為實踐」稱能力（適合用 competence）。

　　教育「目標導向」的課程得稱為 2.0 的課綱，「能力導向」的課程得稱為 3.0 的課綱，「素養導向」的課程得稱為 4.0 的課綱。我國課綱本身「進升」的價值，亦十分吻合前述教育 1.0 至教育 4.0 的進升階層，素養導向的課綱將帶動有素養（智慧）的教師「教育」有素養（智慧）的學生，並且快速提高國民「教育 3.0」及「教育 4.0」的比率，以提高新教育文明

與文化進升的實境。

在「核心能力」與「核心素養」討論融合期間（2000 至 2016 年之間），筆者（鄭崇趁，2012，2013，2014，2015）曾接續描述教師應具備四大基本素養：專業力、整合力、執行力、創發力，以及八大核心能力：其中「專業力」的素養包括兩大核心能力：教育專業的能力與關愛助人的能力；「整合力」的素養包括兩大核心能力：課程設計的能力與班級經營的能力；「執行力」的素養包括兩大核心能力：有效教學的能力與輔導學生的能力；「創發力」的素養包括兩大核心能力：應變危機的能力與研究發展的能力。其整體結構如圖 3-1 所示，可稱之為教師 3.0 的素養（素養與能力並稱）。

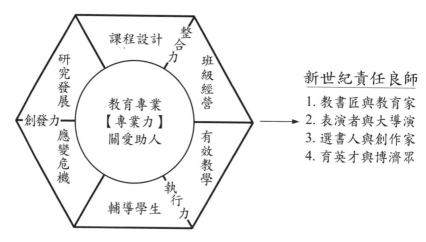

圖 3-1　教師 3.0 的素養能力及新世紀的責任良師

資料來源：修改自鄭崇趁（2014，頁 79、166）

筆者出版《知識教育學：智慧人・做創客》（鄭崇趁，2017）一書，首次將人內在的「新知能模組」稱之為核心素養，主張知識經由「教育或學習」，進入人的身體之後，會與身上原本具有的「本能」及「知能」產

生「對話交流」及「螺旋重組」，在身體之內系統重組成「新知能模組」；「新知能模組」再外顯化為「有價值的行為表現」（德行作品），尚在身體之內看不到的內隱「新知能模組」稱之為「核心素養」，外顯化看得到的「有價值行為實踐」則稱為「能力」。素養概指內隱知識與能力融合的模組化；能力概指外顯知識表達的知能實踐意涵。

　　從「元素及零組件」建構智慧型手機的譬喻，「新知能模組（核心素養）」是人身體內在的零組件（類似引擎），它的元素都是「知識學習」後吸收（優化）而來的：包括「真（致用知識）」、「善（經營技術）」、「美（實踐能力）」、「慧（共好價值）」、「力（行動意願）」、「行（德行作品）」，此一零組件（新知能模組），含有真、善、美、慧、力、行六大元素。這六大元素任何一個產生活化或優化的改變，就在創新人的生命價值（生命細胞元素的創新），其模組化（系統結構深化）後表現有價值行為實踐（含德行作品），就在創新教育的價值。這是建構「核心素養」的新原理學說（近似理論），稱之為「新知能模組說」（請參考本書第二章）。

　　建構「核心素養」的理論，尚須兩個輔助性的原理學說：「知識遞移說」與「知能創價說」，方能完整詮釋其成因與發展脈絡。知識遞移說（鄭崇趁，2017）是指，教師能將自己身上的知識及教材上的知識有效地「遞送、轉移」到學生之身上，變成學生帶得走的致用知識、經營技術、實踐能力及共好價值，師生的知識遞移要經由「知識解碼」→「知識螺旋」→「知識重組」→才能「知識創新」。知能創價說（鄭崇趁，2018b）是指，學生學習知識時「新知識」進到人身體之內，與既有「本能、知能」融合與創新價值的歷程，師生的知能融合可以創新個人生命價值、教育價值及事業產品價值。核心歷程包括「知識學習」→「知能融合」→「知能創價」→以達「智慧創客」，師生都是「智慧人・做創客」。「知識遞移說」

及「知能創價說」詮釋「新知能模組說」的核心意涵與歷程可用第二章的圖 2-5 來說明（本書第 36 頁）。

圖 2-5 顯示：核心素養指身體內的「新知能模組」，屬內隱知識，其主要元素包括：真、善、美、慧、力、行，都是已學得的致用知識、經營技術、實踐能力、共好價值、行動意願、德行作品，但是個別元素的強弱及彼此之間的「系統結構」、「模組化深度」具有個別差異，且他人不易覺察。「知識遞移說」標示在圖的上方，指「知識本位」的遞移歷程，配合身體周邊「灰點」標示：「知識解碼」在即將進入身體的「第一個灰點」，意指教師能將學生要學習的知識解碼為三至五個「可操作的技術」，讓學生直接學技術，身體的知能更容易接受；「知識螺旋」則在剛進入身體的「第二個灰點」，意指「知識含技術」進入身體之後，會直接與人的「本能、知能、知識、經驗」對話交流，而產生螺旋融合效應；「知識重組」則在靠近要走出身體邊線的「第三個灰點」，意指新舊知識對話螺旋之後開始「知識基模系統重組」，形成新知能模組：系統重組效果佳，新知能模組化就明顯，系統重組效果不佳，新知能模組化就薄弱；「知識創新」則指身體外的「第四個灰點」，意指身體內的「新知能模組」有能力外顯化表現為有價值的行為實踐，包括完成作品（做創客）及德行互動（智慧人）。有價值的行為實踐就是創新知識（創新學生自己的知識）。

「知能創價說」標示在圖的下方，指「知識」與「能力」融合創價的歷程。「知識學習」指知識進入身體之前的「第一個黑點」，意味著知識經由「教」與「學」，要與人的身心正式結合；「知能融合」指知識剛進入身體的「第二個黑點」，意味著知識不但要與身體內的知識融合，還要與原有的「能力」、「價值」、「智慧」融合；「知能創價」則在靠身體右邊即將走出身體的「第三個黑點」，意指融合之後的「知識、技術、能力、價值」準備創新「知能模組」，創新生命價值、創新作品價值、創新

教育價值、創新事業價值；「智慧創客」則在從身體出來後的「第四個黑點」，意指內在的新知能模組明確地外顯化，實踐有價值行為，總體來說就是「智慧人‧做創客」，更廣義的說，它還包括「新領導、優教師、能家長、行國民」，可以說是教育的新願景目標，都是「素養取向」教育的核心目的。

　　《知識教育學：智慧人‧做創客》一書第十六章「優教師的教育」（鄭崇趁，2017，頁 311-330）對於培育「優教師」的素養能力，有 4.0 版的註解；核心素養包括：「教育專業的知識（K）」、「課程教學的技術（T）」、「智慧創客的能力（A）」、「教新五倫的價值（V）」。「教育專業的知識」可以《教師學：鐸聲五曲》及《知識教育學：智慧人‧做創客》兩書為核心，向外擴散；「課程教學的技術」指優教師應具備「教學原理與實踐」、「課程研發與設計」、「教學方法與運用」、「數位教學與評量」之技術素養；「智慧創客的能力」指新時代優教師宜有四大核心能力：「知識遞移說」、「KTAV 單元學習食譜」、「智慧創客教育」、「價值實踐能力」；「教新五倫的價值」則指優教師接受新五倫的分類，能研發新五倫之核心價值及行為規準，用其價值強化品德教育及情意教學，用價值教育整合素養、智慧、德育及智育。

肆、教師「角色責任 4.0」的深層意涵

　　本章旨在申論「教育 4.0」中的「教師 4.0」風貌。「4.0 的教師」包含「角色責任 4.0」與「核心素養 4.0」，其中教師「角色責任 4.0」含括「傳生命創新之道」、「授知識藝能之業」、「解全人發展之惑」、「領適配生涯之航」，以下接續用圖表來詮釋這四者的深層意涵。

一、傳生命創新之道的深層教育意涵

人只要活著，生理的生命永遠在創新。人每天吃食物、飲水、呼吸新鮮空氣，然後排泄廢物及流汗，靠血液循環及呼吸系統，每一時刻都在「更新生命」，有無數的細胞及能量消失滅亡，也有生生不息的細胞及能量增生，是以人只要活著，生理生命永遠是新的。

教育及學習讓「知識」得以進入身體，這些知識與身體內的能量互動，就會產生「新知能模組」，「新知能模組」仍然屬於內隱知識，它包括六大元素：真（致用知識）、善（經營技術）、美（實踐能力）、慧（共好價值）、力（行動意願）、行（德行作品），其形成的圖像如圖 3-2 所示。

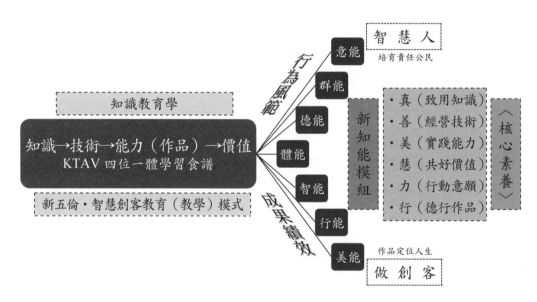

圖 3-2 人經由知識教育及學習創新生命之道

資料來源：修改自鄭崇趁（2017，頁 327）

　　圖 3-2 顯示，知識進入人的身體之後，與原有的各種能量及知識互動，螺旋對話所產生的新知能模組內之六大元素中的任何一個元素產生更新，就等於更新人的知能細胞，創新人的生命，是以食物、水與空氣創新人的生理生命，知識的教育與學習則創新人的知識生命與智慧生命。教師每天都在教學生學習知識、學習做人（有價值行為實踐），都是在傳生命創新之道。用知識及有價值行為創新自己生命內的新知能模組，即是創新生命的智慧創客行為。

■ 二、授知識藝能之業的深層教育意涵

　　就教育事業而言，教師（含教授）的「知識藝能」之業，包含經營教育五學：《教育經營學：六說、七略、八要》、《校長學：成人旺校九論》、《教師學：鐸聲五曲》、《家長教育學：「順性揚才」一路發》，以及《知識教育學：智慧人・做創客》五本系列的專書著作，其間的系統結構如圖 3-3 所示。

　　教育是可以經營的，經營教育五學來自「教育學」及「管理學」系統重組的新興學門，並以「教育人員」為本位建構其核心知識及技術。「教育經營學」提供教育行政領導參照，是以撰述六說、七略、八要；「校長學」提供學校領導參照，是以撰述成人旺校九論；「教師學」提供教師（含教授）參照，是以撰述鐸聲五曲；「家長教育學」提供學生家長教養自己孩子時參照，是以撰述順性揚才一路發；而「知識教育學」提供所有教育人員共同參照，是以撰寫智慧人・做創客。教育經營學是辦好教育的「經緯」，校長學是辦好教育的「軸心」，教師學是辦好教育的「基點」，家長教育學是辦好教育的「沃土」及「養分」，而知識教育學則是辦好教育的「實體」。以教師本位而言，教師學（基點）及知識教育學（實體）是關鍵授業的知識及技術。

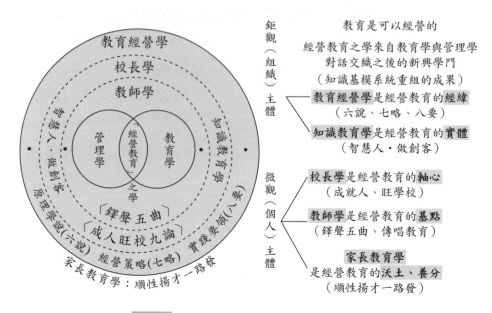

圖 3-3　教師與經營教育五學的關係

資料來源：修改自鄭崇趁（2017，頁 159）

三、解全人發展之惑的深層教育意涵

　　人從小到大，一輩子都在接受教育，一輩子都在學習知識。離開學校進入職場之後，由於「工作服務」及「產製產品」的需要，也都必須與他人互動、交流、學習（或研發）職能所需的知識及技術。「知識」永續進到人的身體內，其主要目的在幫助每個人（生命）的「全人發展」。基本教育階段，學生的全人發展包括六個角色責任：成熟人、知識人、社會人、獨特人、價值人、永續人。高等教育階段以後的全人發展則進升為更高階的六個角色責任：智慧人、做創客、新領導、優教師、能家長、行國民。其系統結構如圖 3-4 所示。

圖 3-4　全人發展之「兩階段」十二大「角色責任」

　　教師的角色責任在解學生的全人發展之惑。學生從小到大，共有十二個角色責任要「全人發展」到位，並非容易，每人個別角色實踐深淺層次不一，多數皆徘徊在 2.0 至 3.0 之間，少數才能達到 4.0。是以教師要為學生「解惑」，要讓學生「順性揚才」，關注「優勢學習」與「適配教育」，才能邁向「全人發展」。「全人發展」的角色責任是「全方位」的「方向目標」，並非「全能」發展，每個人的「秉性」不同，教師解惑的責任仍然是幫助每個學生了解「全人發展的目標」：「優勢潛能明朗化，經營適配幸福人生」最重要。

🔲 四、領適配生涯之航的深層教育意涵

　　「領航」即「專業示範」給學生看，讓學生觀摩學習，教師自己應有

「適配生涯」的人生，才能領航學生也能經營適配幸福人生。人的一生有
四大事項要符合自己的能力條件，稱之為四大適配，包括：適配的教育、
適配的事業、適配的伴侶、適配的職位。四大事項的適配指標如圖 3-5 所
示，四者都適配，人就會有適配幸福人生。

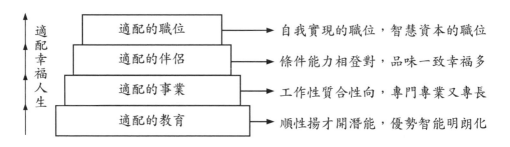

圖 3-5　領適配生涯之航的教育意涵
資料來源：鄭崇趁（2017，頁 116）

　　經由四大適配的經營，獲得適配的潛能開展，有適配的職能作品，適
配的事業、伴侶，過適配的智慧生活，彩繪著人一生的意義、尊嚴與價值。
教師的神聖責任，在對他的學生領適配生涯之航，大家一起航向適配幸福
人生。

伍、教師「核心素養 4.0」的深層意涵

　　核心素養是指人藏在身體裡面的「新知能模組」，建構它的元素包括：
「真（致用知識）」、「善（經營技術）」、「美（實踐能力）」、「慧
（共好價值）」、「力（行動意願）」、「行（德行作品）」。教師 4.0 的
核心素養指「優教師的教育」（鄭崇趁，2017，頁 311-330）所列的四大素
養：「教育專業的知識」、「課程教學的技術」、「智慧創客的能力」、

「教新五倫的價值」。四大素養的整合（新知能模組）即為「知識→技術→能力→價值」四位一體的「KTAV 素養模組」。茲再以圖表（圖 3-6、圖 3-7、圖 3-8、圖 3-9、圖 3-10）方式來註解四大素養的深層意涵，供教師參照、理解、掌握，並得以著力經營。

一、「教育專業知識」的深層意涵

4.0 教師應備的「教育專業知識」，可從師資培育系統，來增益教師的「核心素養與能力」、「經營知能與技術」、「知識傳承與創新」、「專業標準與實踐」。統合而言，《教師學：鐸聲五曲》及《知識教育學：智慧人‧做創客》兩書能夠有效統整 4.0 教師應備的「教育專業知識」。《教師學：鐸聲五曲》包括五篇二十章，其素養意象如圖 3-6 所示。

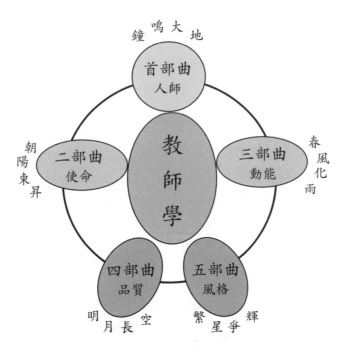

圖 3-6　《教師學：鐸聲五曲》一書的核心素養圖示

　　「教師學」內含「鐸聲五曲」：首部曲「鐘鳴大地・人師」，人師的素養在人的「頭部」，鐘鳴大地是清晨的鐘聲，喚醒大地學子。二部曲「朝陽東昇・使命」，使命是素養的「右手」，朝陽東昇是起頭的希望之光，教師的使命在構築學生的希望。三部曲「春風化雨・動能」，動能的素養在教師的左手，春風送暖、春風傳知、春風有情、春風帶意，教師用春風動能薰陶學生，成為可以滋潤大地的雨水。四部曲「明月長空・品質」，品質的素養在教師的右腳，教師像美善明月，是學生的標竿之師，教師像永恆明月，是學生的品質之師。五部曲「繁星爭輝・風格」，風格的素養在教師的左腳，教師帶著學生從「系統思考」、「順性揚才」、「圓融有度」邁向繁星爭輝的風格，教師是精緻之星、永續之星、創新之星與卓越之星。「教師學」用「鐸聲五曲」闡明教師「素養取向」的「系統教育專業知識」。

　　「知識教育學」探討「知識」、「人」、「教育」三者之間的關係，尤其是「知識」進入「人」身體之後，建構「新知能模組」的過程，進而闡述「知能創價」及「智慧創客」的「價值行為實踐」。《知識教育學：智慧人・做創客》全書共四篇二十四章，其「知識教育」圖像如圖 3-7 所示，期能完整呈現其核心知能融合及轉化。

　　「知識本位」的教育稱為「知識教育學」。知識進入人的身體後，如果它還能留在身體內，就是具有生命的知識，會先成為人的致用知識（真）→然後知識含技術（經營技術・善）→知識組能力（實踐能力・美）→知識展價值（共好價值・慧）。「真善美慧」共構的新知能模組，就是人的智慧與素養。教師運用「知識遞移說」的核心技術（知識解碼→知識螺旋→知識重組→知識創新）及「KTAV 單元學習食譜」教會學生應備的「知識、技術、能力、價值」，學校成為新五倫・智慧創客學校，師生都是「智慧人・做創客」，教育人員都是「新領導・優教師」，社會大

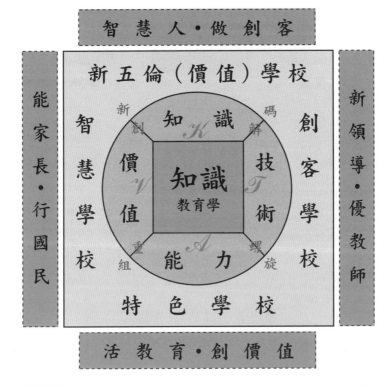

圖 3-7　素養取向的《知識教育學：智慧人・做創客》

資料來源：修改自鄭崇趁（2017，頁 366）

眾也都是「能家長、行國民」。整本書就是素養取向的知識教育學。

二、「課程教學技術」的深層意涵

　　4.0 教師應備的「課程教學技術」，主要有：教學原理與實踐的技術、課程研發與設計的技術、教學方法與運用的技術、數位教學與評量的技術。然而，最深層的意涵在「新五倫・智慧創客教育」（KTAV 教學模式）的了解、掌握與運用。KTAV 教學模式，如圖 3-8 所示。

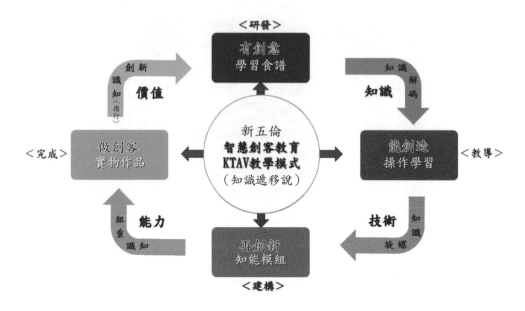

圖 3-8　KTAV 教學模式

資料來源：引自鄭崇趁（2017，頁 74）

　　KTAV 教學模式組合了四大教學系統：智慧教育教學系統、創客教育教學系統、價值評量教學系統、知識遞移教學系統。「知識→技術→能力→價值」四位一體的教育，稱為智慧教育。「研發有創意學習食譜→教導能創造操作學習→建構再創新知能模組→完成做創客實物作品」四創一體的教育，稱為創客教育。KTAV 教學模式以「價值」收尾，象徵有效的教學歷程，最後應實施「價值評量」，檢核「知識價值化」創新程度，包含：德行作品的價值、生命創新的價值、教學的價值、學習的價值、教育的價值。「知識遞移教學系統」在四個轉彎處，由「知識解碼」→「知識螺旋」→「知識重組」→「知識創新」，促使本來在教師及教材上的知識，有效遞移到學生的身上。KTAV 教學模式是 4.0 教師最重要的「課程教學技術」，它成為教師 4.0 的核心素養之一。

三、「智慧創客能力」的深層意涵

　　優教師應具備「智慧創客能力」，廣義而言包含：(1)掌握知識遞移說的學理與運用能力；(2)撰寫「KTAV單元學習食譜」與教學能力；(3)專業示範完成實物作品的能力；(4)價值論述單元學習成果的能力（鄭崇趁，2017，頁321-325）。聚焦而言，教師要有能力（素養）指導學生產出「智慧創客作品」，每年師生均有一至三件作品參展或參賽，學生畢業典禮時能夠同時展出十件智慧創客代表作品。除了實物作品外，尚能用手機及電腦導覽播放自己的作品。用學生作品展現習得智慧創客能力。師生的智慧創客作品範疇可用圖3-9來呈現。

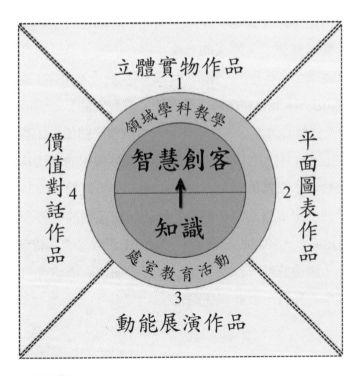

圖3-9　知識價值化（智慧創客作品）四大範疇

　　圖 3-9 顯示，知識價值化包括「知識成智慧，知識達創客」，教師可經由領域學科教學或處室教育活動實施智慧創客教育，帶領學生產出智慧創客作品。師生的智慧創客作品包括四大類：立體實物作品、平面圖表作品、動能展演作品、價值對話作品，師生都成為「智慧人・做創客」。

四、「教新五倫價值」的深層意涵

　　五倫之教（父子有親、君臣有義、夫婦有別、長幼有序、朋友有信），是白鹿洞書院學規的教育目標（稱五教之目），大家都認為它是中華文化的根，對民族文化具有的價值永遠存在，也沒有人可以改變它「存在」的事實。然而，當前的社會結構「沒有君臣」、家庭中「夫婦、父女、母子」的關係複雜，群己關係（公德）及師生關係，老闆與員工的關係都是每個人一輩子的「倫常關係」，原來的五倫並沒有規範。是以德育及情意教學的「教材」也應適度「進升」，用新的「元素」及「零組件」活化、新化、優化它。是以 2014 年筆者在撰寫《教師學：鐸聲五曲》一書時，開始倡議使用「新五倫及其核心價值」，它與德育及情意教學關係，如圖 3-10 所示。

　　圖 3-10 要從圓心往外閱讀，品德教育及情意教學的理論基礎，以「好習慣」及「服務心」交織的行為表現為主軸。「新五倫」成為德育素養取向的「新零組件」，周邊的二十個核心價值，就是目前已發現「人倫綱常教育」的「新元素」（知識的一種），它近似德育教學的「智慧型手機」。採圓形的圖像，象徵它能「圓融有度」。二十個核心價值都可以當作品德教育之情意教學的教材，彼此關係緊密。

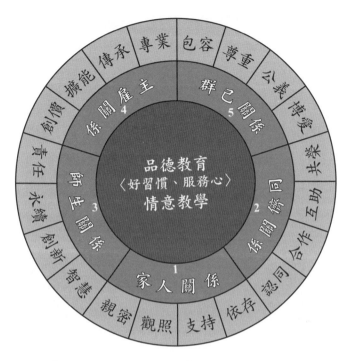

圖 3-10　新五倫之「核心價值」與德育的連結關係

資料來源：引自鄭崇趁（2017，頁 393）

陸、結語

　　工業 4.0 的發展彩繪人類新文明及文化，文明具有「進升性」（由菁英知識分子帶動），文化則具有「含容性」（1.0、2.0、3.0、4.0 的人同時並存，比例不同而已）。教育界也在探討教育 4.0，筆者認為「教育 4.0 的意涵」可以標示「學校經營」進升的「方向」及「著力焦點」（鄭崇趁，2018b）。本文則以教育 4.0 為軸心，探討教師「角色責任」及「核心素養」的進升。

　　教育 4.0 指「新五倫・智慧創客學校」時期，4.0 的教育需要 4.0 的教師，4.0 的教師角色責任有四：(1)傳生命創新之道；(2)授知識藝能之業；(3)解全人發展之惑；(4)領適配生涯之航。4.0 的教師核心素養也有四：(1)教育專業的知識（knowledge）；(2)課程教學的技術（technique）；(3)智慧創客的能力（ability）；(4)教新五倫的價值（value）。知識（K）、技術（T）、能力（A）、價值（V）四位一體，合稱 KTAV 的核心素養（智慧的進升）。本章主張「素養」是內隱知識，它存在人體裡頭，是一種「新知能模組」的存有，因此都用圖像來表達它本身的系統結構暨存有的深層意涵。

第四章　校長領導新航向：
「知識價值領導」及「智慧創客領導」

導論

　　本章的「核心內容」發表在 2017 年 12 月的「東亞校長學學術研討會」。校長領導「新航向」就是「4.0 的校長領導」。本書第一章曾將「校長領導」的進升階層規劃如下：校長領導 1.0 是「知識專業領導」及「行為特質領導」；校長領導 2.0 是「知識學習領導」及「權變轉型領導」；校長領導 3.0 是「知識創新領導」及「分布參與領導」；校長領導 4.0 是「知識價值領導」及「智慧創客領導」。是以將本文作為第四章，專論 4.0 的校長領導。

　　「知識價值領導」係以知識為本位，經由教育，創新師生生命價值的領導作為，是「知識領導」及「價值領導」的「加乘」、「統整」及「優化」。「知識價值領導」具有六大特質：(1)定位知識的價值領導；(2)遞移知識的價值領導；(3)創價知識的價值領導；(4)創新生命的價值領導；(5)順性揚才的價值領導；(6)適配幸福的價值領導。本章用圖 4-1 來呈現說明六大特質之間的系統結構。

　　「智慧創客領導」係指校長解析知識價值化歷程，帶領經營「智慧人‧做創客」師生的領導作為。「智慧創客領導」也具有六大特質：(1)新知能模組的領導；(2)新智慧元素的領導；(3)新創客作品的領導；(4)新學習食譜的領導；(5)新價值評量的領導；(6)新教育價值的領導。本章用圖 4-2 來呈現說明六大特質之間的緊密樣貌。

壹、緒言：校長領導的新興議題到新航向

校長領導的新興議題繁多，諸如：分布式領導、正義領導、正向領導、延續領導、道德領導、價值領導、知識領導、集體智慧領導、創客領導、創新領導、服務領導、課程領導、教學領導、學習領導、方案（計畫）領導等，應有盡有，讓當代學校教育的領導人（校長）目不暇給也莫衷一是，不知如何是好。有些人尚有適應困難之感，大嘆時代發展太快，教學方法翻轉了、教室翻轉了、課程教學翻轉了，似乎連教育領導也翻轉了，翻轉成了諸多「核心意涵」及「適用對象」不大一致的領導理論（理念）。

筆者曾出版《校長學：成人旺校九論》（鄭崇趁，2013）一書，對當時的校長領導「新興議題」作一次簡要的統整，主張「領導服務論」，認為校長領導要具備四大特質：系統思考的特質、專業示範的特質、創新經營的特質、實踐篤行的特質。由四大特質統整的校長領導最佳命名為「領導服務論」，先領導示範再為大家服務，與服務領導（servant leadership）不一樣。好的校長領導，要有能力專業示範學校事務的系統思考、專業作為、創新經營及實踐篤行，來為師生領航高品質、高效能的服務。

筆者之後出版了《知識教育學：智慧人‧做創客》（鄭崇趁，2017）一書，該書具有九大教育意涵（特質）：知識為本位的教育、知識含技術的教育、知識組能力的教育、知識展價值的教育、知識能遞移的教育、知識成智慧的教育、知識達創客的教育、知識行道德的教育、知識通素養的教育。該書對於教育，也具有五大價值貢獻：(1)揭示教育新願景：如智慧人、做創客、新領導、優教師、能家長、行國民；(2)定義教育新思維：如素養展能力、翻轉成創客、創新要智慧、集體講價值、知識能遞移；(3)研發教育新理論：如「知識遞移說」及「論新五倫及其核心價值」；(4)統整教育新方法：如智慧創客教育 KTAV 教學模式、「KTAV 單元學習食譜」；(5)開展教育新價值：如知識為教育之母，知識遞移說及 KTAV 單元學習食

譜，可以提升教育品質，創新教育新價值。

　　《知識教育學：智慧人・做創客》一書分為四篇二十四章，其中第十五章「新領導的教育」（鄭崇趁，2017，頁293-309）分四節強調新領導的教育核心在：「新願景領導的策略及技術」、「新計畫領導的策略及技術」、「新創客領導的策略及技術」、「新文化領導的策略及技術」。每一節均揭示了操作該領導策略的四種核心技術，共有十六個技術點，似可當作新興領導議題（理念與作為）的再次統整。

　　本章定名為「校長領導新航向：知識價值領導及智慧創客領導」，乃立基於前述的文獻基礎，再以「校長」職務為本位，「系統思考」諸多領導新興議題之後，定位校長領導「新航向」中「最有可能」及「最有價值」的趨勢發展，筆者名之曰：知識價值領導及智慧創客領導。希望能運作「時尚創新」的「新領導語料」，有效統整領導新思維及實踐作為，以幫助校長領導經營卓越的學校。

貳、知識價值領導的意涵與特質

　　「知識領導」與「價值領導」都是校長領導本就存有的新興議題。知識領導概有四義：(1)專業知識的領導：校長（教育領導人）用其專業知識來領導學校幹部及師生經營學校，如教育經營的原理學說、經營策略及實踐要領，校長學的成就人、旺學校的專業知識及技能；(2)學習知識的領導：校長啟動幹部及教師學習教育專業知識來經營學校、辦好教育，帶好每一位學生，如領導學習課程設計的知識、有效教學的知識、班級經營的知識、輔導學生的知識；(3)管理知識的領導：校長專業示範知識管理，並領導幹部及教師經營個人的知識管理與學校組織的知識管理，運作知識管理系統來增進教育績效的效能、效率，全面提升教育品質；(4)創新知識的領導：

一般企業用知識創新產品，來提升企業競爭力；教育人員則用知識編輯教材教案或用研究著作指導學生，參加各種教育競賽，用作品及動能表現來提升教育品質及競爭力。

「專業知識的領導」較著重領導者個人的專業知識。「學習知識的領導」較偏重成員教育專業知能的學習。「管理知識的領導」重視組織及成員核心技術及能力知識的管理。「創新知識的領導」則強調用知識創新師生作品，來領導教育競爭力的提升。

「價值領導」原本也有四義：(1)教育價值的領導：指學校領導人（校長）運作政府公告的教育核心價值，或學校願景領導策略中的核心價值來經營學校之謂，例如：筆者曾建議 21 世紀臺灣教育的核心價值：「人文」為頭，踏著「均等」、「適性」的腳步前進，注重「民主」、「創新」、「永續」的教育歷程，追求「精緻」、「卓越」的教育成果；(2)課程價值的領導：指校長帶頭開展學校本位課程及特色教育，詮釋總體課程教育價值、校本特色課程教育價值，領導師生從教育內容（課程教學）實踐教育價值之謂；(3)勤學價值的領導：政府用國家的預算搭建整體教育機制，隨著社會變遷與時代需求，教育愈來愈普及化，學生在學的年限愈來愈長，在臺灣所有的人基本教育就要十二年，連同大學教育就超過十六年，加上部分的人攻讀碩士、博士學位及終身學習，回流教育機制普遍化，「學習」變成一輩子的事，「勤學」對人產生最大價值；校長帶頭勤學，並論述「如何勤學」的要領與價值，激勵全校師生有效勤學的領導；(4)品格價值的領導：勤學價值的領導汎指一般性的知識學習，品格價值的領導則較重視德育與情意教學；校長論述「好習慣」及「服務心」的教育價值，詮釋中心德目的核心價值意涵及有效的行為規準實踐，孕育師生「全人格」發展的性情，稱之為品格價值的領導。

價值領導的四大意涵，也有主體位移的區隔：「教育價值的領導」強

調「整體教育機制」對人類產生的價值詮釋，校長有妥適的價值詮釋，才能領導幹部師生認同當前的教育事實與政策。「課程價值的領導」詮釋教育內容，尤其是校本特色課程對人（學生）的幫助與優勢專長啟發的價值，讓學校師生的品牌特質卓越發展。「勤學價值的領導」強調學生只要努力經營，有要領地投入學習，必能為自己的人生創造豐富多彩的價值。「品格價值的領導」則立基於學習者的全人格教育，期能實踐「七情俱」的情緒處理→「致中和」的情感表達→「成風範」的情操培育→孕育「全人格」的性情。

　　本章提出的第一個「校長領導新航向」，它是「知識領導」及「價值領導」兩種新興領導的「加乘」、「統整」及「優化」。筆者賦予「知識價值領導」的概念型定義是：關注知識教育，經由知識遞移效應，永續創新人類生命價值的領導模式。知識價值領導係知識領導的優化，統整至教育歷程的價值領導，它的本質是「知識入手的價值領導」，具有六大領導上的特質：(1)定位知識的價值領導；(2)遞移知識的價值領導；(3)創價知識的價值領導；(4)創新生命的價值領導；(5)順性揚才的價值領導；(6)適配幸福的價值領導。其系統結構如圖 4-1 所示，逐一說明如下。

一、定位知識的價值領導

　　知識來自萬物之名，廣義的知識浩瀚無垠，存在宇宙與人的理性之中。人類學到的知識是有限的，從小學、國中、高中、大學讀了一輩子的書，都在學習知識、探索知識、統整知識、傳承知識，並創新知識。新知識進入人的身體之後，會與原先體內既有的知能進行對話交流、螺旋與重組，形成新的知能模組。新知能模組藏在身體裡面，看不到者稱之為「核心素養」，是一種內隱知識；新知能模組的能量外顯化，成為有價值的行為實踐，則稱為核心能力，概指人看得見的外顯知識。知識教育學（鄭崇趁，

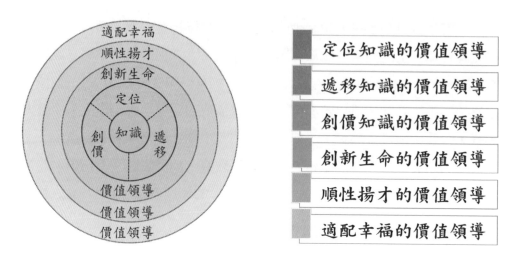

圖 4-1　知識價值領導的意涵與特質

資料來源：鄭崇趁（2017）

2017）主張，內隱的新知能模組（核心素養）包含六種元素：真（致用知識）、善（經營技術）、美（實踐能力）、慧（共好價值）、力（行動意願）、行（德行作品）。六種知能元素模組化、系統化、價值化，再外顯成智慧人、做創客、新領導、優教師、能家長及行國民。是以知識是致用知識（K）、經營技術（T）、實踐能力（A）、共好價值（V）共同的根，是人類的素養能力、品格道德、智慧創客等有價值行為之基石。定位知識對人及教育歷程的價值，是「知識價值領導」的第一大特質。

二、遞移知識的價值領導

「知識能遞移」的性質與功能，詮釋了「知識教育」最崇高的價值，因為知識是經由教育及學習之後，能夠真的遞移到學習者身上。學習者不但能夠「知道、了解」這些知識，還能夠組成帶得走的素養能力，再據以實踐出有價值的作品及行為。知識教育學的「知識遞移說」（鄭崇趁，

2017，頁 73-96）認為，在教學的歷程中，關注「知識解碼」→「知識螺旋」→「知識重組」→「知識創新」四大步驟的核心技術，得以增進師生知識遞移的流量（績效價值）。因此，「知識價值領導」的第二大特質在註解遞移知識的價值。

三、創價知識的價值領導

知識為本位、知識含技術、知識組能力、知識展價值是知識最重要的本質，知識具有創新致用知識的價值、創新經營技術的價值、創新實踐能力的價值、創新共好行為的價值。校長能向幹部及全體教師說明知識創價的歷程與遞移的核心技術，對於教師的「教學專業知能」方能收到真實提升的具體價值，此之謂運用「創價知識」的價值領導。創價知識的價值領導可以開展知識的教育價值，開展知識對教育產生（創新）永續（無盡）的價值。教育的對象是人，也代表知識教育將帶給每個人均有適配幸福人生的價值，此為「知識價值領導」的第三大特質。

四、創新生命的價值領導

韓愈《師說》曾有效詮解教師的「角色責任」，「師者，所以傳道、授業、解惑也」此一界說流傳千古，迄今仍有多數的教育人員將之奉為圭臬。筆者撰寫《教師學：鐸聲五曲》（鄭崇趁，2014）一書，則主張彩繪人師的軌跡，要從「傳生命創新之道」、「授知識藝能之業」、「解全人發展之惑」及「領適配生涯之航」等四個面向著力。其中，「傳生命創新之道」是教師最為神聖的首要使命，也是教師教育學生、領導學生成長發展最有價值的領導行為。教師藉由「知識」的教育，幫助學生產生「新知能模組」，再由新知能模組外顯化，表現出有價值的行為（德行及作品），每天創新自己的生命，此之謂生命創新的價值領導，也是「知識價值領導」

的第四大特質。

五、順性揚才的價值領導

「上善若水，水可就下，因才器使，成就萬物」，運用在教育領導上，就可以是「教育若水，激發潛能，順性揚才，玉成眾生」（鄭崇趁，2012，頁 317-334）。「教育若水，順性揚才」是筆者新發現的教育核心價值觀，在「經營教育之學」四書中，均有專章論述說明。「順性揚才」與十二年國民基本教育強調的「適性育才」比較，「順性」更能夠以學生為主體（本位），順勢開展其優勢潛能明朗化，揚其可揚之才，較早彰顯學生（孩子）個人的亮點優勢專才，更符合教育的本質，更接近「上善若水」的教育，也必為人類創造更為豐沛的教育價值。價值領導回歸到以「人」為主體的創價，「知識」是「教育」的「語科」（實體），進入人的身體之後要與既有的知能（順性）對話交流、螺旋重組，方能再建構新知能模組，再表現出新的有價值行為，創新生命價值。順性若水，順性方能有效揚才，此之謂順性揚才的價值領導，也是「知識價值領導」的第五大特質。

六、適配幸福的價值領導

幸福感的研究愈來愈多，人生有幸福才有價值，擁有幸福人生的人必須符合四大指標：適配的潛能開展、適配的創客作品、適配的事業伴侶、適配的智慧生涯（鄭崇趁，2017，頁 360-363），適配幸福是人生的最高價值。價值領導要從「知識的定位」入手，解析知識進入人的身體之後，著床成功，接著就產生「知識含技術」、「知識組能力」、「知識展價值」、「知識能遞移」的價值，進而揭示知識對人類產生的創價，論述知識經由教育對人產生的具體價值，例如：創新生命的價值、順性揚才的價值、適配幸福的價值，適配幸福的人生是人類最大價值的歸宿，此之謂「知識價

值領導」的第六大特質，也是人類學習知識、統整知識、傳遞知識及創新知識的最大價值意涵，等同於教育的目的與功能。

參、智慧創客領導的意涵與特質

　　智慧領導與創客領導都是教育領導的新興議題，並且停留在觀念思維的揭示，還沒有明確的共同定義。智慧領導來自「智慧教育」，智慧教育之所以被討論，係來自「智慧校園」、「行動學習」、「集體智慧領導」的普及化及經營上的需求。智慧教育的務實定義在《知識教育學：智慧人•做創客》（鄭崇趁，2017）一書有較明確的主張，筆者認為「智慧來自知識，知識優化成智慧」，「知識含技術」、「知識組能力」、「知識展價值」，實施「知識→技術→能力→價值」四位一體的教育，稱之為智慧教育。校長帶動教師關注「知識、技術、能力、價值」四位一體的「智慧教學」，則稱之為「智慧領導」。

　　創客領導來自「創客教育」，創客教育來自「自造者運動」（maker movement）及教育界「創新知識」、「創新教育」及「創意思考」的共同需求。筆者曾發表〈創客教育的理論基礎及實踐作為〉（鄭崇趁，2016b）一文，主張「創客教育的理論基礎」來自「自造者運動」、杜威的「做中學」理念，以及「探索體驗學習」、「知識管理理論」、「知識遞移理論」、「知識創新理論」，是以「創客」有三義：(1)創新知識的人；(2)會操作知識裡頭技術的人（做中學師生）；(3)有實物作品的師生。創客教育具有兩大特質：「做中學、有作品」，其核心價值在：真實（探索相對真實的知識）、體驗（用身體做中學）、生新（有作品、作品生新）、創價（作品得傳承、具價值）。因此，創客教育的操作型定義在：(1)研發「有創意」的學習食譜→(2)教導「能創造」的操作學習→(3)建構「再創新」的

知識模組→(4)完成「做創客」的實物作品。教師依循「四創一體」的教育及教學稱為「創客教育」。校長領導教師了解創客教育的理論基礎、實踐作為、核心價值，願意在教學上也實施「四創一體」的教育，師生「做中學、有作品」來彰顯教育「績效價值」，則稱之為「創客領導」。

　　智慧創客領導是「智慧領導」及「創客領導」兩者的「加乘」、「統整」、「優化」及「創新」。智慧創客領導的概念型定義是：教育領導人運用「智慧」及「創客」教育的共同元素，帶領幹部及師生建構「智慧教育」及「創客教育」共同教學模式，依循知識遞移理論及 KTAV 單元學習食譜教學，培育「智慧人・做創客」的教育，此稱之為智慧創客領導。智慧創客領導具有六大領導特質：(1)「新知能模組」的領導；(2)「新智慧元素」的領導；(3)「新創客作品」的領導；(4)「新學習食譜」的領導；(5)「新價值評量」的領導；(6)「新教育價值」的領導。其系統結構如圖 4-2 所示，逐一說明論述如下。

一、「新知能模組」的領導

　　「智慧教育」及「創客教育」有共同的「知能元素」以及內在的「新知能模組」，是以智慧創客領導的第一個特質，是校長能夠帶領幹部及所有教師，在從事「知識」教學時，建構學生「新知能模組」的形成。建構新知能模組的領導可用第二章的圖 2-5 來表示。

　　知識進入人的身體之後，會與學習者既有的知能對話交流、螺旋重組、系統重組成「新知能模組」，此一新知能模組藏在身體之內，不容易直接觀察，屬於內隱知識的範圍，是核心素養的總源頭。新知能模組的元素有六，分別為：真（致用知識）、善（經營技術）、美（實踐能力）、慧（共好價值）、力（行動意願）、行（德行作品）。核心素養（新知能模組）外顯化，才能表現出有價值行為（如「智慧人・做創客」），這些外顯的

校長解析知識價值化歷程，帶領師生經營「智慧人‧做創客」的領導作為

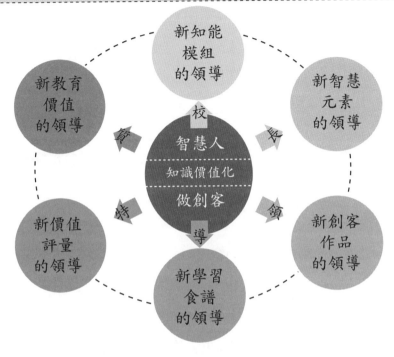

圖 4-2　智慧創客領導的意涵與特質

資料來源：鄭崇趁（2017）

知識就稱之為能力。因此，「新知能模組」的內涵是素養能力（智慧創客）
共同的根（元素），建構「新知能模組」的領導，成為「智慧創客領導」
的第一大特質。

二、「新智慧元素」的領導

「校長領導與學校集體智慧」、「個人智慧與集體智慧的區隔」是當
前教育領導最夯的議題，尤其是研究集體智慧的學者專家多從「集體的動

能貢獻」入手，主張集體智慧與個人智慧不同，並且「遠離知識」的本質，是以校長在學校經營集體智慧時，很難找到具體有效的著力點。「智慧創客領導」接續「知識價值領導」，主張集體智慧來自個人智慧的統合與加乘，無論是個人智慧或集體智慧，都是「知識」的優化，前述「新知能模組」能夠外顯化，表現出具價值的行為（含作品），就是智慧。智慧的核心元素在：「致用知識（真）」、「經營技術（善）」、「實踐能力（美）」、「共好價值（慧）」。四大核心元素的「教」與「學」（使用「KTAV 單元學習食譜」），就可以培育個人智慧及集體智慧。校長帶領教師探討分析「智慧元素」，再運用在教學實踐上，即「新智慧元素」的領導，也是「智慧創客領導」的第二大特質。

三、「新創客作品」的領導

　　智慧創客教育的共同成果，表現在學生的作品上。學生所完成的作品，有否經由智慧操作的做中學，有否智慧輔助的「建構新知能模組」，有否智慧管理創價，為完成的作品創造更大的價值。作品生新，作品也同時創新智慧，校長在實施「智慧創客領導」時，帶領幹部及教師教他們的學生「智慧創作品」、「作品創智慧」的教學就是實踐新創客作品的領導。領導分析作品的類別，也是激勵新創客作品的領導要領之一，《知識教育學：智慧人・做創客》（鄭崇趁，2017）一書將學生的學習作品分成四大類：立體實物作品、平面圖表作品、動能展演作品、價值對話作品。教育領導人列舉示範這四大類作品精選範例，可以激發師生「智慧創作品」的動能慾望。此之謂「智慧創客領導」的第三大特質：實踐用智慧創作品（新創客作品）的領導。

■ 四、「新學習食譜」的領導

「學習食譜」係何福田（2010）在其《三適連環教育》一書中使用的新名詞，它與傳統使用的「學習地圖」不同，學習地圖係學生修課、選課的「課程導引」，是專門專業學分學程的課程設計「導引地圖」；輔導學生「按圖修課」就可以習得學校為其設定的「專門專業學能」，方便考取職業專門證照或就業能力上的需求。「學習食譜」係指這一門課或這一單元教學，教師要炒怎樣的「學習美食」給學生吃，就像「套餐」食譜，或者每一道菜的食譜要關注「主食」、「配料」、「調味料」的添加及炒法，強調的是教材內容的呈現與導引順序流程，屬於教材教法的講究。「學習食譜」像精緻的教案，炒出來的學習美食，學生要「喜歡吃」、要「吃得進去」，學生的「新知能模組」方得以健康成長。筆者配合「智慧教育」及「創客教育」的共同需要，在《知識教育學：智慧人‧做創客》一書中，研發了「KTAV 單元學習食譜」，是一種具有統整效果的「新學習食譜」，校長在經營學校，帶領教師單元教學時，直接使用 KTAV 單元學習食譜來設計教學，稱之為「新學習食譜」的領導，因此成為「智慧創客領導」的第四大特質。

■ 五、「新價值評量」的領導

「KTAV 單元學習食譜」最重要的功能，在教師實施單元教學時，能夠直接布局，在這個單元中，學生要習得具體的「知識、技術、能力、價值」是什麼，並且「四位一體」培養智慧，「四創一體」實踐創客，尤其是「價值」收尾，等同於進行「價值評量」新模式。教師在每次單元教學結束前，要引導學生探討本次學習的三種「教育價值」：(1)學生作品的價值；(2)單元教學歷程的價值；(3)教育成果對人類群己共好的價值，為「價值觀教育」開闢了一個可以「實踐經營」的新模式。此之謂「新價值評量」

的領導，係「智慧創客領導」的第五大特質。

六、「新教育價值」的領導

「系統思考新教育，本位經營創價值」，新教育賦予教育的新價值，新價值教育包括：知識的教育價值、技術的經營價值、能力的實踐價值、價值的生命意涵、智慧的共榮價值、創客的定位價值。教育領導人精研《知識教育學：智慧人‧做創客》一書，推動智慧創客教育，激勵教師依循「智慧創客教育 KTAV 教學模式」，在單元教學時，直接採行 KTAV 單元學習食譜，「活教育，創價值」，師生共同邁向教育新價值：智慧人、做創客、新領導、優教師、能家長、行國民，此之謂「新教育價值」的領導，是「智慧創客領導」的第六大特質，同時也是《知識教育學：智慧人‧做創客》一書的最大價值。

肆、知識價值領導及智慧創客領導的實踐作為

校長領導的新航向有二：知識價值領導與智慧創客領導。「知識價值領導」有六大特質：定位知識的價值領導、遞移知識的價值領導、創價知識的價值領導、創新生命的價值領導、順性揚才的價值領導、適配幸福的價值領導。「智慧創客領導」也有六大特質：新知能模組的領導、新智慧元素的領導、新創客作品的領導、新學習食譜的領導、新價值評量的領導、新教育價值的領導。

筆者試以「主題式計畫」的型態，綜合考量兩種校長領導新航向下，「學校經營的實踐作為」應當如何進行。計畫方案的主題，就定名為「知識價值領導及智慧創客領導的學校經營計畫」，先決定「計畫目標」，找出四個「小策略」及兩個「小目的」；再由四個「小策略」開展成四大經

營策略，然後由四大經營策略的核心層面，系統思考兩大領導航向的「特質」與學校「教育實務」的整合連結。每一個策略系統重組四個「執行項目」，讓這四個群集的工作項目（實際操作點）可以實現策略及目標的意圖，使計畫成為具有系統結構，可以真正實施的方案計畫，其計畫綱要如表 4-1 及圖 4-3 所示。表 4-1 綱要中的十六個執行項目，即為兩大領導新航向的實踐作為；圖 4-3 的形式，呈現目標、策略、項目三者之間的系統結構。

表 4-1　知識價值領導及智慧創客領導的學校經營計畫（綱要）

計畫目標	經營策略	執行項目
探究知識遞移理論，開展教育價值實踐，示範知識價值領導專業經營模式； 啟動師生集體智慧，展示教學創客作品，推行智慧創客領導創新教育作為。	一、分析知識遞移技術，增益師生知識遞移質量	1. 成立教師「知識教育學」讀書會或專業學習社群。 2. 教學知識遞移理論及其核心技術。 3. 激勵教師試擬二至三個單元的 KTAV 單元學習食譜。 4. 鼓舞教師就其授課領域（學科）編製五至十個 KTAV 單元學習食譜及學生智慧創客作品。
	二、論述單元教育價值，導引師生實踐價值教育	5. 教學教育核心價值及價值設定技術。 6. 分享單元教學價值論述。 7. 實施單元教學價值評量。 8. 連結德智體群美教育價值行動與教學。
	三、探討智慧模組元素，啟動師生集體創價智慧	9. 教學「新知能模組」的建構與內涵。 10. 探討個人智慧及集體智慧的動能實踐。 11. 規劃師生集體智慧實踐項目及實踐方案。 12. 實施「新五倫及其核心價值」的品德實踐。
	四、實施智慧創客教學，展示師生教學創客作品	13. 智慧管理教師領域（學科）KTAV 單元學習食譜及師生作品。 14. 定期（每學期）展示師生智慧創客教學作品。 15. 鼓勵師生送件參加智慧創客作品嘉年華會及競賽活動。 16. 展示畢業生每位十件智慧創客代表作品。

策略一、分析知識遞移技術，增益師生知識遞移質量。

1. 成立教師「知識教育學」讀書會或專業學習社群。
2. 教學知識遞移理論及其核心技術。
3. 激勵教師試擬二至三個單元的 KTAV 單元學習食譜。
4. 鼓舞教師就其授課領域（學科）編製五至十個 KTAV 單元學習食譜及學生智慧創客作品。

策略二、論述單元教育價值，導引師生實踐價值教育。

5. 教學教育核心價值及價值設定技術。
6. 分享單元教學價值論述。
7. 實施單元教學價值評量。
8. 連結德智體群美教育價值行動與教學。

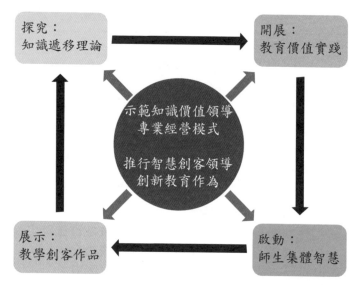

策略四、實施智慧創客教學，展示師生教學創客作品。

13. 智慧管理教師領域（學科）KTAV 單元學習食譜及師生作品。
14. 定期（每學期）展示師生智慧創客教學作品。
15. 鼓勵師生送件參加智慧創客作品嘉年華會及競賽活動。
16. 展示畢業生每位十件智慧創客代表作品。

策略三、探討智慧模組元素，啟動師生集體創價智慧。

9. 教學「新知能模組」的建構與內涵。
10. 探討個人智慧及集群智慧的動能實踐。
11. 規劃師生集體智慧實踐項目及實踐方案。
12. 實施「新五倫及其核心價值」的品德實踐。

圖 4-3　知識價值領導及智慧創客領導的學校經營計畫

伍、結語：知識經由教育遞移到人的身上，能夠外顯實踐做出智慧創客作品最具價值

本章論述校長領導新航向：「知識價值領導」及「智慧創客領導」，兩大航向都是新興領導議題的統合創新。然就時代而言，兩大航向的領導名稱均具有獨特而統整的領導意涵，對於校長帶領教師經營校務之主體（本位）而言，具有啟示作用。「知識價值領導」具有六大特質：(1)定位知識的價值領導；(2)遞移知識的價值領導；(3)創價知識的價值領導；(4)創新生命的價值領導；(5)順性揚才的價值領導；(6)適配幸福的價值領導。

「智慧創客領導」亦具有六大特質：(1)「新知能模組」的領導；(2)「新智慧元素」的領導；(3)「新創客作品」的領導；(4)「新學習食譜」的領導；(5)「新價值評量」的領導；(6)「新教育價值」的領導。兩大領導新航向，共十二大特質，經由校長領導教師，培育出下列六種人：智慧人、做創客、新領導、優教師、能家長、行國民。這六種人經由「知識價值領導」及「智慧創客領導」的計畫經營與教學，每時每刻每天每月每年都在創新生命，師生都在傳生命創新之道，同時也顯示，知識經由教育傳遞到人的身上，能夠外顯實踐做出智慧創客作品最具價值。

校長領導兩大航向的實踐作為，亦可以擬訂具體而完備的「主題式教育計畫」來進行實踐。筆者依此兩大航向之領導名稱為主題，設定計畫目標，開展四大經營策略，規劃十六個執行項目（工作點），它們的系統結構如表 4-1 及圖 4-3 所示。

這十六項具體實踐作為，可經由四大經營策略，達成四大指標：(1)全校教師都能了解、運用「知識遞移理論」，並且據以編撰「KTAV 單元學習食譜」，教導學生產出智慧創客作品；(2)每位教師均能針對自己的授課領域（學科）編撰五至十個 KTAV 單元學習食譜及師生智慧創客作品；(3)

師生每年均有一至三件智慧創客作品參展或參賽；(4)應屆畢業生均能展出十件智慧創客代表作品。用上述這四大指標來實踐校長的「知識價值領導」及「智慧創客領導」。

第五章　21 世紀臺灣教育新亮點

【知識教育學：智慧人・做創客】

導論

　　本章介紹《知識教育學：智慧人・做創客》一書，筆者曾發表在 2017 年 6 月的「智慧創客教育國際學術研討會」（主題演講論文）上。這本書就像教育的智慧型手機，系統重組教育的核心元素及零組件，具有九大教育意涵（特質）：(1)知識為本位的教育；(2)知識含技術的教育；(3)知識組能力的教育；(4)知識展價值的教育；(5)知識能遞移的教育；(6)知識成智慧的教育；(7)知識達創客的教育；(8)知識行道德的教育；(9)知識通素養的教育。

　　這本書創新精緻化「教育核心零組件」，串聯成時尚新穎的「教育智慧型手機」，含有五大價值貢獻：(1)揭示教育新願景：如智慧人、做創客、新領導、優教師、能家長、行國民；(2)定義教育新思維：如素養展能力、翻轉成創客、創新要智慧、集體講價值、知識能遞移；(3)研發教育新理論：如知識遞移說、論新五倫及其核心價值；(4)統整教育新方法：如 KTAV 單元學習食譜、四位一體的智慧教育、四創一體的創客教育；(5)開展教育新價值：如知識乃教育之母（實體），知識遞移說及 KTAV 提高教學績效品質。

　　這本書是國內第一本「知識教育學」的專書，是依據 KTAV 教學模式撰寫的書，其篇名、章節、內容都可以看到「知識（K）→技術（T）→能力（A）→價值（V）」的身影，是教育邁向「智慧化」（4.0）的經典教材。期待讀者能夠認同、加持、實踐、創新，共同點亮臺灣教育新亮點。

壹、緒言：核心素養與能力都來自知識

兩岸的基礎教育新課綱，都計畫以「核心素養」導向的課程目標取代以往「核心能力」導向的課程目標。兩岸的校長、教師與教育學者專家，都忙著討論什麼是「素養」？素養與能力有什麼不同？用素養取代能力的主要精神意涵是什麼？用「素養」的教育會比「能力」的教育產生更大的教育價值嗎？大家都忙著在「討論」、忙著在「分享」，雖篇篇見解獨到，但卻很難看到明確的「概念型定義」及「操作型定義」。是以對行政官員（領導）及學校教師（實踐）都產生莫大壓力：要怎麼樣教學生，才能夠讓學生同時獲得「素養」及「能力」。

筆者主張：核心素養與能力都來自「知識」，如果深入探討人「知識學習」之後，與人「內隱知能」的互動，再如何系統重組（轉化）為有價值行為，就可以了解「新知能模組」（內隱素養）與「實踐行為能力」（外顯能力）的關係。實際上，「素養」與「能力」是「新知能模組」的一體兩面，存在人的身體裡面，看不到的叫「素養」，能夠外顯化、用行為表現出來的就叫「能力」，兩者都是人學習到「知識」，並且「優化」、「系統重組」的成果。

為了探討「人」、「教育」、「知識」三者的關係，也為了回應當前教育的四大趨勢：特色教育、創客教育、智慧教育與價值教育的實踐，更為了解釋「素養」到「能力」的歷程，筆者撰寫了《知識教育學：智慧人・做創客》一書，並研發「知識遞移說」理論，以及「新五倫・智慧創客教育 KTAV 單元學習食譜」為教學工具，期待能夠點亮臺灣新教育，在近期內，就能夠協助更多的學校成為「新五倫・智慧（價值）學校」、「智慧創客學校」或「創客特色學校」。

《知識教育學：智慧人・做創客》一書分成四篇，共二十四章，四篇

的篇名是「知識本質篇」、「技術經營篇」、「能力實踐篇」及「價值詮釋篇」。全書具有九大教育意涵（特質）：(1)知識為本位的教育；(2)知識含技術的教育；(3)知識組能力的教育；(4)知識展價值的教育；(5)知識能遞移的教育；(6)知識成智慧的教育；(7)知識達創客的教育；(8)知識行道德的教育；(9)知識通素養的教育（鄭崇趁，2017，序）。本章以四篇的篇名為主軸，依七大教育意涵為核心內涵，說明教育如何經由「知識」的教與學，教育人人成為「智慧人」、「做創客」、「新領導」、「優教師」、「能家長」及「行國民」的責任公民，創新知識教育新價值，開展新世紀教育新亮點。

貳、「知識教育學」的核心知識及技術

《知識教育學：智慧人・做創客》一書共有四篇二十四章，從四篇的篇名及二十四章的章名就可以清楚看到這本書的核心知識及技術，該書的篇名及章名（知識系統）如圖 5-1 所示。

「知識含可操作的技術」是本書對於「知識」及「技術」之間關係最重要的主張，「技術」是完整「知識」的一部分，彼此之間是上位系統「鉅觀」與次級系統「微觀」之「相屬」關係，並且具有「主體位移」的現象。以「人」的相屬系統關係來說明，圖 5-2 是人在宇宙、地球之內的「群組」類別系統，人屬於「家庭」、「社區」、「鄉鎮」、「省市」、「國家」、「地球」的相屬系統，上位系統是次級系統的組合，上位系統（鉅觀）的名詞我們稱之為「知識」，其次級系統（微觀）的名詞本來也是「知識」的一種，但為了學理使用方便，就可稱之為「微觀」的「技術」。通常數個次級系統（微觀）的技術就可組成一個上位系統（鉅觀）的完整「知識」。人在不同層級的相屬系統中，「人」是「知識」及「技術」的重要元素，人本身既是「知識」，同時也是「技術」。

《知識教育學：智慧人‧做創客》			
知識本質篇	技術經營篇	能力實踐篇	價值詮釋篇
1.知識本體說	7.經營國家的知識及技術	13.智慧人的教育	19.知識的教育價值
2.知識先天說	8.經營教育的知識及技術	14.做創客的教育	20.技術的經營價值
3.知識管理說	9.經營學校的知識及技術	15.新領導的教育	21.能力的實踐價值
4.知識遞移說	10.經營教學的知識及技術	16.優教師的教育	22.價值的人生意涵
5.知識智慧說	11.經營教養的知識及技術	17.能家長的教育	23.智慧的共榮價值
6.知識創客說	12.經營知識教育的知識及技術	18.行國民的教育	24.創客的定位價值

圖 5-1　《知識教育學：智慧人‧做創客》一書的知識系統

圖 5-2　人在地球之內的「群組」系統

　　圖 5-3 是「人」在這本書各個篇章中的不同屬性，解析「人」在各個篇章中不同知識的學習，會成為「智慧人」、「做創客」、「新領導」、「優教師」、「能家長」、「行國民」，其間的相屬關係也可以用圖 5-4 來表達。

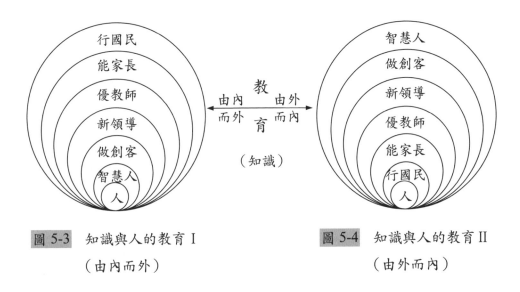

圖 5-3　知識與人的教育 I
（由內而外）

圖 5-4　知識與人的教育 II
（由外而內）

　　從圖 5-3 可知，「智慧人」及「做創客」是新領導、優教師、能家長及行國民的基本條件，它們是新領導、優教師、能家長及行國民的「可操作技術」，我們從「智慧人」及「做創客」著力，就可以培育更多的行國民、能家長、優教師及新領導。而圖 5-4 則反過來，「智慧人」及「做創客」成為行國民、能家長、優教師及新領導的總目標，從四者著力（操作技術）就可以達成人人都是「智慧人」及「做創客」。圖 5-3 是由內而外（素養到能力）教育；圖 5-4 是由外而內（能力到素養）教育。任何知識（鉅觀）都含有次級系統可操作的技術（微觀），鉅觀加微觀的知識才可以看出整體知識的實相及內容。

因此，《知識教育學》一書的核心知識及技術，指的是如果將「書名」及「篇名」當作「知識」，則二十四章的「章名」及其「節名」都是可操作的「技術」；如果每一章的章名提升為「知識」，則每一章內的「節名」及其節內的「著力措施」都是可操作的「技術」，彼此之間具有「系統結構」的「相屬」關係。整本《知識教育學：智慧人・做創客》一書的核心知識與技術，具有系統結構之美，知識本身的系統結構之美（存有）也是知識的本質之一。

參、知識本質的探討

「知識本質篇」共有六章，包括：「知識本體說」、「知識先天說」、「知識管理說」、「知識遞移說」、「知識智慧說」、「知識創客說」。前三章「本體說」、「先天說」及「管理說」統整古今中外「知識論」及「知識管理創新」的主流文獻，傳承「知識教育」的核心觀點；後三章「遞移說」、「智慧說」及「創客說」則賦予「知識教育」的新生命，創新「知識教育」的新價值，主張「知識能遞移」的教育、「知識成智慧」的教育、「知識達創客」的教育。

第一章「知識本體說」主張：知識乃萬物之名，是最廣義的知識論，知識以人、事、時、地、物之名存在於浩瀚無垠的宇宙與人的理性之中。人學到的知識十分有限，包括：「致用知識」、「經營技術」、「實踐能力」、「共好價值」，人類亦經由四個管道習得知識：感覺而來的知識、知覺而成的知識、概念建構的知識、現象詮釋的知識。文明國家均布建教育機制（如學校）來暢通人類學習知識的管道。

第二章「知識先天說」主張：知識概分為五大類：物理現象的知識、生命系統的知識、事理要領的知識、人倫綱常的知識、時空律則的知識，

教育活動就是在啟動「生命系統的知識」來學習這五大類知識，是一種「知識學知識」的專業歷程。任何知識（包括已發現的和尚未發現的）都是本來就存有的，存在於浩瀚的宇宙及人類的理性之中，等待著人類及有靈性的生物持續發現它，是以「創新知識」是「賦予存在」（to being）的歷程，創造發明都是「有中生有」，超越「無中生有」的論點。因此，在百業分工中，只要「實、用、巧、妙、化」地永續深耕，都可以創新知識、創新技術、創新產品、創新能力、創新價值。知識都是先天存有的。

第三章「知識管理說」，統整介紹 Nonaka 與 Takeuchi（1995）的知識管理公式 $KM = (P + K)^s$，以及知識螺旋（knowledge spiral）的主張：(1)人是知識的主角，由人來管理知識；(2)管理知識的意涵，包括知識取得、儲存、應用、分享、創新、擴散的歷程，但核心論點並不一致；(3)資訊科技的發展與運用，增益人類知識管理的便利性以及實際流通的能量；(4)知識分享是知識螺旋的主要方法，也是傳承創新知識的核心技術；(5)廣建知識分享平臺並實施半強迫分享機制，是當前創新人與組織知識的重要法寶。筆者延續此一觀點，接續論述教育人員（師生）應行管理的內隱知識、外顯知識及組織知識（含核心技術），均明確提列其知識名稱及管理要領。

第四章「知識遞移說」，是這本書最重要的發現與亮點。知識是可以遞移的，經由教育及人的學習，知識由教師身上或教材上面，遞送轉移到學生身上，而成為學生的「致用知識」、「經營技術」、「實踐能力」及「共好價值」。完整的知識遞移要經由「知識解碼」→「知識螺旋」→「知識重組」→才能到「知識創新」，對學習者而言，完成作品以及有價值的行為表現，都是個人的知識創新，是以這本書一直強調：智慧人‧做創客。

第五章「知識智慧說」主張：(1)知識成智慧的教育意涵，首要在「有共好價值行為的實踐」，是以價值觀的教育是協助知識人到智慧人的新焦

點；(2)智慧來自致用知識：智慧來自「知識→技術→能力（作品）→價值」四位一體教育而成的致用知識；(3)智慧表現經營技術：智慧引領每一個人在學業、事業、家業及共業上的有效經營技術；(4)智慧彰顯實踐能力：智慧彰顯「學會應備知識」、「完成事業任務」、「深化優勢亮點」、「創發知識價值」的實踐能力；(5)智慧彩繪人生四大價值：自我實現的人生價值、智慧資本的人生價值、成人旺業的人生價值、適配幸福的人生價值。

第六章「知識創客說」主張：(1)知識達創客，係知識對人最大的貢獻，代表知識可以協助人用知識完成作品，創新自己的知識；(2)知識達創客的核心歷程，包括：研發「有創意」學習食譜→教導「能創造」操作學習→建構「再創新」知能模組→完成「做創客」實物作品，並可化約為四創一體的教育；(3)創客教育強調「做中學」及「有作品」兩大特質，結合「知識→技術→能力（作品）→價值」四位一體的智慧教育，可以共同使用「KTAV 單元學習食譜」來經營智慧創客學校；(4)「智慧人・做創客」都需要「KTAV 教學模式」在教育現場的實踐，也是知識教育學的核心技術及工具，係這本書創新的知識產品（教育核心技術）；(5)用「KTAV 單元學習食譜」來培育「智慧人」、「做創客」，共同的核心理論基礎都是「知識遞移說」，知識經由「解碼」→「螺旋」→「重組」→才能「創新」知識，表現有價值的行為，並完成新的學習作品。

因此，在「知識本質篇」的篇頭，筆者用圖 5-5 來表達「知識」、「人」、「教育」三者的關係〔人經由知識學習，系統重組（創新）自己的素養及能力〕。

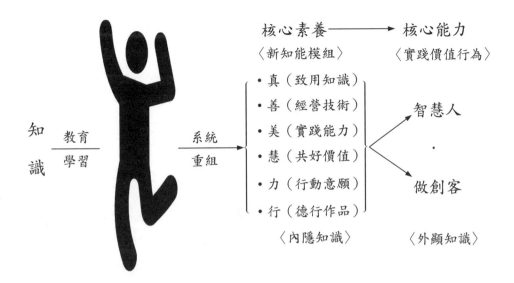

圖 5-5　「知識」、「人」、「教育」三者的關係

〔人經由知識學習，系統重組（創新）自己的素養及能力〕

資料來源：鄭崇趁（2017，頁 2）

　　圖 5-5 顯示，知識經由「教育」及「學習」進入人的身體裡頭，「新知識」會與「既有知能」互動對話，然後「系統重組」為「新知能模組」。這些新知能模組如果還潛藏在身體裡面就稱為「素養」，屬於內隱知識，如果經由行為表現出來就稱為「能力」，屬於外顯知識。在這本書中，「核心素養」的元素，包括人已經習得之真（致用知識）、善（經營技術）、美（實踐能力）、慧（共好價值）、力（行動意願）、行（德行作品），六大元素的組合。「新知能模組」（素養）外顯化的有價值行為（能力），則以「智慧人・做創客」來描述。

肆、技術經營的解析

廣義的知識，指存在「宇宙間」及「理性中」的知識，知識的總量浩瀚無垠、無窮無盡。狹義的知識，指已經「習得的」知識，每一個人「習得的知識」個別差異很大，是以人與人相處，幾乎每天每刻都在「對話」，尋找「共識」，但真正的「共識」都不太容易形成，所以民主時代，才發明了投票行為來表達「形式」上的共識，且「多於一半」或「相對多數」就是「共識」，稍稍穩住「習得知識」的差異本質。民主投票的知識及技術都是知識的一種，也都是經由教育而「習得的」。狹義的知識包括習得的「致用知識（真）」、「經營技術（善）」、「實踐能力（美）」、「共好價值（慧）」、「行動意願（力）」、「德行作品（行）」六種知識元素的組合。《知識教育學：智慧人・做創客》一書的第二篇取名為「技術經營篇」，針對人已習得的「經營技術（善）」進行核心知識及技術的解析，並註解「知識含技術」的教育。

「技術經營篇」共有六章，包括第七章「經營國家的知識及技術」、第八章「經營教育的知識及技術」、第九章「經營學校的知識及技術」、第十章「經營教學的知識及技術」、第十一章「經營教養的知識及技術」，以及第十二章「經營知識教育的知識及技術」。筆者期待「系統思考新教育，本位經營創價值」，以「經營教育四學」及「知識教育學」為範例，解析經營國家、教育、學校、教學、教養，以及知識教育的核心知識及技術，為「知識含技術的教育」作註解，並強調「經營技術」的運作，才得以實現「知識治國」及「經營教育」的理想。

第七章「經營國家的知識及技術」主張：(1)人民的集體智慧之動能貢獻等同於國力：人民集體智慧的經營要提升國民知識水準，要教導國民經營技術，要優化國民核心能力，要開展國民價值生活；(2)政策與領導的經

營知能，首重新願景領導技術〔願景（vision）、任務（mission）、核心價值（core value）〕的示範，並策訂新建設計畫與政策；(3)國家公務人員的核心知識及技術，在於有能力策訂具有學理基礎及系統結構的優質計畫（方案）來實踐政策，用優質計畫傳承創新經營國家的知識及技術。

第八章「經營教育的知識及技術」，筆者以《教育經營學：六說、七略、八要》（鄭崇趁，2012）一書為範例，明確指出經營教育的核心知識及技術在六說（六個原理學說）、七略（七個經營策略）及八要（八個實踐要領）。六說是：價值說、能力說、理論說、實踐說、發展說、品質說；尋根探源，立知識之真。七略是：願景領導策略、組織學習策略、計畫管理策略、實踐篤行策略、資源統整策略、創新經營策略、價值行銷策略；行動鋪軌，達育才之善。八要是：系統思考、本位經營、賦權增能、知識管理、優勢學習、順性揚才、績效責任、圓融有度；著力焦點，臻教育之美。

第九章「經營學校的知識及技術」，筆者以《校長學：成人旺校九論》（鄭崇趁，2013）一書為範例，明確指出經營學校的「核心知識及技術」當以「校長」為本位，校長當學「成就人四論」與「旺學校五論」；成就人四論是立己達人的修為，包括「自我實現論：成就人的尊嚴價值」、「智慧資本論：激發人的動能貢獻」、「角色責任論：實踐人的時代使命」，以及「專業風格論：領航人的品味文化」。旺學校五論則是暢旺校務的著力焦點，包括：「計畫經營論：帶動學校精緻發展」、「組織創新論：活化組織運作型態」、「領導服務論：創化專業示範模式」、「溝通價值論：深化多元參與脈絡」，以及「評鑑品質論：優化歷程績效品質」。

第十章「經營教學的知識及技術」，筆者以《教師學：鐸聲五曲》（鄭崇趁，2014）一書為範例，主張教學為教師的本業，用鐸聲五曲激勵教師，首部曲「鐘鳴大地・人師」，敘述教師的生命願景與教育志業；二部曲「朝陽東昇・使命」，探討教師的核心價值與專業示範；三部曲「春風化雨・

動能」，闡述教師的核心能力與智慧資本；四部曲「明月長空・品質」，分析教師的教育品質與績效責任；五部曲「繁星爭輝・風格」，詮釋教師的系統思考及順性揚才。《教師學：鐸聲五曲》一書用二十章的篇幅，敘明教師教導學生、執行教學任務應備的核心知識及技術。

　　第十一章「經營教養的知識及技術」，筆者以《家長教育學：「順性揚才」一路發》（鄭崇趁，2015）一書為範例，揭示為人父母者，其教養自己子女的核心知識及技術在「一觀」、「六說」及「八論」。「一觀」係指一個核心價值觀：「順性揚才觀」。「六說」包括六個理念素養：「全人發展說」、「多元智能說」、「三適連環說」、「適配生涯說」、「自我實現說」、「智慧資本說」。「八論」係指八個實踐作為：「好的習慣論」、「支持激勵論」、「優勢學習論」、「經營本位論」、「知識管理論」、「築夢踏實論」、「績效責任論」、「系統思考論」。《家長教育學：「順性揚才」一路發》一書用十五章的篇幅，統整父母教養子女的核心知識及技術為：「好的習慣新人生，順性揚才開潛能，全人發展築優勢，適配教育展幸福」。

　　第十二章「經營知識教育的知識及技術」，筆者再以《知識教育學：智慧人・做創客》（鄭崇趁，2017）一書為範例，主張教育人員一輩子都在經營教育事業，必須讀書、教書、寫書、出書。讀書在探索知識、教書在傳遞知識、寫書在統整知識、出書則為創新知識。該書具五大貢獻（價值）：(1)知識教育學釐清「人」、「知識」與「教育」三者的緊密關係；(2)知識教育學在營造「活教育・創價值」、「智慧人・做創客」、「新領導・優教師」、「能家長・行國民」，以培育新時代的責任公民；(3)知識教育學展現九大教育意涵（特質）：知識為本位的教育、知識含技術的教育、知識組能力的教育、知識展價值的教育、知識能遞移的教育、知識成智慧的教育、知識達創客的教育、知識行道德的教育、知識通素養的教育；

(4)知識教育學研發「知識遞移說」及「KTAV 單元學習食譜」，開展臺灣新教育，期能幫助更多學校成為「新五倫智慧（價值）學校」、「智慧創客學校」或「創客特色學校」。

「技術經營篇」用圖 5-6 來呈現經營教育的核心知識及技術對於「個人」與「組織」群組的影響。

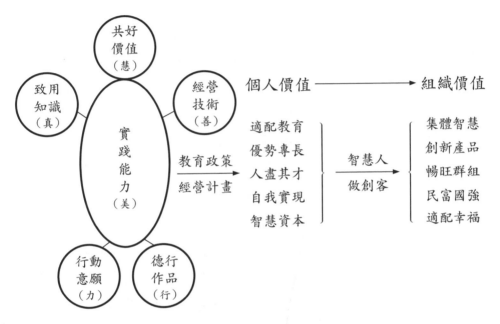

圖 5-6　核心知識及技術對個人與組織的影響

資料來源：修改自鄭崇趁（2017，頁 140）

教育引導人類學習知識，每一個人都永續地重組建構其「新知能模組」，這些素養及能力讓每一個人都能實現「人之所以為人」的願景。對個人而言，能夠有效開展「適配教育」、「優勢專長」、「人盡其才」、「自我實現」及「智慧資本」，人人得以扮演「智慧人‧做創客」，共同擴建組織的「集體智慧」、「創新產品」、「暢旺群組」、「民富國強」，並享有「適配幸福」。

伍、能力實踐的教育

「能力實踐篇」註解「知識組能力」的歷程，知識進入人的身體之後會持續與既有的「知能」對話交流，進而螺旋重組，建構「新知能模組」，並轉化為「有價值」的行為能力，經由「完成作品」及「德行助人」而實踐出來。是以該篇包括六章：第十三章「智慧人的教育」、第十四章「做創客的教育」、第十五章「新領導的教育」、第十六章「優教師的教育」、第十七章「能家長的教育」，以及第十八章「行國民的教育」。「智慧人」及「做創客」的教育，是培育「責任公民」的共同指標；「新領導」及「優教師」的教育，是師資培育機制努力的方向；「能家長」及「行國民」的教育，則是社教機制及終身學習之共同願景。

第十三章「智慧人的教育」，主張：培育「有智慧的人」要強化「智慧產品」、「智慧素養」、「智慧實踐」、「智慧生活」四大層面的教育內涵。在智慧產品的教育上，要了解智慧產品的發展脈絡，要會使用智慧產品的學習生活，要建置智慧創客的作品系統，也要登錄智慧實踐的服務系統。在智慧素養的教育上，要依智慧形成的四大元素「真、善、美、慧」，經營學以致用的知識，精緻作品的技術，實踐良善的能力，以及立己達人的價值。在智慧實踐的教育上，應適度強化「生活學習好習慣」、「做人處世有標準」、「事業功名講適配」、「自我實現成智慧」的教育著力點。在智慧生活的教育上，應綜合生活品質、品味、風格三位一體的「自主自在生活」、「價值永續生活」、「作品生新生活」、「共好樂善生活」，從生活上實踐有智慧人生。

第十四章「做創客的教育」，主張有作品的人就是創客。做創客有廣狹二義，廣義的創客指人生的創客，人的一生有四大類作品：生兒育女、學習作品、事業作品、育樂作品。狹義的創客，則專指接受教育階段完成

的「學習作品」。做創客的教育，逐一論述立體實物作品的教育（要加強愛物惜物、物盡其用、做物生新、作品傳承的教育）；平面圖表作品的教育（從「系統思考」建構圖表內容、從「博觀約取」思考圖表焦點、從「標準程序」決定圖表邏輯、從「素養能力」伸展圖表關係）；動能展演作品的教育（包括核心技術、完形展演、自主學習、經典標竿教學作品的要領）；價值對話作品的教育（包括作文習作、詩詞習作、論文研究、著作發表四種作品教學要領的揭示），例如：作文習作的教學要領在於從感覺學作文（鄭依琳，2010）、從聯想學作文（鄭依琳，2011）、從架構學作文（曾長泉，2007），以及從價值學作文。

　　第十五章「新領導的教育」主張：(1)新領導要專業示範「智慧人・做創客」，成為有智慧的領導及有作品的領導；(2)有智慧的新領導會實施願景領導策略、組織學習策略、計畫管理策略、價值行銷策略，帶動同仁一起研修「知識教育學」；(3)做創客的新領導會展現「政策規劃」、「中長期計畫」、「主題式計畫」及「價值對話」的作品，示範帶動教師及學生一起做創客；(4)新領導會倡導使用「KTAV 單元學習食譜」，在各種教育活動及會議主持上進行價值論述及價值評量，帶頭實踐價值觀的教育；(5)新領導每年（半年）都有新智慧創客產品，參加師生的學年（學期）學習作品嘉年華展出。

　　第十六章「優教師的教育」主張：(1)優教師是指優秀的教師、表現卓越的教師，能夠勝任教育專業工作，同時也是一位符合時代需求的責任良師；(2)優教師應了解「經營教育之學」鉅觀的教育經營知識及技術，也應具備《教師學：鐸聲五曲》一書中，對於人師、使命、動能、品質及風格五部曲的實踐能力；(3)優教師的培育重點有四：教育專業的知識（K）、課程教學的技術（T）、智慧創客的能力（A）、教新五倫的價值（V）；(4)優教師智慧創客的能力展現在：掌握知識遞移說的學理與運用能力、撰

寫「KTAV單元學習食譜」與教學的能力、專業示範完成實物作品的能力，以及價值論述單元學習成果的能力；(5)優教師實踐新五倫的價值教學，應關照下列事項：釐清核心素養、能力與價值三者之間的關係；關注品德教育與人倫綱常的知識；持續研發新五倫核心價值及其行為規準；示範帶領學生依「行為規準」來實踐新五倫之核心價值。

第十七章「能家長的教育」主張：(1)有能力實踐家長責任要務者，稱為能家長，能家長也是「智慧人‧做創客」的實踐者；(2)能家長的操作型定義是：能示範愛家的家長、能承擔責任的家長、能經營本業的家長，以及能支持兒女的家長；(3)能示範愛家的家長，其智慧創客的實踐在喜歡養兒育女，以及創價平衡的家；(4)能承擔責任的家長，其首要責任在承擔家庭經濟以及教養子女的責任；(5)能經營本業的家長，就會有本業智慧創客作品，並從本業上自我實現及發揮智慧資本；(6)能支持兒女的家長，其展現在支持兒女喜歡的事物、適配的學習、順性的發展，以及自決的志業。

第十八章「行國民的教育」主張：(1)行國民的主要意涵有三：具有行動實踐能力的國民、做得出作品及能夠實踐有價值行為的國民，代表「起而行」、有動能實踐「智慧人‧做創客」的責任公民；(2)行國民從小到大，須經由教育養成好習慣與樂助人的文化，實踐有秩序、守禮節、愛整潔、勤服務、喜對話、展動能、能包容、多創價的文化；(3)行國民須經歷開潛能與築優勢的教育，讓適配經營專長亮點看得見，全人發展生命價值有尊嚴，智慧創客作品傳承得永續；(4)行國民從學校畢業之後，能夠經營有亮點與能創價的事業；(5)行國民的一生能夠實踐「講適配與高幸福」人生，有適配的潛能開展、適配的創客作品、適配的事業伴侶、適配的智慧生涯。

「智慧人‧做創客」是人類共同價值行為目標，「新領導‧優教師」是師資培育機制的價值目標，「能家長‧行國民」則是普羅大眾共同的價值與願景，大家都期待每一個人都是「智慧人‧做創客」，同時也都是「能

家長」及「行國民」。如是教育從業人員，則再增加兩大責任目標：「新領導」及「優教師」（各專門行業也都需要新領導及優教師）。

筆者用圖 5-7 來顯示新領導、優教師、能家長、行國民的核心素養與能力，中間實施「KTAV」的「智慧創客」四位一體的教育，用 KTAV 的教

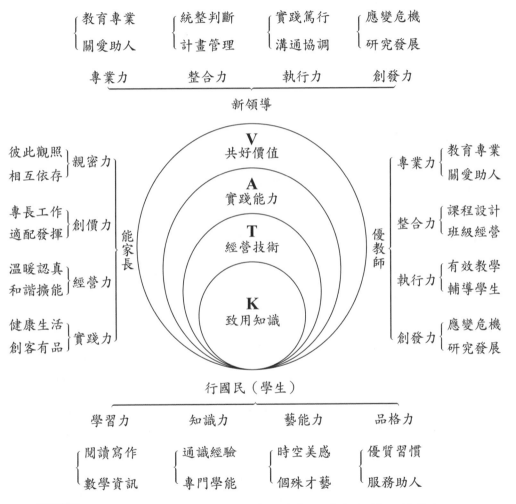

圖 5-7　智慧創客教育（KTAV 教學模式）培育新領導、優教師、
　　　　能家長、行國民之核心素養及能力

資料來源：鄭崇趁（2017，頁 258）

學模式（智慧創客教育）來全面培育新領導、優教師、能家長及行國民。

由圖 5-7 可以了解「KTAV單元學習食譜」及「知識遞移說」理論，是經營「智慧創客教育」的核心工具，更是全面培育新領導、優教師、能家長及行國民的著力焦點。

陸、價值詮釋的學習

因為「知識含技術」、「知識組能力」、「知識展價值」，是以知識為本位的教育應該實施「知識→技術→能力（作品）→價值」四位一體的教育，促進「知識成智慧」與「知識達創客」，經由教育，培育所有的知識人均能成為「智慧人‧做創客」，這是《知識教育學：智慧人‧做創客》一書之核心知識及核心技術（知識遞移說）最重要的「見識」及「主張」。

過去，教育界將「德育」與「智育」分列，並且強調要兼重「知識」與「品德」，好似「知識歸知識」、「品德是另外一回事」，兩者不一定有「直接」關係。哲學三論：宇宙論、認識論（知識論）、人生論（價值論），也是將價值（人性）與知識分別而論，而沒有主張其具有直接關係。筆者撰寫了十本書之後，統整深耕各類「知識系統」，主張「知識論」包括「人倫綱常的知識」與「時空律則的知識」，這兩種知識是「知識論」通達「價值論（德育）」及「宇宙論（時空）」的支脈，感覺知覺的實體（知識），包括在不同人際時空中有價值（共好）行為知識的認識及表達。完整的認識論（知識論），本身就含括人生論（價值說）及部分的宇宙論（萬物之名為知識）。

《知識教育學：智慧人‧做創客》一書的第四篇「價值詮釋篇」包括六章：第十九章「知識的教育價值」、第二十章「技術的經營價值」、第二十一章「能力的實踐價值」、第二十二章「價值的人生意涵」，第二十

三章「智慧的共榮價值」，以及第二十四章「創客的定位價值」。筆者用六章（約六萬字）的篇幅，詮釋人（經由教育）學習知識之後，知識、技術、能力、價值、智慧、創客對人的意義與價值，為「制式教育」的「價值說」開展新天地，倡議帶有「價值論述」及「價值省思（評量）」的「KTAV 單元學習食譜」直接進到個別領域學科「課堂」使用。導引教師的教及學生的學，直接「遞送、轉移」完整的「知識、技術、能力、價值」四位一體的知識，開展知識的教育價值。

　　第十九章「知識的教育價值」主張：(1)沒有知識的教育是空的，沒有教育的知識是盲的；知識本身（靜態的知識）沒有價值，知識要經由教育的途徑，給人類學習之後，轉換為具動能的知識（包括致用知識、經營技術、實踐能力、德行作品）才有價值；(2)知識搭建教育機制：如傳承創新當前學制、開展規範學校教育、詮釋標準師資素養、累進增長學生能力；(3)知識成為教學目標：如培育智慧人（知識的優化）、培育做創客（知識的創價）、培育優教師（知識的經營）、培育亮學生（知識的實踐）；(4)知識活化教育歷程：如課程設計在進行知識脈絡統整、有效教學在啟動知識遞移續效、操作學習在奠定知識體驗價值、實物作品在詮釋知識創價生新；(5)知識創新教育價值：如創新「立己達人」的教育價值、創新「百業興隆」的教育價值、創新「富民強國」的教育價值，也創新「文明與文化」的教育價值。

　　第二十章「技術的經營價值」主張：(1)「知識」、「技術」、「能力」、「價值」四者之間的關係緊密，並且具有「主體與客體」相互位移現象，以「技術」為主體，技術就能創新知識、創新能力、創新價值；(2)技術是知識的次級系統，因為知識與技術之間具有「相屬」、「實踐」、「編序」、「鷹架」關係；(3)技術是經營的操作變項：如操作「步驟流程」、「原型元素」、「成因脈絡」、「系統結構」等皆是；(4)技術是經

營的著力焦點：如內化外化、交流對話、新化活化、同化調適都是；(5)技術是能力的來源要素：如技術成就能力的真（致用知識）、技術成就能力的善（實用技術）、技術成就能力的美（德行作品）、技術成就能力的慧（共好價值）。

第二十一章「能力的實踐價值」主張：(1)人具有「本能」與「知能」，人類的先輩們發明了今日的「教育機制」來幫助人學習「知識」，將知識注入人的「本能」之中，而形成新的「知能」；(2)能力具有表達知識及技術的價值：如能力表達「已學到、能致用」的知識、能力表達「會操作、可經營」的技術、能力表達「作品中、有系統」的知識、能力表達「善行為、新五倫」的技術；(3)能力具有創新作品及行為的價值：如創新學習生活作品、創新事業職能作品、創新日常有價行為、創新品德實踐行為；(4)能力具有結構新知能模組的價值，新知能模組中的元素包括：真（致用知識）、善（經營技術）、美（實踐能力）、慧（共好價值）、力（行動意願）、行（德行作品）；(5)能力具有實踐人的智慧及創客的價值：如智慧人、做創客、新領導、優教師、能家長及行國民都要人能力的實踐。

第二十二章「價值的人生意涵」主張：(1)共好的生命品質曰價值，「價值為本位」的知識價值說，在探討知識教育之後，人「價值觀的形成、獲得、轉變、定位及實踐」的原理與人生意涵；(2)價值源自生命的需求與目標：如人性「本能及發展」、「生活及學習」、「職能及經營」、「互動及群組」的需求與目標；(3)價值經由知識的教育與學習：價值的意義、取向、內容、質量都是學習來的，都是可以教育經營的；(4)價值觀的教育能夠匯聚人類的動能與貢獻，深化個人價值及組織價值，發展自我實現及智慧資本，活絡人盡其才與才盡其用，展現智慧創客及集體智慧；(5)價值詮釋人生的意義與尊嚴：如「人之所以為人」的價值、「順性揚才」與「全人發展」的價值、「適配人生」與「適配幸福」的價值，以及「智慧傳承」

與「作品創新」的價值。

　　第二十三章「智慧的共榮價值」主張：(1)智慧的價值在促成人類的共好及共榮，智慧人就是能夠增進人自己及隸屬群體（組織）共好及共榮的人；(2)智慧具有善用知識及技術的價值：如參加基本能力檢測，驗證知能水準不落人後；修讀高級學位，成為國家知識分子；取得專門專業職能證照，用專長亮點知識為社會服務奉獻；(3)智慧具有美化自我及群體的價值：如參與群組、領導共學；認同同儕、合作共榮；發揮專長、提高產能；經營人倫，己立立人；(4)智慧具有優化效能效率的價值：如生活旋律結合時空美學、做事要領契合標準程序、本業經營統合集體智慧、人際互動融合核心價值；(5)智慧具有領航生活及生涯價值：如優化生活條件、自主品味生活；活化學習要領、豐厚知能素養；創化事業能量、擴展價值生涯；新化人生價值、領航適配幸福。

　　第二十四章「創客的定位價值」主張：(1)創客可化約為四義：創新知識的人、會操作知識裡技術的人、有作品的師生、會生小孩的人；(2)教育領域的「創客教育」，格外重視「有作品的師生」，期待「創客教師」教育「創客學生」，師生之教學與學習作品定位教育的績效價值；(3)人生的四大宗作品共同定位每一個人一生的價值，這四大宗作品是：「兒女作品、學習作品、德行作品、任務（實物）作品」；(4)作品是生命的延續：如子女延續人類的生命價值、習作延續知識的生命價值；(5)作品是知能的結晶：如兒女是情愛的結晶、習作是認知的結晶、德行（作品）是智慧的結晶；(6)作品定位人生價值：如生兒育女定位生命傳承創新的價值、學習作品定位受教成果績效的價值、任務產品定位事功成就的價值、實物作品定位人生福慧的價值。

　　「價值詮釋篇」用圖 5-8 總結《知識教育學：智慧人・做創客》一書的價值構念。

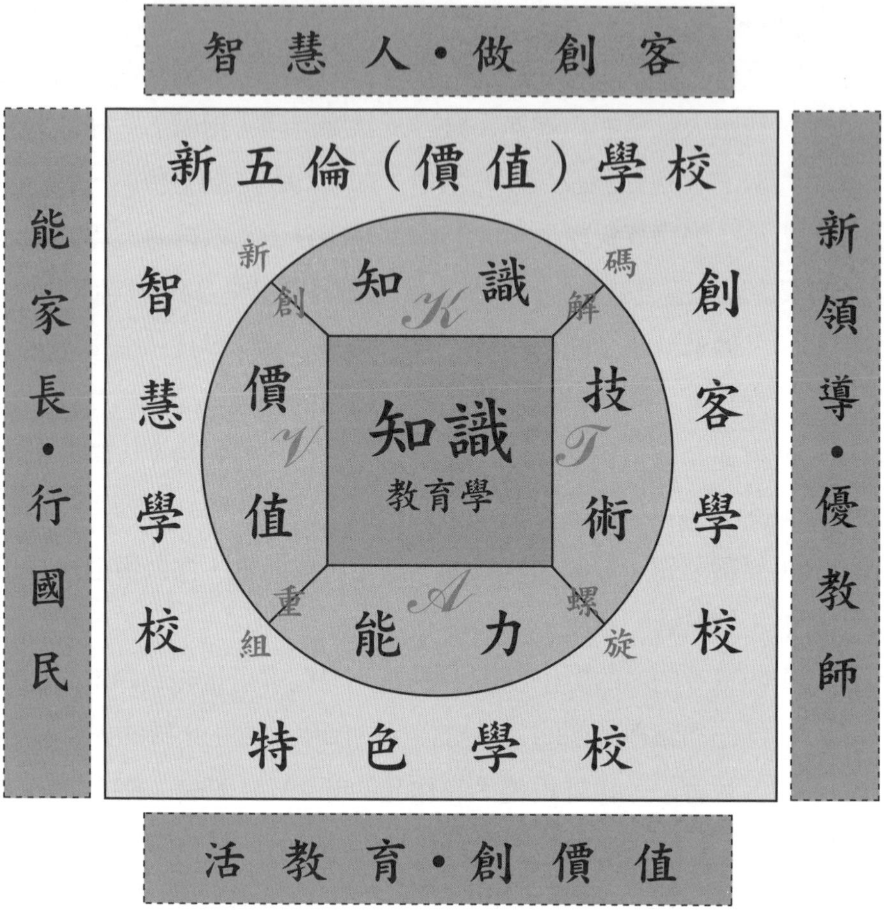

- 教育的實體是知識，「知識教育學」定位人類學習知識之後，所產生的「知識、技術、能力、價值」四者之間的關係。
- 在上圖中，圓形的外圈「知識、技術、能力、價值」四者之「界線」（銜接邊界）隱藏著「知識遞移說」的影子，依稀可以看到「解碼、螺旋、重組、創新」的歷程。
- 使用「KTAV 單元學習食譜」轉動（點亮）臺灣新教育，幫助更多的學校成為新五倫智慧（價值）學校、智慧創客學校，或者創客特色學校。

圖 5-8　《知識教育學：智慧人・做創客》一書的價值構念

「知識遞移說」及「KTAV 單元學習食譜」將成為培育智慧人、做創客、新領導、優教師、能家長及行國民的核心工具，也是「活教育、創價值」的新知識。

柒、「知識遞移說」及「KTAV 單元學習食譜」

《知識教育學：智慧人・做創客》一書，倡議知識為本位的教育、知識含技術的教育、知識組能力的教育、知識展價值的教育、知識能遞移的教育、知識成智慧的教育、知識達創客的教育、知識行道德的教育、知識通素養的教育。期待學校教師採行「KTAV 單元學習食譜」教學，實踐「知識遞移說」（理論），活化學校教育，每一個學校都能盡快成為「新五倫智慧（價值）學校」、「智慧創客學校」或「創客特色學校」。「KTAV 單元學習食譜」的範例，如表 5-1 所示。

採行「KTAV 單元學習食譜」具有五大附加價值：(1)明確釐清課程單元的核心知識及操作技術，確定學生應學習的焦點與步驟流程，主題著力焦點正確，學生才能學到真知識（致用知識）；(2)帶著學生直接學習操作技術（做中學），並且用「能力」完成「作品」，「做中學」、「有作品」的教育就符合「創客教育」的精神；(3)能力的欄位得靈活運用四大類作品，來帶領學生用作品的完成，建構「新知能模組」（素養）以及有價值行為實踐（能力）；這四大類作品包括：立體實物作品、平面圖表作品、動能展演作品、價值對話作品；(4)價值的欄位引導教師教學主題的價值論述，以及學生作品的價值評量，並對整個教學歷程做價值省思、回饋精進，全面提升教育品質與價值；(5)由於「價值論述」與「價值評量」的實施兼及人際關係核心價值的開展與討論，會逐漸認同「新五倫及其核心價值」的實踐，以作為品德教育及情意教學的發展趨勢。

「知識遞移說」是知識遞移理論，擺在「KTAV 單元學習食譜」的下

表 5-1　新五倫・智慧創客教育（KTAV 教學模式）單元學習食譜（範例）

單元名稱：新教育計畫　　　　年級領域：校長主任培育班・研究生學分班　　　　設計：鄭崇趁 2017.04.17

Ｋ 知識 Knowledge 致用主題知識	Ｔ 技術 Technique 能操作學習技術	Ａ 能力 Ability 實踐行為能力	Ｖ 價值 Value 人類群己教育價值
知識名稱及意涵	教學活動（學習步驟）	師生實物作品	成果價值詮釋
・願景領導策略 ・計畫管理策略 ・計畫經營論 ・教育經營學 ・校長學 ・知識遞移說 ・智慧創客學校	・形塑願景 註解願景 ┐Vison（願景） 操作願景 ├Mission（任務） 行銷願景 ┘Core Value 　　　　　（核心價值） ・系統結構技術 目標設定技術（目標） 策略分析技術（策略） 項目選擇要領（項目） ・六說、七略、八要 ・成人旺校九論 ・知識解碼→知識螺旋→ →知識重組→知識創新 ・「知識、技術、能力、 價值」四位一體。 ・「有創意→能創造→再創 新→做創客」四位一體。	1. 願景領導圖示 2. 主題式計畫系統結構表 <table><tr><td>目標</td><td>策略</td><td>執行項目</td></tr><tr><td rowspan="2">小策略, 小策略 小目的;</td><td rowspan="2">一、因、果</td><td>1.</td></tr><tr><td>2.</td></tr><tr><td rowspan="3">小策略, 小策略 小目的。</td><td rowspan="3">二、因、果</td><td>3.</td></tr><tr><td>4.</td></tr><tr><td>5.</td></tr><tr><td rowspan="3"></td><td rowspan="3">三、因、果</td><td>6.</td></tr><tr><td>7.</td></tr><tr><td>8.</td></tr><tr><td></td><td>四、因、果</td><td>9. 10.</td></tr></table> 3. 撰寫一份優質的教育計畫 （主題式、中長程校務計畫、完整精緻） 4. 智慧創客 KTAV 教學校式 （知識遞移說的實踐）	・優質計畫帶動學校精緻發展 ・優質計畫提升教育品質價值 ・優質計畫點亮學生優勢亮點 ・優質計畫促成教師自我實現 ・優質計畫統整人民集體智慧
「知識解碼」要領	「知識螺旋」焦點	「知識重組」系統 （新知能模組）	「知識創新」教育價值
■編序■鷹架□步驟□流程 ■原型■元素■成因□脈絡 ■次級■系統■次要□變項	■內化■外化□交流□對話 ■新化□活化□深化□優化 ■同化□調適□融入□存有	■真（致用知識）■善（經營技術） ■美（實踐能力）■慧（共好價值） □力（行動意願）■行（作品德行）	■真實■體驗□生新□創價 □均等□適性■民主□永續 ■傳承□創新■精緻□卓越

方，主張知識進入人的身體之後，要經由「知識解碼」（將鉅觀的知識解碼成微觀的可操作技術）→「知識螺旋」（在學習中的操作技術直接與體內的既有知能產生對話交流及互動螺旋的效應）→「知識重組」（既有的知識基模與新知能產生系統重組，有新知能模組作為完成作品及有價值行為的「素養」及「能力」）→然後才能「知識創新」（完成實物作品及有價值的行為即創新學生自己的知識）。「解碼」→「螺旋」→「重組」→「創新」的核心技術（要領），各提供十二個著力點供「教學」者設計 KTAV 單元學習食譜時引導參照選用，確保「KTAV 單元學習食譜」構思的

精準度與高品質，以幫助師生有效的「知識遞移」，達成「教育目標」。「知識遞移說」帶動的新五倫・智慧創客教育「KTAV 教學模式」可用第三章的圖 3-8 來表示。

　　圖中的這個教學模式強調四大循環（律則）：(1)「價值觀」教育是「知識」教育的最終目的，「知識」的學習包括：「致用知識」、「經營技術」、「實踐能力」及「共好價值」的取得與系統重組，「價值」元素整合其他三種元素的重組與力行，有助於新五倫及其核心價值的推動與實踐；(2)智慧教育的實施指「知識→技術→能力（作品）→價值」四位一體的KTAV 教學；(3)創客教育的實施指研發「有創意」學習食譜→教導「能創造」操作學習→建構「再創新」知能模組→完成「做創客」實物作品，四創一體的教育；(4)知識遞移說（理論）指圖中的四個轉彎處，「知識解碼」→「知識螺旋」→「知識重組」→「知識創新」，「知識遞移說」用「解碼」及「重組」兩大步驟補強「知識管理說」，由「知識螺旋」直接訴求「知識創新」的不足，統整為完備而有效的「知識遞移」理論。

捌、結語：21 世紀臺灣教育新亮點：智慧人・做創客

　　綜合前述的論述分析，《知識教育學：智慧人・做創客》一書，對於教育具有五大價值貢獻：(1)揭示教育的新願景：如智慧人、做創客、新領導、優教師、能家長、行國民；(2)定義教育的新思維：如「素養含能力」、「翻轉成創客」、「創新要智慧」、「集體講價值」、「知識能遞移」等，都是「活教育・創價值」的新思維；(3)研發教育的新理論：如「知識遞移說」及「論新五倫及其核心價值」，經由 KTAV 單元學習食譜在學校教育實踐，可以教育人人追求適配幸福人生；(4)統整教育的新方法：如「知識→技術→能力→價值」四位一體的智慧教育，「有創意→能創造→再創新→

做創客」四創一體的創客教育，共同採用 KTAV 教學模式等；(5)開展教育的新價值：如知識乃教育之母（實體）、「知識教育學」可以研發教育新產品、「知識遞移說」的核心技術亟待深耕定位、「KTAV 單元學習食譜」定義「完整教育」、「新五倫‧智慧創客學校」點亮教育新價值。

當筆者撰寫完《知識教育學：智慧人‧做創客》一書之後，腦海中不斷浮現以下這般的教育場景：各級學校的師生都忙著在討論：「這學期的智慧創客嘉年華會，我們要展出的教育作品是什麼？會不會教師的作品遠比學生的作品遜色？我們這領域（學科）的師生作品要如何才能和資訊科技領域的作品一較高下，大家都能繁星爭輝？」

也不斷出現另一個場景：國小、國中、高中及大學的畢業典禮，每一位畢業學生都展出他們在學校學習作品的十項代表作，有實物作品的展出，也通通製作成自己作品的電子書，由畢業生穿著自己畢業照的服裝（包括學士服、碩士服、博士服），親自向參觀的親友及有興趣的來賓，解說導讀自己的作品，這樣的作品蘊含「知識→技術→能力→價值」的內容，說著：我們老師使用「KTAV 單元學習食譜」教我們，我們實踐了「做中學」、「有作品」，我們也採用了尖端數位科技，增添了作品的智慧與價值，老師和我們都是智慧人‧做創客。

「智慧人‧做創客」的師生，很快地會從學校校園之內延伸到整個社會，各行各業也都在實踐「智慧人‧做創客」，國家中有「新領導」及「優教師」來領航，每一個家庭都有「能家長」及「行國民」，實施適配的教育：「順性揚才開潛能，優勢智能明朗化」，以及適配的「幸福人生」。「知識教育學」從「智慧人、做創客」，幫助每一個人邁向適配幸福人生。21 世紀的教育有了全新的定義及著力點，它的新定義是：「知識遞移說」建構新五倫‧智慧創客學校；共同經營的著力點則是：使用「KTAV 單元學習食譜」。

第二篇
進升策略篇：新方法

教育新方法　KTAV　新教育
　　KTAV　統整　新課程設計
　　KTAV　聚焦　新單元教學
　　KTAV　引領　新智慧創客
　　KTAV　實踐　新價值評量
開展　新五倫　智慧創客學校

新五倫·智慧創客教育的意涵及實踐

KTAV教學模式及學習食譜

- 新五倫價值教育

① 家人關係 → ② 同儕關係 → ③ 師生關係 → ④ 主雇關係 → ⑤ 群己關係

新五倫關係〈核心價值〉
（知識展價值）品格、情意

- 智慧教育

知識 → 技術 → 能力 → 價值
（K·真）（T·善）（A·美）（V·慧）

四位一體（知識成智慧）

- 創客教育

研發有創意學習食譜
教導能創造操作學習
建構再創新知能模組
完成做創客實物作品

（知識達創客）四創一體

實踐口訣

- 五倫進升新五倫
① 家人親密相依存
② 同儕認同能共榮
③ 師生盡責傳智慧
④ 主雇專業共創價
⑤ 群己包容展博愛
（知識行道德）

- 智慧創客新教育

用智慧 → 做中學 →
有作品 → 論價值

① 立體實物作品
② 平面圖表作品
③ 動能展演作品
④ 價值對話作品
（知識通素養）

第六章 「新五倫教育」暨「價值教育」的實施策略

【德育素養・品格情意之進升】

導論

本章介紹學校推動「新五倫教育」及「價值教育」時，可採行的「策略」，曾刊載於 2018 年 9 月號的《教師天地》（207 期，頁 10-18）。「新五倫」指新的「人際關係」族群類別的劃分，包括：第一倫「家人關係」（核心價值：親密、依存），第二倫「同儕關係」（核心價值：認同、共榮），第三倫「師生關係」（核心價值：責任、智慧），第四倫「主雇關係」（核心價值：專業、創價），第五倫「群己關係」（核心價值：包容、博愛）。新五倫教育的「實施策略」主要有四：(1)新願景領導策略：直接將新五倫的核心價值作為願景領導的核心價值（core value）；(2)新環境教育策略：布展新五倫「核心價值」及「行為規準」的情境；(3)新計畫實踐策略：示範策訂一個「學校新五倫品德教育實施計畫綱要」，有明確的「目標」、「策略」、「項目」範例及其系統結構表；(4)新活動統整策略：將新五倫價值融入慶典活動教育中實施。

「價值」是「素養取向教育」、「品德教育」及「情意教學」共同的根（元素），學校中亦可直接推動「價值教育」來實踐素養取向的教育。「價值教育」的實施策略，本章推薦四大策略：(1)價值論述策略：如論述「事務本身」價值、論述「辦好這事」價值、論述「完成實踐」生命價值、論述「潛在價值」之存有；(2)價值回饋策略：如會議發言價值回饋、經驗

分享價值回饋、績效表現價值回饋、競賽活動價值回饋；(3)價值評量策略：如由學生檢閱完成作品之價值、學習歷程之價值、生命創新之價值、教育教學之價值；(4)價值實踐策略：教育機制及教學歷程都能「揭示價值」→「體認價值」→「實踐價值」→「創新價值」，稱之為價值實踐策略。前兩大策略適合「教育領導人」使用，後兩大策略適合「教師教學」使用。

壹、緒言：「素養取向」教育重「德育」

「素養取向」的教育與「德育」及「情意教學」三者之間的關係能否「系統思考」，將影響「十二年國民基本教育」課程綱要的具體實踐。因為「素養」的元素包含：「真（致用知識）」、「善（經營技術）」、「美（實踐能力）」、「慧（共好價值）」、「力（行動意願）」、「行（德行作品）」六大元素，六大元素中的「真、慧」共築，是「智育」與「德育」的融合，教育人員多主張「素養重德育」，甚至有「反智（知識）」傾向。本書（第二章）主張：「素養」係指人學習知識及能力之後，在身體之內所建構的「新知能模組」，「新知能模組」屬於內隱知識，它的存有證明「知識能遞移」（知識遞移說），它的功能則註解「知能創價說」（「知識學習→知能融合→知能創價→智慧創客」）的教育價值。

因此，「新知能模組」（素養）外顯化，經由「知識遞移說」及「知能創價說」，創新人的生命價值，也創新教育的價值，這兩大價值的總稱是「智慧人‧做創客」。智慧人是有德的人，做創客是有「良善技術」作品的人，也是「有德」的產品，是以「素養取向」的教育重德育，由內在「知能模組」的優化，強化其「慧（共好價值）」的元素，再結合「善（經營技術）」的元素，重組成「力（行動意願）」的元素及「行（德行作品）」的元素，也就能實踐為「有智慧的行為表現」及「有實物作品的創

客」（簡稱智慧創客）。

貳、「德育」的時代困境與發展趨勢

我國的學校教育素重「德育」，持續推行「素養取向」的教育，朱熹的白鹿洞書院學規，就是最經典的代表。朱熹創白鹿洞書院，在書院的大門揭示「學規」，包括：五教之目、為學之序、修身之要、處世之要、接物之要，史稱「白鹿洞書院學規」。大要如下：

- 父子有親、君臣有義、夫婦有別、長幼有序、朋友有信。（五教之目）
- 博學之、審問之、慎思之、明辨之、篤行之。（為學之序）
- 言忠信、行篤敬、懲忿窒欲、遷善改過。（修身之要）
- 正其義不謀其利，明其道不計其功。（處世之要）
- 己所不欲，勿施於人，行有不得，反求諸己。（接物之要）

用當代的教育目標「德、智、體、群、美」五育，來分析白鹿洞書院學規，筆者曾有下列的看法：「為學之序」是智育；「修身之要」及「處世之要」是德育；「接物之要」則是強調人的「美育」；而總目標「五教之目」則是群育（鄭崇趁，2016a，頁211）。是以白鹿洞書院學規對當代教育的啟示有三：(1)「五倫」之教是中華文化的根，大儒朱熹將之列為「教育學子」的總目標；(2)「群育」是人際關係（與人相處）的教育，是當代品德教育及情意教學的主軸，不宜分立探討；(3)未談「體育」，乃因古代的「書院」環境空間有限，不能與現代的「學校」相比較，可以直接實施完整的「六藝之教」（當時的六藝為禮、樂、射、御、書、數）。

用「知識」的類別來分析德育，知識共分五大類：物理現象的知識、

事理要領的知識、生命系統的知識、人倫綱常的知識、時空律則的知識（鄭崇趁，2017）。教育在教學生學習知識，啟動「生命系統的知識」來學習這五大類知識，「德育」的知識屬於「人倫綱常」的知識，「群育」與「美育」也都與「人倫綱常」的知識攸關，其較通俗的用語，就是探討「人際關係」之「價值取向」的知識。因此，「德育」即「人際關係」結合「知識素養」之「有價值行為表現」。

「德育」的教育仍然在各級學校中實施，但當前的學校教育遇到兩大困境（挑戰）：一者品德教育的教學中，不再談「五倫」之教；二者「素養取向」的教育重品德，但將「德育」與「智育」對立，聞到一股「反知識」的浪潮。如果德育要與知識「切割」並且與過去中華文化的根——「五倫」都不銜接，「素養取向」的德育就會形同「空談」，不知從何使力。「重德育」來提高國民「素養」的教育理想，可能要經過「長時間」的經營，才能看到真實的「教育價值」知識。當學校正規的教育機制，沒有提供準確的「德育素養」教育，宗教的「生命心靈」教育就會進入校園，彌補原本教育機制的不足，這又是第三大困境（挑戰）。

針對這三大挑戰，筆者自 2014 年起倡議用「新五倫及其核心價值」來銜接「五教之目」的德育。「新五倫」是指：家人關係（第一倫）、同儕關係（第二倫）、師生關係（第三倫）、主雇關係（第四倫）、群己關係（第五倫），已研發出來的新五倫核心價值，每一倫各有四個，共二十個，如表 6-1 所示。

第一倫「家人關係」指「住在一起的人」，是廣義的夫妻關係及父母子女關係，只要住在一起就宜稱為「家人」關係。其重要的核心價值在「親密、依存」，中介銜接的核心價值則為「觀照、支持」；家人有親相依存，彼此觀照給支持。第二倫「同儕關係」指同學、同事及執行同一任務的同儕，其重要的核心價值是「認同、共榮」，中介銜接的核心價值則為「合

表 6-1 新五倫及其核心價值摘要表

新五倫		核心價值
第一倫	家人關係	親密、觀照、支持、依存
第二倫	同儕關係	認同、合作、互助、共榮
第三倫	師生關係	責任、創新、永續、智慧
第四倫	主雇關係	專業、傳承、擴能、創價
第五倫	群己關係	包容、尊重、公義、博愛

作、互助」；同儕認同能共榮，大家合作來互助。第三倫「師生關係」指接受教育層級有過「教師」與「學生」的關係，包括長期與短暫或廣義互為師生關係的夥伴，其重要的核心價值在「責任、智慧」，中介銜接的核心價值則為「創新、永續」；師生盡責傳智慧，教育創新達永續。

第四倫「主雇關係」指老闆與員工之間的關係，老闆是發薪水給員工的雇主，員工則為領薪水的受雇人，其重要的核心價值是「專業、創價」，中介銜接的核心價值則為「傳承、擴能」；主雇專業多創價，傳承技術擴能量。第五倫「群己關係」指個人與社會大眾的關係，其重要的核心價值是「包容、博愛」，中介銜接的核心價值則為「尊重、公義」；群己包容有博愛，社會和諧存公義。

新五倫所建構的「新人際關係」分類，是當代最核心的「群組（族群）分類」，適合每個人「一輩子」的「人倫綱常」。若能發展其中的「核心價值」（如前述的二十個），每一個都可以逐漸被學校拿來當作中心德目，並發展其行為規準，然後貼在教室布告欄，師生都可以適時融入領域教學「力行實踐」，品德教育的實施就得以用「新五倫」來銜接原本的「五倫之教」（五教之目），中華文化之根——「五倫之教」就得以用「新面目」出現在當代社會「德育」的舞臺之上，做到德育、素養教育與情意教學之

「傳承創新」。

　　筆者曾專文論述「學生的品德教育」，主張品德教育與情意教學的理論基礎均在「好習慣」與「服務心」。情意教學的核心在「全人格教育」的實施，包括「七情俱」的情緒教育，進升到「致中和」的情感表達，再進升到「成風範」的情操培育，方能造就「全人格」之性情。新五倫核心價值的品德教育實踐融入全人格情意教學，得以造就學生幸福人生（鄭崇趁，2016a）。品德教育具有五大趨勢：(1)由私德到公德；(2)由內隱之德到外顯之德；(3)由自我實現論到智慧資本論；(4)由自由、平等、人權到民主、博愛、法治；(5)由「五倫」到「新五倫」。這五大趨勢適可為重視德育的「素養取向」教育鋪路。

參、「素養」及「德育」共同的根（元素）：價值

　　臺灣的教育在 20 世紀後二十年至 21 世紀前二十年，是最為興旺昌盛活絡的時期，基本教育年限由六年進升到九年，再進升到十二年。高等教育的量逐漸擴充到可以收納同一年齡層學生的 70％以上，但從人民的「行為跡象」表現來觀察，教育的實質內涵並未完全成功，尤其是臺灣出現「非理性的民主」及「詐騙集團的滋長」，也震驚全世界。「非理性的民主」表現在「臺灣人的選票」選出的「官員領導」及「民意代表」總非「最佳人選」，政經機制的提升長久陷入困難，「臺灣的競爭實力」日益被鄰近國家超越。20 世紀後十年起「詐騙集團」開始猖狂，危害國家安全，並有不少高學歷知識分子參與其中，在 21 世紀前十年起發展成「可輸出的行業」，約有「超過萬人」在經營此「專門行業」，大陸方面亦有「數千人」追隨學習「共同經營詐騙事業」，其基地設在東南亞及第三世界國家（非洲）。似乎由「詐騙行業」優先開啟了「臺灣南向政策」，讓有志之士特

別憂心，為「國際化教育」（教材選擇）增添了陰影變數。

　　造成「非理性的民主」及「詐騙集團的滋長」之主要原因，在於「價值觀」教育的缺乏。國家領導人沒有運作「價值領導」，頒行臺灣「發展階段」的「核心價值」，學校教育也沒有真實的「價值教育」，學校校長尚不會操作「新願景領導」（內有核心價值），也不善於用「價值論述」進行「價值溝通」，教師雖多認真教學，但多停留在「知識」、「技術」、「能力」的層面，沒有進行「價值統整」與評量回饋，是以臺灣人民雖有知識、技術、能力，然卻欠缺「價值」的素養與能力。臺灣目前是一個「價值混淆的年代」，或者「欠缺明確價值觀（核心價值）的時代」。

　　「素養」兩字在中華文化中具有崇高的意涵，素即元素，養即修養，兩字合起來，意味著「修養的元素」，是以本書第二章主張「核心素養」是指人身體之內的內隱性「新知能模組」，它是「真（致用知識）」、「善（經營技術）」、「美（實踐能力）」、「慧（共好價值）」、「力（行動意願）」、「行（德行作品）」六大元素「再建構」的「新模組」。教育及學習都在「教學」知識，知識進入人身體之後就會產生「有生命的知識」，包括成為「致用知識（真）」、「經營技術（善）」、「實踐能力（美）」及「共好價值（慧）」，以學生本位來說明，就是讓學生得到「真知識」→「含技術」→「組能力」→「展價值」的知識生命發展。此一「知能模組說」結合「知識遞移說」，就能有效詮釋「教育創新知識」的歷程；再結合「知能創價說」，就能連結「智慧創客」教育的真實意涵。素養取向的「新知能模組」外顯化的「有價值行為表現」即為「能力」，外顯能力大家看得見，例如：智慧人、做創客、新領導、優教師、能家長、行國民都是「有價值行為表現」的人。

　　「素養取向教育」及「德育」共同的根（核心元素）都是 KTAV（知識、技術、能力、價值）四位一體的教育，其中的「共好價值（V）」扮

演最「關鍵」的元素，用「共好價值」連結「知與能」，用「共好價值」融合「智與德」，用「共好價值」創新人的生命價值，也用「共好價值」創新教育的價值。價值教育的強化（使用KTAV學習食譜）就能夠運作「素養取向」的教育，就能夠推展「新五倫及其核心價值」的品德教育，著力符合時代需求的德育，並回顧深化「素養取向」的教育。

肆、「新五倫教育」的實施策略

優化智慧型手機的重要「零組件」及其「核心元素」就可以促進手機升級，強化其競爭力，而教育事業亦然，找到經營教育的重要「零組件」及「核心元素」，著力優化元素品質，就可以提升教育的競爭力。素養取向的教育，依本書「理念素養篇」的論述，新發現的零組件包括：「新知能模組說」、「知識遞移說」、「知能創價說」、「品德教育」、「情意教學」、「智慧教育」、「創客教育」、「價值教育」，前三者屬於「理念理論」型的零組件，後五者則屬於「實踐操作」型的零組件。這些「零組件」的系統結構及操作步驟，在《知識教育學：智慧人・做創客》（鄭崇趁，2017）一書中有較詳細的說明。

「素養取向」教育重「德育」，是以「品德教育」（含情意教學）這一大零組件又可包括兩項零組件：「新五倫」及其「核心價值」，以下接續論述「新五倫教育」的實施策略，以及「價值教育」的推動策略，導引「素養取向」教育「學校經營」的進升力點。

將「新五倫教育」當作「素養取向」教育的新零組件，這一個「新零組件」的重要（核心）元素如前述所談的「五倫」（人際關係、人倫綱常類別）及其「價值」（二十個）。在學校教育的實踐上，可採行「新願景領導策略」、「新環境教育策略」、「新計畫實踐策略」、「新活動統整

策略」，分別說明如下。

一、新願景領導策略

新願景領導策略必須同時呈現學校（單位）的「願景」（Vision）、「任務」（Mission）及「核心價值」（Core Value），除了三個詞意的具體文字內容外，最後能用「圖示」來呈現其「系統」結構關係。用新願景領導策略來實施「新五倫教育」，其具體著力點有二：(1)直接嵌入「願景」（Vision），例如：經營一所新五倫‧智慧創客學校；(2)在「核心價值」（Core Value）欄位，使用「新五倫」的核心價值，例如：責任、智慧（師生關係）；包容、博愛（群己關係）；認同、共榮（同儕關係）；親密、依存（家人關係）；專業、創價（主雇關係）等。

二、新環境教育策略

用「新五倫及其核心價值」文字標語作為學校環境布展的主題，稱之為新環境教育策略。本策略介紹四種措施提供參照：(1)牆壁布展：將新五倫之名稱及二十個核心價值，直接寫在學校圍牆及主要建築的牆上，讓學校師生每天「看得到」、「唸一遍」，用環境實施新五倫教育；(2)建物布展：用新五倫的二十個核心價值，作為新建物的命名，如合作樓、互助樓、責任樓、博愛館、創價館等；(3)堡壘布展：用新五倫及其核心價值為內容，建置一精神堡壘或小牌樓，擺放在校園師生經常走動地區，凝聚師生「新五倫」心像；(4)步道布展：學校策畫「新五倫核心價值」學習步道，結合藝文創作提供師生學習新五倫及其核心價值的情境。

三、新計畫實踐策略

學校策訂「新五倫品德教育實施計畫綱要」，用明確的「目標」、「策

略」及「執行項目」來實踐新五倫之品德教育，茲以中小學校為例，擬一範例如表 6-2 所示。

表 6-2　學校新五倫品德教育實施計畫綱要（範例）

目標	策略	執行項目
探討人倫綱常知識，尋繹社會人際類別，開展新五倫品德教育；	一、研究知識性質，關注人倫知能	1. 成立「知識教育學」讀書會或專業學習社群。 2. 激勵教師進行「新五倫」融入教學行動研究。 3. 提示教師均衡「五大類知識」教育及學習。
	二、分析人際族群，融入倫理價值	4. 選用新五倫的核心價值為中心德目。 5. 建置各年級新五倫的核心價值之行為規準。 6. 激勵教師編製新五倫價值教育教材。
建置價值教育情境，推動價值教學評量，實踐新價值校園文化。	三、布展價值情境，實施價值領導	7. 推動新五倫教育月，布展新五倫價值情境。 8. 舉辦新五倫價值學藝競賽活動。 9. 選拔「智慧人」及「做創客」達人（領域績優學生）。
	四、推動價值教學，營造價值文化	10. 實施新五倫價值教育班級經營。 11. 推行「KTAV 單元價值評量」教學。 12. 建置學校「新五倫價值教育」智慧傳承創新平臺。

　　每個學校可依學校的「需求性」與「個殊性」，參照表 6-2 之內容，酌予調整「計畫目標」及「經營策略」之文字，增刪一兩項「執行項目」，然後依標準教育計畫格式，補上「計畫緣起」（為什麼要訂這一計畫）、

「執行內容」（每一項目的作法）、「配套措施」及「預期成效」，學校即能以「新計畫實踐策略」來實施「新五倫品德教育」。

四、新活動統整策略

學校師生參與的大型慶典活動，如開學典禮、校慶運動會、親職教育日、各類學術研討會、教師晨會、校務會議、課程發展委員會、領域教師專業學習社群等，由學校領導幹部或參與教師統整宣導「新五倫」的意涵及其「核心價值」之形成，即為新活動統整策略。新活動統整策略須預為「籌備」，例如：能指導參與者直接在「活動」型態中，「編劇情」演出新五倫之核心價值，或由師生分享表達「經驗故事」；要避免「教條式統整」，儘量做到「活動內容式統整」，類似電視連續劇的「置入式行銷」方為高明。

伍、價值教育的實施策略

價值教育的重要性，已經由「元素」進升到「零組件」的地位。「價值教育」經營得好，「素養取向」的教育才能真實到位，「新五倫教育」的實踐也才能真正的「有價值」。價值教育已經成為這兩大教育的「關鍵、核心」零組件，價值教育成為「新五倫教育」及「素養取向教育」共同的「根」。價值教育的實施（推動）策略可分兩大層面、四個策略：幹部領導層面採行「價值論述策略」及「價值回饋策略」；教師教學層面則採行「價值評量策略」及「價值實踐策略」，分別說明如下。

一、價值論述策略

學校領導人（校長或幹部）在重要的集會上，常用集會目的之「核心

價值」來做開幕講話，稱之為價值論述策略。用價值論述註解教育工作的本質與深層意涵，凝聚師生「心向及能量」共同經營重點事務，永續創新教育價值。價值論述策略可以從下列四點著力：(1)揭示慶典或事務本身的核心價值：如開學典禮，最適合論述學校教育願景中的「核心價值」；畢業典禮最適合論述幸福人生的「核心價值」；學術研討會的開幕最適合論述研討主題的「教育價值」；(2)論述「辦好這事」的價值所在：如學校運動會的開幕典禮，校長或來賓祝詞最適合論述「健康、強身、優勢能力」的核心價值；(3)論述「完成實踐」的生命價值：教育事業的所有活動都要師生參與，領導人要為參與的師生，指出這一活動完成之後，創新參與者生命價值所在，活出自己並對組織有貢獻；(4)論述「潛在價值」的存有：人走過的路都會留下足跡，這些足跡往往就是後繼者的方向，凡做過的事也都會具有「潛在價值」；教育領導人點名論述事務主軸的可能「潛在績效價值」，會增加參與者的「認同」與「投入」。

二、價值回饋策略

學校領導人（校長或幹部）運用「教育價值」激勵回饋學校師生當下的行為表現或會議中的發言，稱之為價值回饋策略，其經營著力點得參照下列四點作為：(1)會議價值回饋：師生發言之後，主席用「教育價值」來詮釋其意涵，例如：符合「多元智能理論」、「學習型組織理論」、「賦權增能原理」、「正義論的實踐」，與本校願景中的核心價值吻合等皆是；(2)分享價值回饋：在師生任務分享之後，用主題的價值或內容的價值給予回饋，具有驗證、整合、引導的價值實踐；(3)績效價值回饋：學校同仁一有教育本業績效，就給予價值回饋，例如：完成校本課程設計、舉辦大型教育活動結束後，領導人都給師生績效展現的教育價值回饋，讓參與師生覺得「參與有價值」；(4)競賽價值回饋：學校師生組團隊參與任何教育競

賽活動，於練習時、行前、賽後都適時給予價值回饋，提示參賽與賽會活動對人的生命價值及教育價值，故師生都希望積極參與「有價值」的賽會活動。

三、價值評量策略

教師於單元教學結束前，進行對學生學習成果的「價值」檢核，稱之為價值評量策略。價值評量策略可用兩個方式進行：「分享表達」及「書面表達」。「分享表達」係由教師提問，學生回答，問題包括：(1)本單元完成作品之價值；(2)本單元學習歷程之價值；(3)本單元教師教學之價值；(4)本單元教育之價值；(5)本單元創新生命之價值；(6)本單元對群己及社會國家之潛在價值。「書面表達」則可運用「KTAV 單元學習食譜」當作評量工具，要求學生撰寫本單元習得的「致用知識」（K）、「操作技術」（T）、「實踐能力」（A）、「共好價值」（V）；亦可針對前述口語分享表達的六個問題（議題），擇二至三點成為「作業單」形式，供學生練習撰寫「教育價值」的意涵。由於中小學階段學生的「價值教育」有待永續深耕，筆者較偏向運用「分享表達」，在單元學習結束前 5 至 10 分鐘使用「價值評量策略」最佳。

四、價值實踐策略

以「價值教育」為軸心，引領師生在所有的「教育機制」及「教與學」活動中，都能「揭示價值」、「體認價值」、「實踐價值」、「創新價值」，稱之為價值實踐策略。價值實踐策略就「領導人」而言，重在慶典活動及各種會議上的「價值論述」實踐及「價值回饋」實踐。就教師而言，重在教學上「價值詮釋」的專業示範（示範詮釋教與學對自己生命價值的意涵及創新，詮釋知識、技術、能力、價值的教育價值），以及對學生的

「教學價值評量」之實踐（每單元結束前均有價值對話回饋分享）。就學生而言，「價值實踐」的層面最廣，包括：學校教育的價值實踐（如學校願景價值實踐）、領域學科知識→技術→能力的綜合價值實踐、教師主導的單元「價值評量」之價值實踐、生活好習慣的價值實踐、學習好習慣的價值實踐，以及「德育」（核心價值）所開展「行為規準」的價值實踐。領導幹部、教師、學生都以「價值教育」為軸心，融入「課程教學」及「教育機制」篤行實踐教育價值，大家都成為「智慧人‧做創客」（知識教育學及價值教育的共同目標）。

陸、結語：「新五倫」之「價值教育」成為「素養取向教育」及「德育」進升經營的重要零組件

素養取向的教育重「德育」，我國德育的經典教材是「五倫之教」或「五教之目」（朱熹的白鹿洞書院學規），筆者提出「新五倫」的類別主張，符合當代臺灣人的生活。人終其一生，其最大的「人際群組」，適合劃分成「家人關係」、「同儕關係」、「師生關係」、「主雇關係」及「群己關係」五大類，故稱新五倫，用「新五倫」研發其「核心價值」，才能吻合當代人「人倫綱常」的知識（核心價值也是知識的一種）。

本章接續說明「新五倫」的分類對象及其「核心價值」（二十個）的核心意涵，認為其能「傳承創新」過去的「五倫之教」，重回接續「中華文化的根」，扮演「德育」及「素養教育」新引擎的角色。為了發動此一「新引擎」，希望它能真實地行駛在學校教育上，本章撰寫了「新五倫教育的實施策略」及「價值教育的實施策略」，建議採用「新願景領導策略」、「新計畫實踐策略」、「新環境教育策略」及「新活動統整策略」來實施「新五倫教育」；也建議採行「價值論述策略」、「價值回饋策

略」、「價值評量策略」以及「價值實踐策略」來具體實踐價值教育,且每一個推動策略之內均標示了三至四個「著力點」。筆者認為,「新五倫」及其「核心價值」都已進升成為「德育」及「素養取向」教育的核心元素及重要零組件,「強化、優化」這一零組件的「元素」及「系統結構」,就可以回歸真正的教育本質(找到人實際生活互動的原型),發揮更為強大的教育功能,創新人之「生命」與「教育」的新價值。

第七章 「智慧教育」暨「創客教育」的經營策略

【知能創價・智慧創客之進升】

導論

　　「智慧教育」暨「創客教育」的意涵與實踐作為，在筆者的前兩本書：《教育經營學個論：創新、創客、創意》（鄭崇趁，2016a）及《知識教育學：智慧人・做創客》（鄭崇趁，2017）已有明確闡明論述，本章係前兩書觀點的「再進升」，智慧教育及創客教育已成為「教育4.0」時代的主流教育。學校經營策略的「進升力點」顯得格外重要，本章各推薦五個經營策略，供教育領導人及學校教師選用，期能有效提高師生的知能創價績效及智慧創客作品品質。

　　智慧教育的五大經營策略為：(1)探討智慧「元素結構」策略：智慧由「真（知識・K）」、「善（技術・T）」、「美（能力・A）」、「慧（價值・V）」四大元素建構而成；(2)分析智慧「運作實踐」策略：採用KTAV教學模式，導引知識成智慧；(3)開展智慧「知能創價」策略：從知能融合創新生命價值及創新教育價值；(4)實施智慧「創客作品」策略：實踐「用智慧」→「做中學」→「有作品」→「論價值」的教學歷程，優化創客作品品質價值；(5)管理智慧「績效價值」策略：用智慧管理作品、用智慧管理教材、用智慧管理KTAV的績效價值。

　　創客教育的五大經營策略為：(1)創客教育「理念意涵」策略：向師生深化創客教育的理論基礎、核心價值及實踐步驟；(2)創客教育「經營技術」

策略：四創一體、「做中學」、「有作品」KTAV；(3)創客教育「知能實踐」策略：知創客教育→識創客技術→能創客教學→優創客作品，謂之教師的創客知能實踐；(4)創客教育「價值評量」策略：師生論作品價值、論學習價值、論生命價值、論教育價值；(5)創客教育「智慧傳承」策略：建置智慧化管理、傳承、創新學校創客作品。智慧教育結合創客教育稱為「智慧創客教育」，都能運用 KTAV 教學模式來實踐；「智慧」進升人的生命價值，「創客」定位人的生涯價值。

壹、緒言：「智慧人・做創客」的「知識教育學」

《知識教育學：智慧人・做創客》（鄭崇趁，2017）一書主張，教育的實體是「知識」，我們辦教育，從小學到大學都在教「知識」，知識成智慧，知識達創客，是以「人的教育」有兩大目標：智慧人・做創客。以知識本位來說，知識經由教育，教育人成為「智慧人」（具有智慧生活素養能力的人）；知識也經由教育，教育人成為「做創客」（擁有生命職涯事業作品的人）。

再以教育本位來看，教育人成為「智慧人」的「系統知識學習」稱為「智慧教育」，它需要長期「教與學」的經營；教育人成為「做創客」的「系統知識學習」則稱為「創客教育」，它也需要永續「教與學」的經營。本章之目的係以「學校教育」為本位，闡述「智慧教育」及「創客教育」明確的經營策略，提供學校領導人及幹部能夠掌握進升經營「著力點」。

貳、智慧教育的核心意涵與經營策略

智慧教育是教育人成為「有智慧的人」，它在「知識教育學」中的核

心意涵是：實施「知識→技術→能力→價值」四位一體的教育，稱為「智慧教育」。「智慧」來自核心素養六大元素〔致用知識（真）、經營技術（善）、實踐能力（美）、共好價值（慧）、行動意願（力）、德行作品（行）〕中的前四者：「真、善、美、慧」四大知能元素的「螺旋重組」及「融合創價」，而形成人的「智慧」。在組織群體中，「個人智慧」的總和就成為「集體智慧」。是以在學校教育的實境中，教師採行 KTAV 教學模式，使用「KTAV 單元學習食譜」，設計「知識→技術→能力→價值」四位一體的主題單元教學，就是「智慧教育」的實踐。

　　智慧教育的經營策略，在《知識教育學：智慧人・做創客》一書的第五章「知識智慧說」及第十三章「智慧人的教育」已有概要論述。「知識智慧說」（鄭崇趁，2017，頁 97-116）係以「價值詮釋取向」闡明知識的致用與績效，共分五節論述：第一節「知識成智慧的教育意涵」，申論教育在幫助人「有智慧」的使用知識，創新知識價值，核心主張包括：「知識是建構智慧的核心元素」、「教育在教知識，也在教智慧」、「有能力駕馭知識的人，才會有智慧行為表現」、「價值觀的教育是培育智慧人的關鍵途徑」。

　　第二節「智慧來自致用知識」，認為「致用知識」是廣義的「知識→技術→能力→價值」四位一體知識優化結晶的「新知能模組」（核心素養的源頭），它是真的知識（被用出來）、善的技術（良善優質）、美的能力（實踐完形之美）、慧的價值（共好價值）；這些致用知識來自四大層面，例如：生活致用層面之「核心需求與品味風格」的知識、事業致用層面之「專業深耕與優勢亮點」的知識、人際致用層面之「新五倫及其核心價值」的知識、休閒致用層面之「運動藝文與動靜平衡」的知識。

　　第三節「智慧表現經營技術」，主張人的智慧會從四大本業上表現其經營技術，人生的四大本業是學業、事業、家業及共業。學業的經營技術

在：「好的習慣」樂學習、「順性揚才」開潛能、「全人發展」築優勢，以及「適配教育」多幸福；事業的經營技術在：揭示事業的核心價值、研發事業的核心技術、進行事業的知識管理，以及優化事業的文化傳承；家業的經營技術主要有：嘗試擬訂「家庭中長程發展計畫」、摘記家庭重要事件、網路蒐集「家務」重點工作的「標準作業程序」（SOP），以及數位儲存計畫、執行、實踐的成果資料，進行知識管理；共業的經營技術重點在：養成「日行一善」的好習慣、善盡「績效責任」的好本分、發揮「專長亮點」的好貢獻，以及運作「團隊動能」的好群組。

第四節「智慧彰顯實踐能力」，認為有智慧的人通常會在下列四項彰顯其實踐能力：(1)學會應備知識的能力：如學生的學習力、知識力、藝能力、品格力；(2)完成事業任務的能力：如校長、教師的專業力、統合力、執行力及創發力；(3)深化優勢亮點的能力：如系統思考時間規劃、持續深耕專長作品、讓出不夠專長任務，以及籌組團隊擴大貢獻；(4)創發知識價值的能力：如能夠創發生活知識的價值、創發事業知識的價值、創發人倫知識的價值，以及創發時空知識的價值。

第五節「智慧彩繪人生價值」，認為「智慧人」會善用自己所學到的「知識智慧」彩繪自己的人生，創發自己的人生價值，包括：(1)彩繪人生自我實現的價值：活出自己，人生的理想抱負多能與現實生活情境吻合，一輩子的大部分時間都有自我實現的感受；(2)彩繪人生智慧資本的價值：對自己隸屬的組織群體有貢獻，對同儕、學校、任職單位、社會國家都有貢獻，充分發揮有效智慧資本的功能與價值；(3)彩繪人生成人旺業的價值：如己立立人，己達達人；服務助人，布施利他；專業示範，順性領航；責任績效，圓融有度，都能彩繪成人旺業的人生價值；(4)彩繪適配幸福的人生價值：如實踐四大適配（適配的教育→適配的事業→適配的伴侶→適配的職位）來經營彩繪自己的適配幸福人生，創發人生最高價值。

　　第十三章「智慧人的教育」（鄭崇趁，2017，頁259-274），從「能力實踐」的視角，論述「如何經由知識教育」來培育「有智慧的人」，也就是本章「智慧教育」經營策略之「導言概要」。主要觀點分四節說明：第一節「智慧產品的教育」，認為有智慧的人要能了解、使用智慧產品，讓當代智慧產品成為生活、事業、人際、休閒進升的利器；第二節「智慧素養的教育」，主張教育教給每個人四大智慧素養：學以致用的知識、精緻作品的技術、實踐良善的能力、立己達人的價值；第三節「智慧實踐的教育」，為了實踐力行「有智慧的人」，教育內容要強化「生活學習好習慣」、「做人處事有標準」、「事業功名講適配」，以及「自我實現成智慧」的實踐教育；第四節「智慧生活的教育」，人成為有智慧的人會呈現四種智慧生活的型態：自主自在的生活、價值永續的生活、作品生新的生活、共好行善的生活。

　　「知識智慧說」近似「知識如何發展成人的智慧」之理論理念的說明闡述，「智慧人的教育」則開始為「如何找到教育經營著力點」鋪陳，從「智慧產品」、「智慧素養」、「智慧實踐」、「智慧生活」四個方向，開展「智慧教育」的初步構念與「經營方向」。本章配合「教育 4.0」、「學校經營進升力點」的需求，以「學校教育」為本位思考，整理論述「智慧教育」五大經營策略，包括：探討智慧「元素結構」策略、分析智慧「運作實踐」策略、開展智慧「知能創價」策略、實施智慧「創客作品」策略，以及管理智慧「績效價值」策略。逐一論述說明如下。

一、探討智慧「元素結構」策略

　　從《知識教育學：智慧人・做創客》（鄭崇趁，2017）一書的觀點看「知識」、「素養」、「智慧」三者的關係：「素養」與「智慧」的源頭都來自知識；知識優化為人內在的「新知能模組」就稱之為「素養」，依

此「素養」外顯化為有價值的行為實踐，就稱為「智慧」，或者「有智慧的人」。因此，「素養」與「智慧」兩詞的原始意涵十分接近，素養是人內在的「新知能模組」，屬於「內隱知識」；「智慧」則可再外顯化為「有價值的行為實踐」，包含內隱及外顯的知識，人的德行作品都是人智慧的有價值行為表現，是以「實踐能力（美）」也是「素養」及「智慧」的共同元素之一。

是故，經營「智慧教育」的第一個策略是：探討智慧的「元素結構」策略，其具體的操作事項（經營力點）有四：(1)揭示智慧的元素：知識、技術、能力、價值四大元素共同建構智慧，此四大元素來自「核心素養」（新知能模組）的六大元素：「真（致用知識）」、「善（經營技術）」、「美（實踐能力）」、「慧（共好價值）」、「力（行動意願）」、「行（德行作品）」中的前四者；(2)展現智慧的結構：智慧是有價值的行為實踐，它是各種「知能系統結構」的組合，例如：「知識遞移說」有效解析「知識創新知識」，而「知識成智慧」的歷程則為「知識解碼→知識螺旋→知識重組→知識創新」，本身就是智慧的系統結構之一；「知能創價說」有效指陳「知識學習→知能融合→知能創新→智慧創客」的教育歷程，也是智慧的系統結構之一；其他如知識含技術→知識組能力→知識展價值→知識能遞移→知識成智慧→知識達創客亦均是；(3)教學智慧的工具：KTAV單元學習食譜將「致用知識（K）」、「經營技術（T）」、「實踐能力（A）」、「共好價值（V）」統整成智慧型教學，使用 KTAV 教學模式，即是「結構單元知識元素」的最佳策略（工具策略）；(4)推動智慧創客教學模式：智慧創客 KTAV 教學模式，用一張系統架構圖（模式），展現「智慧教育」、「創客教育」、「新五倫（價值）教育」、「知識遞移說（理論）」四大知識技術系統，推動智慧創客 KTAV 教學（教育）模式，也是智慧教育最佳結構模式之示範。

二、分析智慧「運作實踐」策略

「智慧是什麼？」第一個策略從「元素」及「結構」來做了解，智慧的元素有四：知識、技術、能力、價值，也可用這四個詞的英文第一個字母稱它「KTAV」；智慧的結構要結合智慧的功能，讓它的諸多元素呈現不同的「系統結構」，諸如「智慧教育」、「知能創價」、「智慧創客」、「知能模組」、「知能融合」、「素養能力」等皆是，這些名詞都是有價值的「智慧語錄」，它們都是與人「智慧行為」攸關的「知能系統結構」。「智慧是怎麼形成的？」或者說「知識」與「能力」如何結合變成人的智慧？在前述諸多「複合性智慧語錄」中，「知識遞移說」及「知能創價說」（詳本書第二章）可以解答此一問題。因此，經營「智慧教育」的第二個策略是：分析智慧「運作實踐」策略，也就是要解答「智慧是怎麼形成的？」這個問題。

「知識遞移說」認為，「知識及智慧」都是可以遞移的，教師身上及教材上的「知識及智慧」，都可以經由「知識解碼」→「知識螺旋」→「知識重組」→然後「知識創新」。智慧也是知識的一種，智慧的知能與價值取向，也可以經由「解碼→螺旋→重組」然後創新學生的智慧。掌握這四大步驟（次級系統的技術），就可以操作「智慧的形成」及「智慧的遞移」，創新自己的智慧、創新學生的智慧。

「知能創價說」認為，教育的「績效價值」在創新學生的生命價值及創新教育本身的價值，其主要歷程在「知識學習→知能融合→知能創價→智慧創客」，唯有知能融合創價才有後端的「智慧人・做創客」。知能創價說註解「知識螺旋及重組」的對象，除了「知識」、「技術」之外，尚有人的「本能」以及已經學會的「知能」、「價值」。「知識遞移說」及「知能創價說」共同詮釋「新知能模組說」（核心素養的建構）暨「智慧

的形成」。

至於「智慧如何實踐？」的問題，我們可以回頭運用「知識智慧說」。知識智慧說主張「智慧來自致用知識」→「智慧表現經營技術」→「智慧彰顯實踐能力」→「智慧彩繪人生價值」，是以「智慧人」會有「自我實現的人生價值」、「智慧資本的人生價值」、「成人旺業的人生價值」、「適配幸福的人生價值」（適配的教育、適配的事業、適配的伴侶、適配的職位）。其中，適配的教育還要搭配「順性揚才」及「優勢學習」，才能「全人發展築優勢」，順性發展成為「成熟人」、「知識人」、「社會人」、「獨特人」、「價值人」、「永續人」、「智慧人」、「做創客」、「新領導」、「優教師」、「能家長」、「行國民」，實現「適配幸福」的十二大角色責任。「智慧教育」指有價值的教育行為（措施、機制），從運作實踐的視角來看，「順性揚才」→「優勢學習」→「適配教育」→「全人發展」的鉅觀教育歷程，也算是經營「智慧教育」的有效運作模式。

三、開展智慧「知能創價」策略

經營「智慧教育」的第三個有效策略是「知能創價策略」。前述的「知能創價說」已敘明「知能創價」係智慧元素的新系統結構（成為教育實踐的新語彙），知能創價包括四大步驟：「知識學習」→「知能融合」→「知能創價」→然後「智慧創客」。「知識」及「能力」能夠「融合」成「新知能模組」，再外顯實踐「知能創價」，最終方能「智慧人‧做創客」。開展智慧教育之「知能創價」策略，主要在明白揭示：師生的「知能」在創新「師生的生命價值」、創新「師生的教育價值」。

在創新師生的「生命價值」方面，學校領導人及教師要能夠引導學生指陳敘說「創新生命」的點，例如：「智慧元素」中的「真（致用知識）」、「善（經營技術）」、「美（實踐能力）」、「慧（共好價值）」；各種

身體體驗操作性質的教育及教學活動，學生生命均有體驗生新的感受與成長；創新學生的高峰經驗，如登玉山、自行車環島、泳渡日月潭、鐵人三項、完成半程或全程馬拉松等；參與各種藝文學能競賽活動，讓生命享受「參與」、「合作」、「競賽」、「奪標」、「省思」的體驗與創新的「知能互動」饗宴，這些都是在創新生命價值。

在創新師生的「教育價值」方面，教師規劃新課程、編輯新教材、使用新教學模式、執行新教學方法，教學生學會主題知識、技術、能力、價值，促使師生「知識遞移」成功，其致用知識、經營技術、實踐能力、共好價值的知能流量大，都是在創新教育價值。師生創新生命價值及創新教育價值，就是在運作「知能創價策略」，實踐「智慧教育」。單就學生而言，學生學會教師準備的教材，喜歡學習，喜歡教師的教學，學會教育及課程目標所訂的素養能力，能夠創新實踐有價值行為，有新學習作品及共好助人服務行為，也都是在創新教育價值。

「知能創價」不只是新的教育名詞，本來就存在於教育的現場實境，但教師們甚少「覺察、使用」。「知能創價策略」揭示之後，教師教學各種主題知識時，就容易覺察「知能融合」，進而「知能創價」的事實，結合教與學歷程，引領學生同時覺察「創新生命價值」及「創新教育價值」所在，豐厚主題教學及教育活動崇高的意涵。

四、實施智慧「創客作品」策略

經營「智慧教育」的第四個有效策略是「創客作品」策略，也就是「智慧」和「創客」連結，並產出「作品」的經營策略。智慧含有「共好、共榮」之意，個人的生命、生活、生涯、一輩子身體的各種機能要共好、共榮，才能創新自己生命的價值。對於自己所隸屬的組織群體，諸如家人、親人、同學、同事、群己、師生、主雇、社會、國家也都要「共好、共榮、

共存、共享」，此才是真實的「智慧」實境。就像佛家講的在生勤修持，往生後大家都到「極樂世界」，這是最有價值的「智慧」。

智慧是有價值的行為表現，是以智慧教育的實施有一口訣：「用智慧（致用知識‧KTAV）→做中學（操作技術）→有作品（實踐能力‧做創客）→論價值（價值評量）」，也是「創客作品」策略的經典模式（詳本書第八章）。在此的「創客作品」以學校教育「學生學習作品」為主軸，分為四大類：立體實物作品、平面圖表作品、動能展演作品、價值對話作品，學校可依「領域」、「處室」，以及教師授課專長，統整規劃學校百樣學生作品，每學期分領域（處室）舉辦智慧創客師生作品展（嘉年華會），畢業生都可以在畢業典禮時同時展出十件智慧創客代表作品。

智慧伴隨著人的一生，智慧創客用在學校教育就是教導學生產出學習作品。更廣義的智慧創客要從「人的一生」來看，人要接受教育，學習歷程要有智慧創客學習作品；人要有家，其智慧創客作品是生兒育女（例如：筆者有三個孩子，都教育他們拿到博士學位，實踐「智慧人‧做創客」）；人要有事業，其智慧創客作品是公司的產品或專門專業核心技術的傳承創新，事業才能永續經營，而事業體需要所有員工的「知能創價」及「智慧創客」，需要新產品或核心技術（服務 SOP）來服務顧客；人年老退休之後需要休閒育樂，「性向興趣」的能量也會產出各種「智慧創客作品」，如琴棋書畫各類作品。這些廣義的人生作品，定位人一生的價值與智慧。

五、管理智慧「績效價值」策略

「知識管理」的進升稱為「智慧管理」，善用「智慧型科技產品」管理智慧人「德行作品」之績效價值，稱之為管理智慧「績效價值」策略，意指「智慧的績效價值」，亦可以「經營」並加以「智慧管理」的。「智慧教育」的績效價值概指四大類：(1)師生了解「智慧的意涵」（元素及零

組件），喜歡追求「智慧」的教與學（智慧教育）；(2)師生喜歡「知識遞移說」及「知能創價說」，善用 KTAV 教學模式、KTAV 學習食譜，以及「用智慧」→「做中學」→「有作品」→「論價值」的口訣，增加知識遞移流量及知能創價績效；(3)師生均有豐沛的價值行為實踐（德行）及智慧創客產品（立體實物作品、平面圖表作品、動能展演作品、價值對話作品）；(4)學校建置系統智慧管理平臺，智慧統整師生智慧教育的績效價值，並由核心幹部（主任、組長及領域學科召集人），按月輪流分享處室及領域學科智慧教育的績效價值。

　　智慧教育「績效價值」之分享報告，宜關照下列事項：(1)智慧思維及智慧教學方法技術的選擇；(2)智慧創客作品的個殊性（核心技術之運用、整合）及價值績效；(3)學生對於操作學習歷程的回饋及真實「知識→技術→能力→價值」知識遞移的程度；(4)師生知能創價的具體描述（創新師生生命的哪些價值、創新教育的哪些價值），以及邁向「智慧人・做創客」實踐的價值省思；(5)這些「績效價值」分享報告文本、PPT 及師生實物作品，立即上網在系統分享平臺公告周知，提供師生閱覽、分享、回饋、對話。

參、創客教育的核心意涵與經營策略

　　2005 年，MAKE 雜誌出刊，掀起了全球性的「自造者運動」，2009 年的自造者嘉年華會宣傳海報上標示：「從自造者到創客」，於是教育界開始用「偉大的創客」來形容比爾・蓋茲、史蒂夫・賈伯斯及羅琳等人，因為微軟世界、蘋果天下及《哈利波特》確實改變了世界，進升了人類生活的新文明與文化（引自鄭崇趁，2016a，頁 123）。自此，「創客教育」（maker education）一詞才逐漸被使用。

　　在當前的教育實境中，「創客教育」與「自造者教育」是被混搭使用

的，因為「創客教育」來自「自造者教育」，且可以被用來「推動創客教育」的經費資源，也大多來自「自造者教育」的經費預算。是以本書第一章才將「自造者教育」的可能發展，設計了「1.0 至 4.0」的版本。自造者教育 1.0 是「自造者教育」時期，負責自造者教育的推廣，整備 3D 列印機、組裝機器人數位程式，以及高端科技設施。2.0 是「創課教育」時期，有相當比率的教師開始編製「創新課程」教導學生「做中學、有作品」，導向「自造者有作品」的創新課程，稱之為「創課教育」。3.0 是「創客教育」時期，強調師生均為「創客」，創客教師編製創課教材，教導創客學生，稱之為「創客教育」。4.0 是「智慧創客教育」時期，倡導「智慧人・做創客」的教育，師生的智慧創客作品每學期均可辦理成果競賽展示，畢業學生均可展出十件代表作品。

筆者出版《教育經營學個論：創新、創客、創意》（鄭崇趁，2016a）和《知識教育學：智慧人・做創客》（鄭崇趁，2017）二書，前一本書（個論）主張「創新領導」→「創客教師」→「創意經營」，認為「創客教育」是「創新教育」的實踐，也是學校「創意經營」的主軸。「創客教育」是經營「特色品牌學校」的核心策略（知識及技術），創客教育要由「創客教師」來帶動，是以創客教育有四大「步驟程序」：「研發有創意的學習食譜」→「教導能創造的操作學習」→「建構再創新的知能模組」→「完成做創客的實物作品」，亦稱之為「四創一體」的創客教育模式，其中「有創意的學習食譜」即為「KTAV 單元學習食譜」。

第二本書《知識教育學：智慧人・做創客》，則進一步整合「智慧教育」及「創客教育」，並且指出「知識」的教育與學習，是「智慧」與「創客」共同的源頭，而知識也是「素養」及「能力」的共同源頭，知能融合創價才能成為「智慧創客」，內隱的「新知能模組」（看不見）稱為「素養」，外顯的有價值行為實踐（看得見）稱為「能力」。「智慧人・做創

客」都是看得見（外顯）的有價值行為實踐，是素養能力的展現；「智慧教育」及「創客教育」都要「用智慧（致用知識・KTAV）」→「做中學（操作技術）」→「有作品（能力實踐・做創客）」→「論價值（共好價值）」，建構「真→善→美→慧」的「新知能模組」，屬於「素養取向」教育的歷程。《知識教育學：智慧人・做創客》一書用「知識」進入人的身體之後的發展（知識生命歷程），來詮釋人獲得素養能力的脈絡：知識為本位→知識含技術→知識組能力→知識展價值→知識能遞移→知識成智慧→知識達創客。

　　本書第二章提到「新知能模組說」、「知識遞移說」及「知能創價說」，進一步以圖 2-5 來展示三個近似教育理論的零組件，來詮釋「核心素養的功能意涵：知識遞移說」、「核心素養的績效意涵：知能創價說」。新知能模組說指出，建構核心素養的六大元素：「真（致用知識）」、「善（經營技術）」、「美（實踐能力）」、「慧（共好價值）」、「力（行動意願）」、「行（德行作品）」，其建構的「新知能模組」就是內隱的「素養」。知識遞移說認為，知識能遞移必須經由四大「經營技術」：「知識解碼」→「知識螺旋」→「知識重組」→「知識創新」。知能創價說補強知識及能力的「融合創價」，它也有四大「經營技術」：「知識學習」→「知能融合」→「知能創價」→「智慧創客」。

　　本章接續統整前述的文獻資料，歸納經營創客教育的五大策略，包括：創客教育「理念意涵」策略、創客教育「經營技術」策略、創客教育「知能實踐」策略、創客教育「價值評量」策略、創客教育「智慧傳承」策略。逐一說明如下。

一、創客教育「理念意涵」策略

　　經營創客教育的第一個策略是「理念意涵」策略。學校領導人（校長及幹部）向師生說明創客教育的來源、意義、理論基礎、實踐作為及核心

價值，帶動師生了解創客教育，喜歡「做中學、有作品」的教育與教學，實踐創客教育，此稱之為「理念意涵策略」。

經營創客教育之「理念意涵策略」，具體操作事項有四：(1)揭示創客的廣義教育意涵：如「創新知識的人」、「會操作知識裡技術的人」、「有做中學（自造者）過程的教與學」、「有實物作品的教育」，都是「創客」與「創客教育」；(2)分析「創客教育」的理論基礎：如「自造者運動」、杜威的「做中學」、「體驗教育與體驗學習」、「創新教育」、「新知能模組說」、「知識遞移說」、「知能創價說」等；(3)說明學校「創客教育」的實踐計畫：如處室及領域教師的核心教育主題內容事項；(4)論述「創客教育」的核心價值：如「真實」，探討真實致用知識；「體驗」，做中學、有作品；「生新」，作品生新，師生喜悅；「創價」，作品得以傳承創價，定位人生。

二、創客教育「經營技術」策略

經營創客教育的第二個策略是「經營技術」策略。創客教育包括四大經營技術：「研發有創意學習食譜」→「教導能創造操作學習」→「建構再創新知能模組」→「完成做創客實物作品」，其中「有創意→能創造→再創新→做創客」的核心技術，稱之為四創一體的創客教育，四大完整的「創客教育」經營程序合稱「創客教育」，四創一體的核心技術則名之為創客教育的「經營技術」。

創客教育之「經營技術策略」運作時，要關照下列要領：(1)學習食譜的設計要能掌握創客教育的兩大訴求：「做中學」及「有作品」；做中學表達能創造的操作學習技術，有作品藉以呈現學到帶得走的能力，作品是學生新知能模組（素養）外顯價值化的實踐成果；(2)「四創一體」的運作要連結「知識遞移」理論的四大核心技術：「知識解碼」為可操作技術，

「知識螺旋」帶動新知識技術與身體內既有的知能產生對話螺旋,「知識重組」指這些新舊知識能力「基模系統重組」成為新的知能模組,然後能「知識創新」,創新學生的知識、創新學生生命價值,也創新教育價值;(3)完成做創客的實物作品指廣義的學習作品,包括:「立體實物作品」、「平面圖表作品」、「動能展演作品」、「價值對話作品」;(4)教師要帶領學生針對「完成作品」進行價值論述及智慧管理:價值論述具有價值評量(價值教育)的意謂,智慧管理師生創客作品,得以傳承創新「作品價值」。

三、創客教育「知能實踐」策略

經營創客教育的第三個策略是「知能實踐」策略。教師及學生知道創客教育的意涵及重要性後,能夠覺識掌握四創一體的核心技術,深耕創客教學,增益創客知能融合創價,持續優化創客作品,此稱為「知能實踐策略」。創客教育的「知能實踐策略」之操作型定義包括:(1)知創客教育→(2)識創客技術→(3)能創客教學→(4)優創客作品,是創客教育「知識」及「能力」的融合實踐創價。

創客教育的「知能實踐策略」運作時,應關照下列事項:(1)商定知能實踐方案:學校領導人及幹部(校長、處室主任、組長及課程領域召集教師)應研議策訂學校「智慧創客教育實施方案」(即知能實踐計畫),明列師生知能實踐的目標、策略及項目;(2)克責知能實踐目標:師生的「知識」與「能力」要有效融合實踐,反映在每一工作項目的具體實踐成果。每一實踐項目均標示執行單位及負責人員,並明示實踐目標,增益方案執行效率及負責人員的績效價值(貢獻具體化);(3)轉動團隊群組動能:創客教育的「核心技術」及「作品優化創新」都要師生相互觀摩學習,運作單元教學的分組團隊學習,轉動群組動能,創客教育的績效價值會更大;

(4)建置智慧交流網站：智慧管理師生創客作品，並配置對話分享交流平臺，提升師生知能實踐效能，傳承創新智慧產品價值。

四、創客教育「價值評量」策略

經營創客教育第四個策略是「價值評量」策略。「價值評量策略」用在「創客教育」的實施上，係指教師帶領學生論述「完成作品的價值」、「學習歷程的價值」、「教育歷程的價值」、「生命體驗新價值」、「理想抱負新價值」的省思回饋。亦可檢核「KTAV 單元學習食譜」上的「價值（V）」欄位，設定主題單元教育「價值目標」實踐達成程度之謂，兩者並用，合稱「價值評量策略」。

價值評量策略的方法技術，可採行下列四種方式：(1)設計單元核心價值：如果採用 KTAV 單元學習食譜，則食譜的第四個欄位「價值（V）」承接前面的知識→技術→能力，然後設定本單元教育之「價值」，設計妥善，即有類似目標的教育價值標示；(2)設計價值評量作業單：針對本單元完成的作品及核心教學歷程主題，設計二至四個「價值回饋」題目，導引學生書寫價值論述與心得回饋；(3)進行價值提問：教師在單元教學結束前5 至 10 分鐘，直接針對單元主題，對學生進行價值提問，由學生回答與教師引導，進行價值教育與評量；(4)設計價值對話遊戲或短劇表演：價值評量亦可活動化及戲劇化，例如：重要「價值觀」的實踐，教師得配合單元主題知識及綜合領域品格教育之「核心價值」，編擬戲劇故事及相聲短劇，指導學生排練後演出，以作為單元教學活動之「綜合評量」；戲劇也屬學生動能展演作品之一，更具有多重價值。

五、創客教育「智慧傳承」策略

經營創客教育的第五個策略是「智慧傳承」策略。「智慧傳承策略」

有廣狹兩義，狹義的「智慧傳承策略」指教育經營者（校長及教師）運用智慧型數位科技有效管理師生創客作品，並分類系統儲存及整理，俾利後繼師生的傳承創新。廣義的「智慧傳承策略」則具有「進升」之觀念與作為，是指教育經營者（校長及教師）能運作個人「智慧」及組織「集體智慧」，智慧化管理、智慧化傳承、智慧化創新學校師生創客作品。

　　「智慧傳承策略」是創客教育的命脈，是「創客作品智慧化」進升到「智慧人・做創客」的關鍵零組件及核心元素。筆者認為，廣義的「智慧傳承策略」是「智慧教育」與「創客教育」緊密結合成「智慧創客教育」之後所創發的「智慧創客」新境界，其「智慧傳承策略」宜建置下列四大「智慧創客」系統：(1)作品傳承創新系統：智慧創客教育的最大特色在師生豐沛的智慧創客作品，無論是「立體實物作品」、「平面圖表作品」、「動能展演作品」、「價值對話作品」，均應分領域（學科）、處室、師生系統智慧管理；(2)教師 KTAV 單元學習食譜系統：KTAV 單元學習食譜可以取代「精要型教案」，並可以清楚分析作品與「致用知識」→「操作技術」→「實踐能力」→「共好價值」四者之間的關係；系統管理教師 KATV 單元學習食譜，等同於傳承創新教師的「智慧結晶」；(3)作品核心技術分析系統：創客作品藉由「知識」與「操作技術」融合創價而成，「新知能模組」均由難度不一的「核心技術」及「實踐能力」搭建而成，是以建置作品和新技術分析系統，就是系統管理教師教學智慧；這些核心技術（教學智慧）的傳承創新，能夠促進創客教育普及化，以及正確詮釋創客教育的本質意涵；(4)創客作品競賽價值系統：師生每年均會有新的智慧創客作品，學校除了安排各領域（學科）作品競賽展示外，還要舉辦年度的「智慧創客嘉年華」及畢業生十件代表作品展示，這些競賽價值作品、系統，等於學校經營「智慧創客教育」的具體績效價值。學校主責教師並應在網頁上分析「作品特色」、「獲獎作品」的「核心技術」，整體與個殊

「價值分析」，傳承創新學校智慧創客教育。

四、結語：「智慧」進升人的生命價值，「創客」定位人的生涯價值

《教育經營學：六說、七略、八要》（鄭崇趁，2012）第五章「發展說」（頁 91-108）主張，教育在發展人成就六大角色責任：成熟人、知識人、社會人、獨特人、價值人、永續人。《知識教育學：智慧人‧做創客》（鄭崇趁，2017）一書則進升提出教育新願景，認為教育經由「知識」，成就人的六大角色責任：智慧人、做創客、新領導、優教師、能家長、行國民。本書第三章則將這十二個角色責任定名為「全人發展說」，並且將前六個歸屬於「基本教育階段」的主要教育任務，後六個則為「高等教育階段」接續後強化的核心教育任務。唯「智慧人」和「做創客」的教育應該「從小做起」，各級學校教育應從「知識」入手，知識進入身體後著床成致用知識，知識含技術、知識組能力、知識展價值。實施「知識→技術→能力→價值」四位一體的教育（採行 KTAV 單元學習食譜），稱之為「智慧教育」。

實施「研發有創意學習食譜」→「教導能創造操作學習」→「建構再創新知能模組」→「完成做創客實物作品」四創一體的教育（也採行 KTAV 單元學習食譜），稱之為「創客教育」。因此，「智慧教育」及「創客教育」都可採用「KTAV 單元學習食譜」加以實踐。KTAV 教學模式重視單元結束前的「價值評量」或引導「價值論述」，是以亦得以綜合銜接「新五倫（價值）」教育的共同實踐，若用「課程統整」的原理來表達，KTAV 教學模式在引導師生「用智慧（致用知識‧KTAV）」→「做中學（操作技術）」→「有作品（實踐能力‧做創客）」→「論價值（共好價值）」。

因此，師生智慧創客作品會豐沛優質、目不暇給，而這樣的學校就是「教育 4.0：新五倫・智慧創客學校」。

本章詳述「智慧教育」的五大經營策略，包括：探討智慧「元素結構」策略、分析智慧「運作實踐」策略、開展智慧「知能創價」策略、實施智慧「創客作品」策略，以及管理智慧「績效價值」策略，也統整強化了「創客教育」五大經營策略，包括：創客教育「理念意涵」策略、創客教育「經營技術」策略、創客教育「知能實踐」策略、創客教育「價值評量」策略，以及創客教育「智慧傳承」策略。筆者為這兩大新教育「零組件」，分析重要經營策略的「次級系統技術」或「原型元素」，期待有意參與發展的學校，能夠順利找到「進升力點」。師生都是「智慧人」，師生也都是「做創客」，「智慧」進升人的生命價值，「創客」定位人的生涯價值。

第八章　KTAV 教學模式暨 KTAV 單元學習食譜設計要領

【課程教學・教材教法之進升】

導論

　　本章之核心內容採用兩篇已發表的學術論文，分別發表在「十二年國民基本教育之問題、挑戰與對策」學術研討會（高雄師範大學主辦，2017年 10 月），以及「第五屆師資培育國際學術研討會——各科教材教法」（淡江大學主辦，2017 年 10 月）。因應本書章節內容需求，特予重組改寫為本章，並加註副標題：課程教學・教材教法之進升，強調「KTAV 教學模式」是教育邁向 4.0 進升的核心教學工具，其「KTAV 單元學習食譜」設計要領的掌握猶為重要，它是導引教師教材教法有效之「進升力點」。

　　KTAV 教學模式（如第三章的圖 3-8 所示），包含了四大教學系統：新五倫（價值）教育、智慧教育、創客教育、「知識遞移說」（作為模式的理論基礎），係「課程教學理論」及「教材教法模式」的進升（創發），並依循此一模式開展的「KTAV 單元學習食譜」（如表 8-1 所示），設計「知識（K）」→「技術（T）」→「能力（A）」→「價值（V）」四大欄位，能夠提供教師進行主題教學時的「備課」、「議課」、「觀課」、「實踐」、「作品」、「評量」之用，精要便捷，將是協助教育進升4.0的「神兵利器」（借用後現代年輕人喜歡的用語）。

　　「KTAV 單元學習食譜」的設計要領需深耕「知識遞移理論」的四大核心技術，概要如下：(1)「知識（K）」欄位：理論、理念重要名詞，完

整的概念或技術的上位系統名稱；(2)「技術（T）」欄位：共分三大群組十二個方法，如編序流程法、鷹架築梯法、分析元素法、循繹脈絡法、次級系統法、次要變項法等；(3)「能力（A）」欄位：也分成三大群組十二個方法，如內化素養法、外化能力法、新化能量法、深化結構法等；(4)「價值（V）」欄位：針對作品價值、學習價值、生命價值、教育價值進行標示及論述。上述這些設計技術要領、論文都舉實例說明，期能提高教師使用意願。

壹、緒言：教材教法需要傳承創新

教材是教育的內容，教法則是教育的方法與技術，教材教法必須順應教育機制的發展與變革，永續地傳承創新。尤其是面對 21 世紀人類文化與文明的發展一日千里，知識經濟時代帶動數位媒材的創新，知識技術的流量超過了前 20 世紀的總和，教育的課程內容、教材編撰、教法選擇，更需要傳承創新，傳承前 20 世紀人類的核心知識及智慧，創新 21 世紀師生互動的教材與教法。

教材教法的傳承創新，包含三大層面的傳承創新：(1)教材教法理論素養的創新；(2)教材教法模式工具的創新；(3)教材教法運作技術的創新。在理論素養創新的層面，需整合教育核心理論、教學原理、學習三律等經典傳承，再創新「統整的課程」、「智慧的教學」及「創客的作品」。在模式工具創新的層面，則要統整古今有效的「教學模式」與「教學法」，為師生找到（創新）新時代的教學模式與更有效而簡約的方法。在運作技術創新的層面，則須探究當代教育的四大趨勢，例如：「價值教育」、「智慧教育」、「創客教育」及「特色教育」有否統整共用的模式及教學方法？

本章針對這三大層面的傳承創新進行統整說明，並以筆者《知識教育

學：智慧人・做創客》（鄭崇趁，2017）一書所發現的新教育理論「知識遞移說」、新教學模式「新五倫・智慧創客教育 KTAV 教學模式」，以及其教學實踐工具「KTAV 單元學習食譜」為焦點，論述說明教材教法新技術及其設計要領。

貳、教材教法「理論素養」的創新

探討教材教法理論的創新，要從「教育目標」的進化來統整觀察，因為教材教法會隨著人的教育目標而調整改進其內容與方法，例如：五育均衡說到多元智能說、全人格教育說到全人發展說、順性揚才說到適配教育說、知識管理說到知識遞移說等，都會帶動影響到教材教法的轉變。

以「五育均衡說」到「多元智能說」為例。「五育均衡說」強調的教育目標，要求每位學生德、智、體、群、美五育均優且均衡發展，每位學生都應當有統一版本的課程內容，教法也要儘量「班級本位」，一致要求。「多元智能說」則強調每位學生各自的「優勢智能明朗化」，是故要規劃多軌課程、多元社團，順應學生個殊（優勢專長）開展的需求，最好是自編教材與自主選擇教法（學習法），因此當前的多版本教科書、翻轉教室、磨課師自主學習法頗為流行。

以「全人格教育說」到「全人發展說」為例。「全人格教育說」強調品德教育與情意教學的實施，要整全考量「七情俱」的情緒教育，再發展為「致中和」的情感表達教育，進而孕育「成風範」的情操教育（大仁、大智、大勇的胸懷），造就每一位學生「全人格」的性情（德育）。「全人發展說」則強調孩子從小到大接受教育及養育，再發展為「成熟人」、「知識人」、「社會人」、「獨特人」、「價值人」及「永續人」，這六種人的角色責任都發展到位，稱之為全人發展（鄭崇趁，2012）。「全人

格教育說」及「全人發展說」兩大教育目標共同呼籲「價值觀」教育的需求，德育教材應有「人倫綱常」知識的分類與價值論述，單元教學的評量要有「價值評量」，教育的所有歷程都在創新人生命的「價值」。

以「順性揚才說」到「適配教育說」為例。「順性揚才說」強調「學生本位的教育」、「多元智能的教育」、「形優輔弱的教育」、「永不放棄的教育」（鄭崇趁，2012，2015）。「適配生涯說」則強調父母教養孩子要關注人生的四大適配：適配的教育、適配的事業、適配的伴侶、適配的職位。四大適配都到位，則每個人都可過「適配幸福人生」（鄭崇趁，2015）。適配教育的具體指標為「順性揚才開潛能，優勢智能明朗化」。順性揚才說及適配教育說共同對教材教法的啟示，是教材內容的廣度、深度、難度都要順應學生的背景與習性，要符合學生的需求與發展，要講究適配（登對）。教法選擇的前提，更要以學生為本位，要是學生喜歡的、簡潔的、有效的，能夠充分「遞移」的內容。

以「知識管理說」到「知識遞移說」為例。「知識管理說」自 Nonaka 與 Takeuchi（1995）發表知識管理公式「$KM = (P+K)^S$」及「知識螺旋」效應之後，逐漸被企業界及教育界所重視。此一公式直接翻譯成中文為：知識管理=人加乘知識的分享次方，其核心的教育意涵是：(1)學到的知識才算知識；(2)管理的知識得到儲存；(3)分享的知識代表精熟；(4)致用的知識產生價值；(5)創新的知識要成作品（鄭崇趁，2017），其運作模式彰顯四個特質：(1)「人」是知識管理的主體；(2)「科技」幫助人與知識的融合；(3)「分享」豐富知識的流動與創新；(4)「人」與「組織」都要實踐知識管理。人類最佳的知識管理，就是經由教育統整出版新的教材教法，結合「知識遞移說」理論，永續傳承創新知識。

「知識遞移說」主張，教材或教師身上的知識能夠有效「遞送、轉移」到學習者身上，成為學習者帶得走的素養能力，並產生有價值的作品及行

為。知識遞移能否成功，決定在「知識解碼」→「知識螺旋」→「知識重組」→才能「知識創新」，創新學習者的內在新知能模組、創新學習者的致用知識（真）、創新學習者的經營技術（善）、創新學習者的實踐能力（美）、創新學習者的共好價值（慧），真善美慧所建構的新知能模組（內隱知識・內才）就是 2019 年新課綱強調的「核心素養」，而新知能模組外顯化可以實踐有價值行為（含德行作品），可稱之為核心能力（外才）。教育的新願景，由「知識」為實體，進入人的身體之後，經由「解碼、螺旋、重組、創新」逐步邁向「智慧人・做創客」、「新領導・優教師」，以及「能家長・行國民」（鄭崇趁，2017）。筆者期待知識遞移說及其實踐工具「KTAV 單元學習食譜」可以廣泛被使用，點亮臺灣新教育。

參、教材教法「模式工具」的創新

教材教法模式工具的創新，要探討「教學模式」對教育實踐的影響，因為古今中外知名的教學模式，主導了當時教師「教與學」的規劃以及實際的運作，例如：Bloom 的「認知、情意、技能」三大教學目標及 Skinner 的「編序教學法」，主導了 20 世紀中葉以後所有教師「教材教法」的編撰與使用。輔導諮商學門開發的「團體動力學」及佐藤學教授的「學習共同體」教育模式，也影響了當代教師「備課」、「議課」、「觀課」，以及實際教材教法之「分組運作」（共同學習）的流行與暢旺。在臺灣，近年流行用「心智圖」及「學思達」教學模式，有諸多研究（含行動研究）都已證明它們有顯著的教育效果，確實能提高師生的教學品質。這些都屬於珍貴的智慧傳承，只要教育人員（教師）永續著力經營，必可在此一基石之上，開展（發現創新）更為精緻有效的「教育模式工具」，為教育品質及知識遞移產生新的價值貢獻。

　　當代最流行的教學模式，仍然以 Glaser（1962）所提出的「教學模式」最受關注。該模式包括四個步驟：分析教學目標、診斷起點行為、設計教學流程、評量教學成果。其模式如圖 8-1 所示。

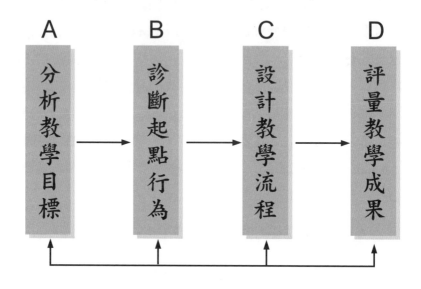

A　　　　B　　　　C　　　　D

分析教學目標　　診斷起點行為　　設計教學流程　　評量教學成果

圖 8-1　Glaser 教學模式

資料來源：修改自何福田（2013，頁 123）

　　Glaser（1962）的教學模式與當前的教學教案整合，每一單元主題的重點，概如圖 8-2 所示。

　　Glaser 教學模式之優點，可以幫助教師：(1)決定他要教學生學習什麼；(2)決定他要如何幫助學生學習；(3)決定他要採用哪些教學方法；(4)確定學生是否學到東西（劉信吾，2013）。當代教師在編寫主題教學教案時，可以輕易地融入「準備活動」、「發展活動」及「綜合活動」，對於教學歷程之關鍵事項也相對「方便掌握」，例如：教學資源準備、引起學習動機、

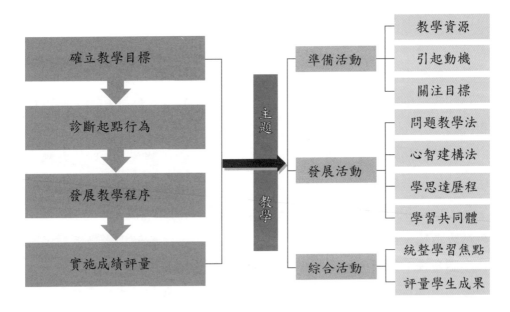

圖 8-2　Glaser 教學模式與教案的整合

關注學習目標、選擇核心教學方法（如問題教學法、心智圖法、學思達法、學習共同體等）、統整學習焦點，以及評量學生成果。

　　Glaser 教學模式具有永續經營價值，不會因為時代變遷而減損其價值貢獻，然其本質面臨兩大挑戰：(1)此一模式為教育歷程模式，而非「知識實體」的教育模式，沒有探討知識進入人身體之後的遞移轉化；(2)翻轉教學媒材（工具發明）的挑戰：「以學定教」及數位媒材的發明與運用，確立「知識教學」目標及「價值評量」訴求，要能有效融入模式運作，方得永續經營。

　　本章針對當前看得到的「教材教法模式工具創新」續作論述，賦予「教育價值」，主要對象有二：(1)翻轉教學及教師專業學習社群（PLC）；(2)KTAV 及智慧創客教育。翻轉教學方法的流行和探究，確實讓社會看到新

價值及智慧取向；教師專業學習社群的開展與教育部「教師專業發展支持系統」的擘建，確實也讓當代教育改革展現新的希望與契機。這些「政策作為」，在筆者的教育視野中，就是「教材教法模式工具」的創新，先由工具的傳承創新，才得以帶動教育「教」與「學」（傳遞知識）的實質創新。

「教育翻轉」或「翻轉教育」，事實上有四種翻轉：主體的翻轉、方法的翻轉、階層的翻轉、思維的翻轉。主體的翻轉由教師為主體翻轉成學生為主體。方法的翻轉指教學方法揚棄傳統的「粉筆黑板」式的講述教學，翻轉成數位、電腦、智慧自主學習，教師教學會大量使用影音器材、數位軟硬體及線上評量、遊戲。階層的翻轉指教育機會均等為全民開放，昔日農家子弟因為有公平的受教機會，拾級而上，一樣可以取得碩博士學位，可以翻轉成大學教授，翻轉成半上流社會階層的人。思維的翻轉指由「以教定學」翻轉成「以學定教」，是以「順性揚才觀」、「適配生涯說」、「適配教育論」、「多元智能說」（優勢智能明朗化）、「智慧創客教育說」（培育「智慧人・做創客」），逐漸成為流行時尚教育新思潮。教育的翻轉或翻轉的教育，要整全地考量前述的四大翻轉。世人多針對方法工具的翻轉論述使力，稍嫌狹隘，有時會離「真實的教育」愈來愈遠，而成為喧賓奪主的「教育現象」。

專業學習社群（PLC）在臺灣的發展如日中天、一日千里，小學、國中、高中的教師們普遍參與了各種專業學習社群，而大學教授也配合搭建教師專業發展支持系統，「讀書會」、「行動研究」團隊、「專業學習社群」之型態五花八門，知識類、技術類、能力類、價值類、育樂類、志業類、任務類、運動類、爬山賞鳥類應有盡有，都稱之為專業學習社群。就PLC 的普及化及整體績效而言，尚有四點迷思：(1)計畫性不足：多數的教師專業學習多採定期集會方式進行，然大部分的 PLC 欠缺明確系統結構計

書，目標、策略及執行項目之間的縝密度不足；(2)欠缺品質管理：尤其是專業學習社群的運作歷程中，出席人員不穩定，時來時輟者比率愈來愈高，又因為是專業團隊，未便彼此要求，等同於難有品質管理；(3)沒有具體的績效價值指標：專業學習社群的存有，在於期待成員均能專業成長，然而領導人為激勵大家參與，不便給人壓力，往往說「參與就是成長」，是以有不少社群成員只知參與而不知具體的績效價值指標；(4)教育品質的提升與否似乎與教師專業社群的興旺無關：教師專業學習社群的成立在於提高教育品質，但所有的社群幾乎都沒有搭橋之設計，理論與實踐之落差頗大。

臺灣的教師專業學習社群會再繼續地走下去，一定能夠永續經營。筆者認為，如能逐漸與兩件大事結合，教師專業學習社群的績效價值方能十足展現：一為中小學「教師評鑑」入法，只有教師評鑑入法，教師專業學習社群的運作才會正常化，才會水到渠成地發展到位；二為學校推動智慧創客教育，由「智慧教師」編製「智慧食譜」，培育「智慧學生」，由「創客教師」帶著學生「做中學」，產生「創客學生」，共同成為「智慧人‧做創客」的師生。「教師評鑑」入法及「智慧創客教育」的推動是教師專業學習社群發展的重要里程碑，此論點的主要見識在：評鑑可以約束人性的沉淪，並誘發品質標章的追求；智慧產品（作品）才是知識優化為專業、創新生命的具體途徑，更符合教育的本質。

筆者出版《知識教育學：智慧人‧做創客》（鄭崇趁，2017）一書，該書具有九大教育意涵（特質）：知識為本位的教育、知識含技術的教育、知識組能力的教育、知識展價值的教育、知識能遞移的教育、知識成智慧的教育、知識達創客的教育、知識行道德的教育、知識通素養的教育。該書最具體的價值貢獻在研發了教育新理論「知識遞移說」，以及實施「價值教育」、「智慧創客教育」、「特色學校教育」的共同整合教學工具「KTAV教學模式」及「KTAV單元學習食譜」。

　　知識遞移說（新教育理論）、新五倫（價值）教育、智慧教育、創客教育融合的 KTAV 教學模式，如第三章的圖 3-8 所示。

　　圖 3-8 中的教學模式有四大循環知識系統（亦得稱之為四大教育零組件）：(1)「知識→技術→能力→價值」四位一體的教育稱之為「智慧教育」（智慧的四大元素統整教學）；(2)「研發有創意的學習食譜→教導能創造的操作學習→建構再創新的知能模組→完成做創客的實物作品」四大教學步驟的實踐，稱之為「創客教育」（也稱為四創一體的教育）；(3)圖中的四個轉彎處「知識解碼」→「知識螺旋」→「知識重組」→「知識創新」就是「知識遞移說」的理論創發。學習者的知識學習要先將知識解碼為可操作的技術，這些正在操作學習中的知識及技術，持續與內在的既有知能產生互動交流對話（螺旋），才會逐漸優化、活化「新知能模組」；新知能模組中的真（致用知識）、善（經營技術）、美（實踐能力）、慧（共好價值）、力（行動意願）、行（德行作品），這六大元素「系統重組」，並外顯化產生有價值的行為實踐（德行作品），才是帶得走的素養能力，創新學習者的知識；創新知識指創新學習者的知能模組，創新學習者的作品與實踐能力，有效地將教師及教材上的知識「遞送轉移」到學習者身上，成為學習者的新素養能力；(4)圖的左上角用「價值」作收尾，意味著「價值評量」的實施，教師要在單元教學的最後，帶領學生對本單元的教學實踐做價值論述及價值省思，用「價值評量」來進升「價值教育」。

　　針對「新五倫‧智慧創客教育」的具體實踐，筆者研發了「KTAV 單元學習食譜」，如表 8-1 所示；KTAV 是取自「知識」（Knowledge）、「技術」（Technique）、「能力」（Ability）、「價值」（Value）四個詞的英文字第一個字母。

　　運用「KTAV 單元學習食譜」進行教學，具有下列五項績效價值：(1)實施「知識→技術→能力→價值」四位一體的智慧教育：四大元素的整合

表 8-1 新五倫・智慧創客教育「KTAV 單元學習食譜」

單元名稱：	年級領域：	設計：	
K 知識 *nowledge* 致用主題知識	***T*** 技術 *echnique* 能操作學習技術	***A*** 能力 *bility* 實踐行為能力	***V*** 價值 *alue* 人類群己教育價值
知識名稱及意涵	教學活動（學習步驟）	師生實物作品	成果價值詮釋
「知識解碼」要領	「知識螺旋」焦點	「知識重組」系統 新知能模組	「知識創新」價值
□編序□鷹架□步驟□流程 □原型□元素□成因□脈絡 □次級□系統□次要□變項	□內化□外化□交流□對話 □新化□活化□深化□優化 □同化□調適□融入□存有	□真（致用知識）□善（經營技術） □美（實踐能力）□慧（共好價值） □力（行動意願）□行（德行作品）	□真實□體驗□生新□創價 □均等□適性□民主□永續 □傳承□創新□精緻□卓越

資料來源：鄭崇趁（2017，頁 124）

教學，帶領師生表現有價值的智慧行為，師生都邁向智慧人；(2)實踐創客教育：第二個欄位引導學生做中學（操作學習知識裡的技術），第三個欄位學生用作品圖像表現帶得走的能力，「做中學、有作品」就是創客教育的實踐；(3)進行完備的知識教育：知識進入人的身體之後，知識含技術、組能力、展價值，四者同時被關注，對學生而言才是完備的教育；(4)強化「價值觀」的教育：「價值」欄位引導師生針對作品能力、教學歷程及績效成果進行價值省思、價值評量、價值論述與回饋，強化師生核心價值觀的教育；(5)有理論支持的學習食譜：KTAV 單元學習食譜的下方，呈現了「知識遞移說」的理論引導，陳列出「解碼」→「螺旋」→「重組」→「創新」知識的核心技術，導引教師正確使用編撰 KTAV 四大欄位的內容。

肆、教材教法「運作技術」的創新：
KTAV 學習食譜的設計要領

運作技術的創新是指教材教法實際「教育產品」的創新，由此新教育產品就能辨識核心技術的進升。本章所指的「新教育產品」則包括以「知識遞移說（理論）」為基礎建構的「新五倫‧智慧創客教育 KTAV 教學模式」，以及「KTAV 單元學習食譜」。「知識遞移說」是新教育理論，「新五倫‧智慧創客教育 KTAV 教學模式」是新教學模式，「KTAV 單元學習食譜」是新教學實踐工具，三者都是新教育「實物產品」。

一、撰寫「KTAV 單元學習食譜」的核心技術

「KTAV 單元學習食譜」的四個空白欄位，要配合主題單元知識，將「致用知識」、「經營技術」、「實踐能力」、「共好價值」分別撰寫填入，對「統整分析能力」優質的教師而言非常容易，順手拈來，明確而精準，於實際的「教」與「學」歷程幫助最大，專注而聰慧的學生一看即懂，能夠在最經濟的時間內「了解知識」→「操作技術」→「完成作品（新知能模組外顯化）」→「詮釋價值」，師生都是「智慧人‧做創客」。「統整分析能力」中等的教師，撰寫填入 KTAV 四個欄位也非常容易，個別來看都會是明確的「知識」、「技術」、「能力」、「價值」，但橫貫面連結的緊密度或稍有鬆散，縱貫面「理論」與「實務」的內容亦會有部分無法完全對焦，然只要是通過教檢及教甄取得正式教師資格的教師，對於「知識」的「統整分析能力」都會在中等以上，是以使用「KTAV 單元學習食譜」來設計實際教學內容與過程，只要教師願意（具有行動意願），都會是水到渠成的事務。

「KTAV 單元學習食譜」四大欄位的下方，呈現了「知識遞移說」的

四大步驟「解碼→螺旋→重組→創新」之核心技術，這些核心技術的陳列，可以導引教師掌握要領，完備食譜內容的設計。用理論的核心技術帶領「智慧教師」設計「智慧食譜」來教「智慧學生」，也同時帶領「創客教師」實踐「創客食譜」來教「創客學生」。是以「KTAV 單元學習食譜」之「理論操作」核心技術，尚有必要深耕定位，將其「要領」與「範例」外顯示範，供教師們參照。

「知識解碼」的核心技術共有十二個，包括：編序、鷹架、步驟、流程、原型、元素、成因、脈絡、次級、系統、次要、變項。「知識螺旋」的核心技術亦有十二個，包括：內化、外化、交流、對話、新化、活化、深化、優化、同化、調適、融入、存有。「知識重組」的核心技術指「新知能模組」的內涵分析，共有六大元素，包括：真（致用知識）、善（經營技術）、美（實踐能力）、慧（共好價值）、力（行動意願）、行（德行作品）。「知識創新」的核心技術，通指教育活動（含產品）實踐的「價值」，預列十二個（可以自主新增設定），包括：真實、體驗、生新、創價、均等、適性、民主、永續、傳承、創新、精緻、卓越。

二、「知識（Knowledge）」欄位的設計要領

知識乃萬物之名，「萬物」包括人、事、時、地、物，廣義的知識概分為五大類：物理現象的知識、生命系統的知識、事理要領的知識、人倫綱常的知識、時空律則的知識（鄭崇趁，2017），教育機制在啟動生命系統的知識來學習這五大類知識。物理現象的知識，如物理學的知識、地理學的知識、自然學的知識、動物學的知識、植物學的知識；生命系統的知識，如生物學的知識、生態學的知識、生命學的知識、認識學的知識、價值學的知識；事理要領的知識，如政策與計畫的知識、程序與標準的知識、溝通與篤行的知識、實踐與貫徹的知識、績效與價值的知識；人倫綱常的

知識，如新五倫的分類標準、新五倫核心價值的探究、核心價值（中心德目）行為規準的開展、品德教育的實踐與趨勢；時空律則的知識，如循環的知識、節奏的知識、旋律的知識、模式的知識。廣義的知識浩瀚無垠，存在大宇宙之中，也存在人類的理性之中，等待著人類來發現它、學它、得它、用它，傳承創新它的存有與發展。教育上用到的知識是狹義的知識，通常指的是正要「教授」及「學習」的知識。

因為教育的運作機制中，班級的單元教學使用頻率最高，因此「KTAV」稱為「單元學習食譜」。「知識（K）」欄位的撰寫（設計）要領，係以課程綱要中的單元主題知識為主軸開展的，其設計要領概要有五：(1)是理論、理念，或者重要教育概念、模式名稱；(2)通常是名詞釋義中的重要名詞；(3)單元主題知識的重要名詞及背後的核心理念；(4)可以寫出單元知識的內涵名稱（名詞）及其精要意涵（概念型定義）；(5)是技術的上級系統（上位系統）之知識，是技術共原則的知識。

三、「技術（Techique）」欄位的設計要領

知識還有兩種不同的分類法：一是鉅觀的知識與微觀的知識；二是上位系統的知識與次級系統的知識。通常鉅觀的知識與上位系統的知識十分近似，概指「整體」或呈現「共原則」的知識。微觀的知識與次級系統的知識亦十分雷同，概指「個別」而「可操作」的知識。是以，「知識教育學」將「微觀」與「次級系統」的知識稱之為「技術」（Technique），為了與「致用知識」區隔，也稱之為「經營技術」。知識與技術的關係，如圖 8-3 所示。

「知識」與「技術」的關係，在「知識遞移說」中有更詳細的註解：「知識」經由「解碼」之後，成為「能操作學習」的「技術」，是以「KTAV 單元學習食譜」才將「知識解碼」的十二個核心要領（技術），

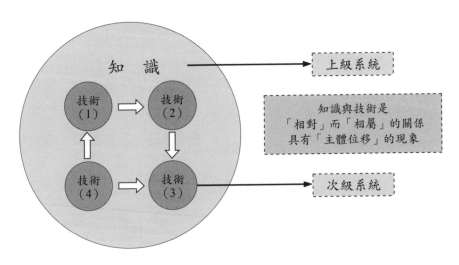

圖 8-3　知識與技術的關係

設計在「知識」欄的下方，希望能夠引導教師們將要授課的主題知識，解碼為學生可操作的技術。

　　「知識解碼」的十二個要領（核心技術），分成三群，第一行的「編序」、「鷹架」、「步驟」、「流程」為第一群，得名之為「逐步漸進」群。第二行的「原型」、「元素」、「成因」、「脈絡」為第二群，得名之為「追根究底」群。第三行的「次級」、「系統」、「次要」、「變項」為第三群，得名之為「變項結構」群。

　　「逐步漸進」群，其「知識解碼」為可操作技術的要領，概要有四：(1)編序流程法：如由易而難編序學習教材為三至五個流程步驟，給予步驟命名，成為可操作技術；(2)鷹架築梯法：如學習乘法之前，要有學會加法的梯，加法是乘法的鷹架（梯），在學 3×2=6 之前，要先學會 3+3=6；(3)標準程序法：「標準作業程序」（SOP）雖是「做事」的要領，用在「教育」、「學習」也很好用，我們要為「知識」的學習規劃最佳 SOP，靈活

運用各種教學法，設定主題知識的操作技術，例如：「系統思考」的知識，可以解碼為「觀照全面」→「掌握關鍵」→「形優輔弱」→「實踐目標」四大「標準程序」（SOP）；(4)分解動作法：如以籃球的「帶球上籃」核心技術的操作學習為例，可以分解成「運球前進」→「跑步運球」→「跨步上籃」→「擦板進球」四個動作，逐步漸進，串聯學習完成完整的核心技術學習。

「追根究底」群，其「知識解碼」為可操作技術的要領，概要有四：(1)探究原型法：如在「人倫綱常的知識」中，五倫的分類（父子有親、君臣有義、夫婦有別、長幼有序、朋友有信）已不能滿足時代現況的需求，有必要探究當代人類人際關係的生活分類（找到原型），是以筆者提倡使用新五倫及其核心價值：第一倫「家人關係」，核心價值為親密、依存；第二倫「同儕關係」，核心價值為認同、共榮；第三倫「師生關係」，核心價值為責任、智慧；第四倫「主雇關係」，核心價值為專業、創價；第五倫「群己關係」，核心價值為包容、博愛。新五倫的「名稱」及核心價值的「內涵」都是「知識」的「原型」，也是可操作研發的技術；(2)分析元素法：以「校長的角色責任」知識為例，它來自四大元素的共構，包括：「教育目標」、「法定權責」、「角色期望」及「辦學理念」四者；(3)解構成因法：以「智慧型手機」為例，它之所以具有超強功能，帶給人類生活及學習上的便利，主要成因在於「零組件」愈來愈精密，以及「串聯技術」、「界面呈現」、「操作方法」愈來愈高明簡便，四者是「手機成智慧」的因素；(4)循繹脈絡法：如教師的核心「素養」與「能力」是具有脈絡關係的，教師有四大素養：專業力、整合力、執行力、創發力，教師有八大能力，其與素養的關係是：「專業力」包括「教育專業的能力」及「關愛助人的能力」；「整合力」包括「課程設計的能力」及「班級經營的能力」；「執行力」包括「有效教學的能力」及「輔導學生的能力」；「創

發力」包括「應變危機的能力」及「研究發展的能力」。

「變項結構」群，其「知識解碼」為可操作技術的要領，概要有四：
(1)次級系統法：指尋找到知識本身的次級系統，例如：品德教育的實踐，
要從「中心德目」（核心價值）訂定「行為規準」才能實踐核心價值的精
神，其中的「行為規準」就是次級系統，通常一個核心價值的行為規準以
「三條」為佳，一條為「好習慣」，一條為「服務心」，再一條可用「名
人佳句」；(2)上位系統法：知識系統均含有「相屬」關係，向上（鉅觀）
的知識去尋找本身可隸屬的系統，稱為「上位系統法」，例如：筆者出版
了《教育經營學：六說、七略、八要》（2012）、《校長學：成人旺校九
論》（2013）、《教師學：鐸聲五曲》（2014）、《家長教育學：「順性
揚才」一路發》（2015）四本書，它們的上位系統就是「經營教育之學」，
而經營教育之學是「教育學」融合「管理學」系統重組後的新興學門；(3)
次要變項法：如研究生決定研究題目（主題）後，要經由文獻探討，蒐集
八至十六篇研究，分析探討同一主題「次要變項」的分類及出現次數，再
予以歸併、整合、重組為自己研究的「次要變項」，次要變項一確定之後，
就可作為「操作型定義」，就得以編擬問卷或訪談題綱，進行後續的研究
（也符合「做中學」的基本型態）；(4)研究架構法：如碩士論文通常有兩
個主題變項，博士論文常挑戰三個主題變項，要研究它們之間的關係及交
互影響力，就要將研究主題及其次要變項畫成研究架構圖，此之為研究架
構法。

四、「能力（Ability）」欄位的設計要領

能力內容的敘寫至為挑戰，因能力是外顯的行為表現，已經比「行為
目標」還深入，依「十二年國民基本教育課程綱要」的運用，能力還要包
括有「素養」的成分，是以不容易表達準確。筆者強調要用「作品」來表

達學會的能力，所以建議直接把課程的「知識、技術」教學、學生要完成的作品（實物相片或圖案表格），直接呈現在「能力」欄位之上。

「素養能力」是人既有的「知能」與正在學習中的「知識及技術」交互螺旋、系統重組而來的，「新知能模組」存在人的身體之內，成為看不到的「內隱知識」，稱之為「核心素養」，能夠外顯化為「有價值行為」者，則稱之為「核心能力」，是以「知識教育學」稱「內隱素養」及「外顯能力」。內隱素養（新知能模組）包含六大元素：真（致用知識）、善（經營技術）、美（實踐能力）、慧（共好價值）、力（行動意願）、行（德行作品）；而外顯能力則以「智慧人‧做創客」來統稱之。《知識教育學：智慧人‧做創客》一書在「能力實踐篇」，則分六章個別分析「智慧人」、「做創客」、「新領導」、「優教師」、「能家長」、「行國民」所應具備的核心素養、核心能力及教育作為。

「知識、技術」如何與學習者的「既有知能」交互螺旋，進而對話交流、系統重組？「KTAV 單元學習食譜」的「技術」欄位下方列有「知識螺旋」焦點，共十二個，亦可分為三群：第一行「內化」、「外化」、「交流」、「對話」為第一群，得名之為「素養能力」群；第二行「新化」、「活化」、「深化」、「優化」為第二群，得名之為「知能建構」群；第三行「同化」、「調適」、「融入」、「存有」為第三群，得名之為「交融程度」群。

「素養能力」群，其知識螺旋之焦點要領，概有四個方法：(1)內化素養法：指將正在學習中的外顯知識及技術，內化為自己素養的一部分，例如：教師教導「品德教育的理論基礎」是「好習慣」與「服務心」交織的行為表現；學習者直接將「好習慣」及「服務心」內化為自己的核心素養之一，終身力行實踐，此為一種認知的融合，稱為內化素養法；(2)外化能力法：接續前一案例的說明，學習者已認同「好習慣」與「服務心」是經

營個人品格道德的基石，是以再接受教師的教導與建議，每天從學校公告的「行為規準」中，擇一「日行一善」，用有價值的外化能力，來實踐「好習慣」與「服務心」的意涵，此之為外化能力法；(3)分享交流法：分享交流是讓「知識」產生「螺旋效應」的必要方法，由教導者分享「我們在學什麼」，再由學習者分享「我學到了什麼」，是交流驗證知識有無流動，以及「內化」、「外化」程度的有效方法；(4)價值對話法：由教導者與學習者直接針對學習歷程與成果的價值論述、價值評量與價值省思，稱為價值對話法，此一方法的績效價值得使用在「能力」及「價值」兩大欄位，是推動「價值觀教育」及「價值評量」的有效方法。

「知能建構」群，其知識螺旋之焦點要領，概有四個方法：(1)新化能量法：新化知識、技術、能力、價值的範圍與數量，學得愈多，知識能量愈為廣博，苟日新、日日新、又日新；(2)活化表現法：素養與能力都要經由「行為」表現出來才看得到，是以教師要激勵學生用各種「作品」活化表現其學習到的新知能，包括：立體實物作品、平面圖表作品、動能展演作品、價值對話作品；(3)深化結構法：知識、技術、能力、價值四者均有「表相」、「內容」、「關係」、「系統」、「表面結構」、「深層結構」的層次與程度，知識遞移成功與否不僅要看「遞移流量」，也要檢核學習者「新知能模組」融合深化的程度，得要求學生藉由「立體實物作品」及「平面圖表作品」的內涵，來表達「知能模組」（系統結構）的深化程度；(4)優化品質法：教育的品質表現在學生習得的新素養能力能夠永續表現出有價值的行為，有價值的行為就是「智慧人‧做創客」（德行作品）；從「KTAV 單元學習食譜設計→做中學→有作品→價值評量」的實踐，師生共同邁向「智慧人‧做創客」本身，就是優化品質法。

「交融程度」群，其「知識螺旋」之「焦點要領」必須與「知識重組」之「焦點要領」一併考量。螺旋指前段的互動，重組指後段「新知能模組」

建構的「新、舊」交融程度。知識遞移成功與否與「交融程度」攸關，其教育機制旨在「傳遞知識」，但我們要設學校，從小學、國中、高中到大學，大學又分學士、碩士、博士，分別統整不同層次的知識，「交融程度」愈佳者，愈能夠「研究高深學術，培養專門人才」（大學教育目標）。

　　因此，「交融程度」群，其「知識螺旋與知識重組」的焦點要領，概有四個方法：(1)同化新知法：心理學上對「同化」是這般解釋的：舊有的經驗（知識、知能模組），能夠完全吸納新學習中的經驗、知識與技術，化為新知能模組的一部分，稱之為同化；以「知識教育學」為例，筆者將知識教育延伸的「知識本體說」、「知識先天說」、「知識管理說」、「知識遞移說」、「知識智慧說」、「知識創客說」，同化為「知識本質篇」的六章；將「智慧人的教育」、「做創客的教育」、「新領導的教育」、「優教師的教育」、「能家長的教育」、「行國民的教育」，同化為「能力實踐篇」的六章，建構成《知識教育學：智慧人‧做創客》一書的新知能模組，此之謂「同化新知法」；(2)融入並行法：新知能模組有將「新舊」知識及技術「系統重組」及融合，但融入整合的程度尚未達到「單一模組」的境界，例如：筆者出版《教育經營學個論：創新、創客、創意》（鄭崇趁，2016a）一書，將十八篇論文分為「創新領導」、「創客教師」、「創意經營」三篇統整出版，即為「融入並行法」的典型範例；(3)調適暫行法：舊經驗難以融合新知能，心理學上稱之為調適，意指人要不斷學習新知能，學會（同化）固然好，學不會者，自己仍然要「調適」，繼續努力地學。「調適」有兩大層面：「完全不會」的調適以及「會但困難融合」的調適，本章偏重第二個層次的「調適」，立基點是「教師不太可能拿學生完全學不會的教材來教學生」。調適暫行法可以「老人學習使用智慧型手機」的新知能重組來說明，智慧型手機的精密度及介面移動使用程序對老人的學習來講常生困難，學會易忘，學會的知能幾天沒用又忘，但勤加練習，達

到精熟之後，仍然可以學會，使用無礙，在會與沒有真正會的階段，就是調適暫行法；(4)存有未用法：電腦、手機、數位媒材發展日新月異，這些「知識、技術、能力、價值」不斷增生，留存在這宇宙之中，但每個人的生命時間有限，要傳承創新知識，有這些工具幫忙固然可以增進效果和效率，但有些較為年長的人，他們沿用舊有的方法知能，就可以統整創新很多知識，專注於自己優勢專長（含方法運用）明朗化的產出，沒調撥時間在新方法技術的學習，即「存有未用法」。筆者本身仍然用「寫稿」（不用電腦、手機）的方式，尚能夠出版十二本書，或可成一例子。

五、「價值（Value）」欄位的設計要領

「KTAV 單元學習食譜」設計了 V（價值），主要的原因有四：(1)「價值觀」也是知識的一種，它是德育、情意教學及人際關係的核心素養，筆者將之歸併為「人倫綱常的知識」，「知識展價值」是知識教育學的教育意涵（特質）之一；(2)臺灣人陷入「價值混淆」的時代，最需要價值觀的教育，「價值教育」應該從單元教學著力；(3)價值是智慧的四大元素之一，也是引領創客的重要元素，KTAV 才能夠領航實踐「智慧創客教育」；(4)從「知識」開始，用「價值」收尾，含有「價值評量」的意謂，學到有價值的知識、技術、能力，才能整合創新人的「素養」。

「價值（Value）」欄位的設計要領，得從三大層面著力：「作品行為」本身的價值、「教學歷程」互動的價值，以及「教育績效」影響的價值，於三大層面進行「價值論述（揭示提列）」、「價值交流（討論對話）」、「價值省思（確認同化）」、「價值檢核（評量實踐）」。

「作品行為」本身的價值，以創客教育的核心價值來表達。創客教育的核心價值有四：(1)真實：做中學、有作品的知識及技術較為具體，學習者知道在操作學習「真實」的知識；(2)體驗：創客教育的歷程強調身體的

直接經驗，比抽象的「思維」及「符號」運思，相對容易取得，「體驗」產生真正的同化融合，是第二個核心價值；(3)生新：有實物作品的產出，作品是學習者「生出來」的「新產品」，就如新生嬰兒一般，學生有「生新」的雀躍價值，會接續想要「生新」；(4)創價：新作品就有「存在」價值，「好的（優質）作品」更有價值，可以作為「績效成果」，可以「待價而沽」，可以「流傳增價」，更可以當作「傳家之寶」。

「教學歷程」互動的價值，以一般教育的核心價值來論述：(1)均等：每位學生的學習機會、操作行為、完成作品、績效表現都是平等而完整的，就能符合「均等」的教育價值；(2)適性：教學知識的主題內容符合認知的程度，教學方法與工具的選擇，都是學生喜歡的、可以專注操作學習的、學得會的，就能彰顯「適性」的教育價值；(3)傳承：教育在傳承前人為我們留下來的「知識、技術、能力、價值」，學生能夠參與主題教學的學習，「知識遞移」成功，完成新作品，表現有價值行為，就能夠符合「傳承」的教育價值；(4)創新：學生的單元學習都能「知識遞移」成功，創新自己的新知能模組，創新「致用知識」，創新「經營技術」，創新「實踐能力」，創新「共好價值」，就能夠彰顯「創新」的教育價值。

「教育績效」影響的價值，以用教育願景中的核心價值來論述：(1)精緻：精緻的 KTAV、精緻的課程教學、精緻的師生互動、精緻的產品價值，累增實現「精緻教育」的價值；(2)永續：學生有共好的價值素養、學生有帶得走的能力、學生有專長的知識技術，能夠「永續」經營有效學習以及終身職涯志業，成為「永續人」的教育價值；(3)卓越：教育用知識，教會每一個人都成為智慧人、做創客、新領導、優教師、能家長、行國民，人人充分自我實現，大家都是有效智慧資本，實現了「卓越」的教育價值；(4)適配：適配幸福人生是教育的新願景，可以從「適配的教育」、「適配的事業」、「適配的伴侶」及「適配的職位」，共同「教育經營」適配幸

福人生，「適配」成為最時尚鮮活的教育核心價值。

我們也可以用「價值統整」的論述，直接寫在價值欄位上，例如：筆者常在「邁向教育4.0：進升領導素養」工作坊的第一次上課時，就會發給學員本課程的「KTAV單元學習食譜」，如表8-2所示。

表8-2中的KTAV四大欄位，「價值（V）」欄位是這樣的：(1)進升教育專業知識；(2)進升課程教學技術；(3)進升智慧創客能力；(4)進升人倫素養價值；(5)進升學生作品質量；(6)進升師生自我實現；(7)進升教育智慧資本。其中，「專業知識」、「教學技術」、「創客能力」、「素養價值」、「作品質量」、「自我實現」、「智慧資本」，都有明確的教育核心價值。

伍、結語：KTAV運作「新知能模組說」、「知識遞移說」及「知能創價說」，培育「智慧人‧做創客」

「KTAV單元學習食譜」是《知識教育學：智慧人‧做創客》一書所研發的「教育新工具」，它是一種教學模式，擷取了核心素養六大元素（真、善、美、慧、力、行）的前四者，結合了「價值教育（新五倫教育）」、「智慧教育」及「創客教育」共同的元素，主張「知識→技術→能力（作品）→價值」四位一體的完備系統單元教育，並有「知識遞移說」及「知能創價說」來支持四者之間的轉化與串聯，「知識解碼」→「知識螺旋」→「知識重組」→「知識創新」註解了KTAV教學模式核心內涵，以及四大欄位之間的學理基石與實務運作的「適配度」；人有「本能」學習「知識」後變成「知能」，知能融合創價，成為智慧創客，就稱之為「知能創價說」。用KTAV實現「知識遞移說」，用KTAV培育「智慧人‧做創客」（實踐知能創價說），KTAV普及化就是「活教育‧創價值」的啟動與開展，KTAV可以點亮臺灣教育新天地。本章詳述了「KTAV單元學習

表 8-2 「教育 4.0：新五倫・智慧創客學校」研究的 KTAV 單元學習食譜

單元名稱：「教育 4.0：新五倫・智慧創客學校」研究的 KTAV 單元學習食譜　　年級領域：校長教師專業進階班　　設計：鄭崇趁教授　　2018.09.09

K 知識 knowledge 致用主題知識

知識名稱及意涵

- 教育 4.0
- 新五倫教育
- 智慧教育
- 創客教育
- KTAV 模式
- 知識遞移說

T 技術 technique 能操作學習技術

教學活動（學習步驟）

- 教育 1.0（私塾、書院教育時期）
  教育 2.0（學校教育公共化、普及化時期）
  教育 3.0（特色品牌學校教育時期）
  教育 4.0（新五倫・智慧創客學校時期）

- 第 1 倫（家人關係）
  第 2 倫（同儕關係）
  第 3 倫（師生關係）
  第 4 倫（主僱關係）
  第 5 倫（群己關係）

- 「知識→技術→能力→價值」四位一體的教育

1. 研發有創意學習食譜→
2. 教導能創造操作學習→
3. 建構再創新知能模組→
4. 完成做創客實物作品

- 「智慧教育系統」、「創客教育系統」、「價值教育系統」的整合教學模式。

- 「1.知識解碼→2.知識螺旋→3.知識重組→4.知識創新」的知識生命遞移（見能力欄圖 1）

A 能力 Ability 實踐行為能力

師生實物作品

新五倫・智慧創客教育 KTAV 教學模式（知識遞移說）

4.0 教師學	4.0 校長學	
角色責任（核心素養）	教師（專業能力）	校長（素養能力）
1.傳道	·傳道創新知之道	·傳承為人師之道
2.授業	·授業知識藝能之業	·授能培育專業之業
3.解惑	·解惑知識能力之惑	·解惑知能創價之惑
4.領航	·領航知識價值之航	·領航智慧創客之航

教育 4.0：新五倫・智慧創客學校

V 價值 Value 人類群己教育價值

成果價值詮釋

- 提升教育專業知識
- 提升課程教學技術
- 提升智慧創客能力
- 提升人倫素養價值
- 提升學生作品質量
- 提升師生自我實現
- 提升教育智慧資本

食譜」四大欄位的設計要領，將「知識遞移說」的核心技術與 KTAV 之關係做系統思考，整合闡述此核心技術的意涵與應用範例，掌握設計要領，教師就能精準撰寫授課單元主題教學的 KTAV，進而喜歡使用 KTAV 教學模式，設計「KTAV 單元學習食譜」來推動「價值教育」、「智慧教育」、「創客教育」、「校本特色教育」、「實驗創新教育」，讓「新五倫智慧（價值）學校」、「智慧創客學校」或「創客特色學校」開啟臺灣教育新榮景，「智慧人‧做創客」成為臺灣人最喜歡且流行時尚的「教育語言」。

第九章 「資源統整 4.0」的教育價值及實踐作為

【資源價值・知能融合之進升】

導論

本文曾發表在 2018 年 3 月號《教師天地》（205 期，頁 1-18），原稿係為臺北市「優質學校 4.0 版」的「資源統整」向度說明會所撰寫。筆者擔任「資源統整」向度教授，將 4.0 版的指標進升得很到位：資源統整 1.0 是「親師合力」，2.0 是「資源系統」，3.0 是「知能創價」，4.0 是「智慧創客」。強調「資源統整 4.0」的優質學校，就是「新五倫・智慧創客學校」，評選項目指標設定已與「教育 4.0」完全銜接融合。

「資源統整 4.0」具有四大教育價值：(1)傳承整合四代指標教育精神：第一代「親師合力」，第二代「資源系統」，第三代「知能創價」，第四代「智慧創客」，四合一就是資源統整 4.0；(2)創新知識及能力資源教育價值：4.0 版加入了「知識資源」及「能力資源」，要求學校表達「知能創價」的績效價值；(3)開啟師生知能創價系統：教育之目的本來就是在學習「知識＋能力」，然後創新生命及教育價值；(4)實踐新五倫・智慧創客學校：師生都是「智慧人・做創客」，協助教育進升 4.0；學校「資源統整」優先進升 4.0。

「資源統整 4.0」的實踐作為，本章依序強調四大重點：(1)熟悉資源統整攸關的教育理念及理論：如「正義論」、「知識遞移說」等十二個；(2)善用學校引進教育資源的方法策略：如「家長志工法」、「策略聯盟法」

等八個；(3)學校統整教育資源系統要領：如「布建弱勢學生支持網絡資源系統」、「展現親師生智慧創客作品資源系統」等七大資源系統；(4)掌握師生知能創價及智慧創客的實踐要領：知能創價在創新生命及教育價值，智慧創客用四大類作品來呈現「智慧人・做創客」。

壹、緒言：臺北市優質學校 4.0 開展智慧創客教育新時代

臺北市的優質學校評選制度歷經十二年，每四年認證指標就修訂一次，2017 年是第三次修訂，教育局將第一代認證指標稱為 1.0 版，第二代認證指標稱為 2.0 版，第三代認證指標稱為 3.0 版，目前甫修訂完成的第四代指標，則稱之為 4.0 版。

筆者有幸，從第一代的優質學校第三年起受聘為「資源統整」向度教授，執行歷年來的「資源統整」優質學校認證之工作，並負責修訂 2.0 版、3.0 版、4.0 版「資源統整」向度之認證「項目」、「指標」、「評選標準」及「學校參考作法」，以及「佐證事實資料」的修訂工作。

第一代優質學校評選認證指標之設計，係參照 CIPP 模式，關注學校經營「績效責任」的實踐，將九個向度視同個別的「學校經營特色」。第二代的優質學校，係參照 PDCA 模式，關注「教育品質管理」綜合表現，是以將「校長領導」改名為「學校領導」，並刪除「學校文化」向度。第三代的優質學校強調以「學生為主體」，將「學生學習」列為所有向度的軸心，並串聯「課程發展」及「教師教學」的指標內涵。第四代的優質學校關注「創新實驗」的趨勢以及「國際城市」的教育實踐，除了增加「創新實驗」向度外，每一單項向度指標內容，都朝「創新」及「實驗產出」設計，期待臺北市的教育能夠經由「優質學校」的評選，真實地「接軌國

際」，並彰顯臺北市是一個具有教育特色的國際城市。

　　以「資源統整」向度指標修訂為例，4.0 版的項目進升為「親師合力」→「資源系統」→「知能創價」→「智慧創客」四個項目，內含八個實踐指標及十六個評選標準（如表 9-1 所示），將整合四代的指標精神，帶動臺北市的學校經營，開展智慧創客教育新時代。

貳、資源統整（4.0 版）的評選指標系統及其教育價值

　　資源統整向度（4.0 版）的評選指標系統，包括：「項目」、「指標」、「評選標準」及「學校參考作法」，前三項之具體內容如表 9-1 所示（臺北市政府教育局，2017）。

表 9-1　臺北市優質學校（4.0 版）「資源統整」評選指標系統

項目	指標	評選標準
親師合力	1. 引進多元的親師合力資源	1-1-1.學校行政、教師會、家長會和諧共榮，合力爭取多元教育資源，促進學校卓越發展。
		1-1-2.運用社區資源，建置安全聯防網絡系統；提供學校場地與空間設施，供社區居民使用，建立良性互動關係。
	2. 統整豐富的學區資源運用	1-2-1.同心建構互助互信、共存共榮、溫馨和諧、共好合作的學校與社區。
		1-2-2.經營行政、教師、家長及教育夥伴關係，合力專業示範，培育能夠實踐力行的學生。
資源系統	3. 建構完備的學校資源系統	2-1-1.建置完整的課程、教學、社團、環境、競賽、活動、安全等輔助支持系統，支援師生課程教學及教育活動運作。
		2-1-2.建構資源運用分配機制，增進課程教學、學生學習、學校社團及特色品牌的教育經營。

表 9-1 臺北市優質學校（4.0 版）「資源統整」評選指標系統（續）

項目	指標	評選標準
	4. 呈現活化的資源整合效益	2-2-1.運用量化數據或質性描述，彰顯資源活化的成果。
		2-2-2.開展教育能量，創造系統資源運用，彩繪教育新價值。
知能創價	5. 發揮支持的網絡輔助功能	3-1-1.建置知識管理與分享平臺，促進知識螺旋重組，提高資源統整效能。
		3-1-2.增進「知識遞移」流量，傳承創新師生教育知能，發揮資源統整能量。
	6. 開展價值的教育實踐作為	3-2-1.鼓勵家長志工、專業人才及教師組織積極正向參與校務，提升教育實踐價值。
		3-2-2.發揮學校教育影響力，提升家庭、社區及社會教育效能。
智慧創客	7. 統整智德的系統智慧行為	4-1-1.應用有效資源，系統實踐品德教育及情意教學的核心價值。
		4-1-2.發揮資源統整的效用，激發師生「好習慣」及「服務心」，整合實踐「知識→技術→能力→價值」的共好教育。
	8. 能夠產出作品的創客教育	4-2-1.有效運用資源，逐年增加符合「做中學、有作品」的比例。
		4-2-2.發揮資源統整的效用，激勵師生傳承創新「教」與「學」的實物作品。

　　表 9-1 的具體內容包含四大「項目」、八個「認證指標」以及十六個「評選標準」，項目揭示學校經營的「方向主題」，認證指標具體指陳學校師生實踐的「著力焦點」，評選標準則以「檢核者」立場，提列「觀察判準」事項。是以申請學校的經營準備，得將指標系統的規範內涵（4.0 版）統整學校平時的作為，以撰寫學校經營「資源統整」的方案設計，並

執行實踐,帶動學校教育「績效價值」,以符合指標的訴求。

　　4.0 版的「資源統整」具有四大教育價值:包括「傳承整合四代指標教育精神」、「創新知識及能力資源教育價值」、「開啟師生知能創價系統」、「實踐新五倫‧智慧創客學校」,分別說明如下。

一、傳承整合四代指標教育精神

　　就「資源統整」向度而言,第一代優質學校時期(2005～2008 年),資源統整的指標系統主要在家長志工人力資源及社區教育資源的引進運用。第二代優質學校時期(2009～2012 年),資源統整的指標系統才重視多元教育資源的引進及校內外資源的統整創價。第三代優質學校時期(2013～2016 年),教育潮流關切「以學生學習為主體的統整」,資源統整指標系統用「學生學習」之後的績效價值來檢視「資源取得」→「資源分配」→「資源運用」→「資源效益」。第四代優質學校時期(2017 年起),資源統整指標系統配合 4.0 版本的精神,實踐「創新、實驗、國際化」,關切「師生共創教育新價值:智慧人、做創客」,亦即第四代的指標系統,能夠傳承整合四代指標教育精神,設定「親師合力」(1.0)、「資源系統」(2.0)、「知能創價」(3.0)、「智慧創客」(4.0)四個項目(內含八個指標、十六個評選標準),經營學校成為新五倫‧智慧創客學校。其四代指標整合系統脈絡,如圖 9-1 所示。

二、創新知識及能力資源教育價值

　　前三代的資源統整尚未碰觸「知識資源」及「能力資源」,「知識」及「能力」是教育的實體與目標,無論是校內及校外教育資源,都是「知識資源」的一種。同時,各種教育資源都要統整在人(師生)的身上,提升師生的能力,並轉化為有價值的行為表現(如德行作品),教育才有價

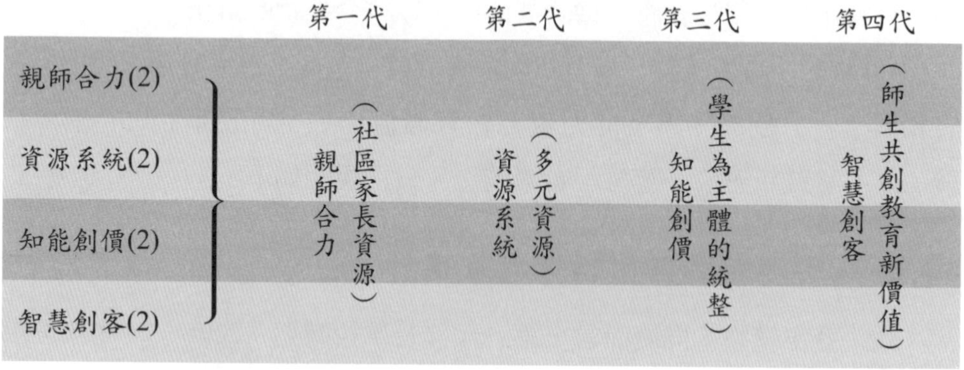

圖 9-1　「資源統整」指標系統整合脈絡摘要表

值，資源統整也才有真實的教育價值。筆者出版《知識教育學：智慧人‧做創客》（鄭崇趁，2017）一書，定位「知識」、「教育」與「人」三者的關係，創新「知識資源」的九大教育價值（特質）：(1)知識「為本位」的教育；(2)知識「含技術」的教育；(3)知識「組能力」的教育；(4)知識「展價值」的教育；(5)知識「能遞移」的教育；(6)知識「成智慧」的教育；(7)知識「達創客」的教育；(8)知識「行道德」的教育；(9)知識「通素養」的教育。知識教育學提供資源統整的新理論基礎，將「知識‧能力資源」加入了「多元教育資源」行列，主導 4.0 版的指標建構，讓「知能創價」及「智慧創客」成為學校統整教育資源的主軸。

三、開啟師生知能創價系統

　　人力資源、物力資源、財力資源、自然資源、文史資源、科技資源、智慧資源等，都可以統整成教育上的知識資源及能力資源，然後經由實際的「教育」及「學習」進入師生的身體之內，再與人本身「既有的知能」「互動對話、螺旋重組」（也是資源統整效應），建構成「新的知能模組」，再由此一新的知能模組外顯化，表現出有價值的行為（含作品），

此之謂知能創價系統。就學校教師而言，教師因新教育資源的導入重組，建構了再創新知能模組。新知能的創價系統包括：「新課程設計」、「新班級經營計畫」、「新主題教學教材」、「新教學教案設計」、「新五倫（品德）教學計畫」、「新主題教育活動方案」、「新智慧創客 KTAV 單元學習食譜設計」、「新智慧創客分享平臺」、「新智慧創客教育產品」等。就學生而言，知能創價系統得集中在學習作品的產出與優化，至少包括四大類的智慧創客作品：「立體實物作品」、「平面圖表作品」、「動能展演作品」、「價值對話作品」。「資源優化知能」、「知能永續創價」，師生都是「智慧人‧做創客」，這些資源最具「教育價值」。

四、實踐新五倫‧智慧創客學校

　　文化資源與人的意識型態有關，意識型態傳承人類的「核心價值觀」，有時是教育進步的利器，也有時會形成文明進升的包袱。文化資源的創新挑戰最為艱鉅，例如：我國中華文化數千年「五倫之教」是傳統的「德育經典」，「父子有親、君臣有義、夫婦有別、長幼有序、朋友有信」，我們教學生數千年並以此為傲；然而進入 21 世紀之後，臺灣的學校教育不再有人談五倫之教，也看不到實踐它的教材，德育與素養頓時「找不到根」。筆者出版《教師學：鐸聲五曲》（鄭崇趁，2014）一書時，認為五倫之教適合古代的社會，當代社會「人倫綱常的知識」（人際關係的群組）分類，已有新的系統結構，是以倡議「新五倫及其核心價值」，其主要內容摘要，如圖 9-2 所示。

　　德育與智育的教育資源能夠整合發展，教育出「術德兼備」具有「素養能力」的人，教育才算成功（有價值）。「價值觀」的教育是智慧與德育的共同元素，「資源統整 4.0」的認證指標系統，在「師生知能創價」之後，接續強調「智慧創客」的具體「價值行為」實踐（智慧人‧做創客），

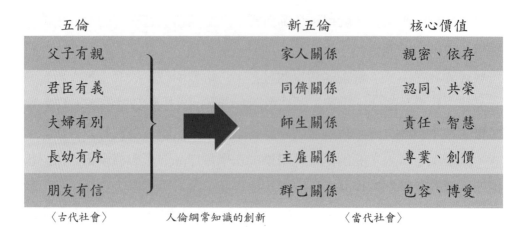

五倫	新五倫	核心價值
父子有親	家人關係	親密、依存
君臣有義	同儕關係	認同、共榮
夫婦有別	師生關係	責任、智慧
長幼有序	主雇關係	專業、創價
朋友有信	群己關係	包容、博愛
〈古代社會〉	人倫綱常知識的創新	〈當代社會〉

圖 9-2　新五倫及其核心價值摘要表

引導學校經營，藉由「資源統整」向度的申請認證歷程，實現新五倫‧智慧創客學校，點亮 21 世紀教育新價值。

參、資源統整攸關的教育理念及理論

在完成第三代「資源統整」認證指標之前，攸關的教育理念及理論有：社會正義論、鷹架理論、個案管理理論、精緻教育理念、水平資源與垂直資源整合、學習資源網絡。第四代的認證指標內容，攸關的教育理念及理論增加了五個：知識教育學、知識遞移理論、新五倫及其核心價值、智慧創客教育 KTAV 教學模式、KTAV 單元學習食譜、「新五倫‧智慧創客學校」。扼要介紹其核心主張及其對資源統整之啟示如下。

一、社會正義論的啟示

John Rawls 的正義論（A Theory of Justice）影響全世界，是當代所有國家社會福利政策的主要理論依據，其核心論點有三：(1)正義即公平，是以

教師要公平對待每一位學生；(2)均等原則：法律之前人人平等，是以所有學生都需要實質的教育機會均等；(3)差異原則：弱勢優先，實施積極性的差別待遇。

二、鷹架理論的實踐

鷹架理論之核心論點在「社會支持力量愈大，學習成果愈佳」，是以要增加弱勢學生的社會支持力量，布建學習落後學生的學習鷹架。

三、個案管理理論與學校經營

學校即是一個經營個案，將校內外教育資源的有效整合，就是個案管理。資源統整的個案管理愈佳，愈能夠創發學校更大的教育價值。

四、精緻教育理念的啟示

優質學校就是精緻教育的實踐，「精緻」是教育的核心價值之一。學校教育資源愈豐沛，教與學的歷程才能愈精緻。

五、水平資源與垂直資源整合

水平資源指與學校平行的公私立單位提供的可用教育資源；垂直資源指與學校有上下隸屬關係單位提供的可用教育資源。水平資源與垂直資源整合，產生交互作用，可以創發學校更大的教育價值。

六、學習資源網絡的新時代

這是一個處處可學習、隨時可學習的年代，學校的教師、同學、圖書、環境、設施都是教育與學習的資源。社區的自然與文史資源也是重要的教育（學習）資源。以整體社會而言，更是一所人類文化與文明的博物館，

科技數位更讓我們串聯無遠弗屆的知識資源，百學不盡。是以布建並指導學生善用學習資源網絡系統，是 21 世紀教育人員責無旁貸的責任。

◢ 七、知識教育學的發現與貢獻

知識教育學除了前述的九項發現（本書第 180 頁）外，更有下列五大貢獻：(1)揭示教育新願景，如智慧人、做創客、新領導、優教師、能家長、行國民；(2)定義教育新思維，如素養展能力、翻轉成創客、創新要智慧、集體講價值、知識能遞移；(3)研發教育新理論，如知識遞移說、新五倫及其核心價值；(4)統整教育新方法，如「KTAV 單元學習食譜」、四位一體的智慧教育、四創一體的創客教育；(5)開展教育新價值，如知識乃教育之母、知識遞移說、KTAV可提高教育績效品質。知識教育學的發現與貢獻，讓知識資源及能力資源，成為資源統整的新主軸。

◢ 八、知識遞移理論的價值

知識遞移說（鄭崇趁，2017）主張，學習者要將教師或教材上的知識遞送轉移到自己的身上，成為自己的新知識，其過程需經「知識解碼」→「知識螺旋」→「知識重組」→才能「知識創新」。「知識能遞移」理論肯定知識是任何教育活動的實體，也是「資源統整」主要的統整「對象」。多元資源都是知識資源的一種，藉由「知識」組「能力」管道，教育才能有效統整各類資源，並在人的身上產生價值。

◢ 九、新五倫及其核心價值對德育及情意教學的啟示

(1)新五倫有效劃分「人際關係」群組（類別），符合當代人類需求的人群類別，方能探討其共同核心價值；(2)新五倫的五大群組人際類別，均可研發其核心價值（筆者目前已研發各四個）；(3)新五倫之核心價值均可

適時選定為學校品德教育的中心德目，再由年級級任教師，共同研發其「行為規準」（例如：各三條，一條好習慣，一條服務心，另一條名人語錄），張貼於教室布告欄，由教師及學生融入教學，並實踐篤行；(4)學校得擬訂新品格教育計畫，以教師行動研究方法編製新五倫核心價值教材、環境布展及實踐項目；(5)推行新五倫教學得以有效統整智育及德育教育資源，師生方能術德兼修，具備 2019 年新課綱所強調的「素養知能」。

十、智慧創客教育 KTAV 教學模式

知識教育學將揭示新教育理論（知識遞移說）與新教學方法（四位一體的智慧教育及四創一體的創客教育）之統整教育模式，稱之為 KTAV 教學模式，如第三章的圖 3-8 所示，是「知識資源」統整為教學模式的範例，價值觀教育、新五倫教育、智慧教育、創客教育，均可共同使用此一教學模式。有效的教學模式得以優化教與學歷程，統整各種教育資源，迅速創新師生知能模組及有價值行為表現，彰顯資源的教育價值。

圖 3-8 能夠呈現知識遞移說（理論）、智慧教育、創客教育及新五倫（價值）教育四者之關係。圖中的四個轉彎處「知識解碼」→「知識螺旋」→「知識重組」→「知識創新」四大知識轉化效應為「知識遞移理論」（學說）；四個角落「知識」→「技術」→「能力」→「價值」四位一體的教育為「智慧教育」；上下左右「研發有創意學習食譜」→「教導能創造操作學習」→「建構再創新知能模組」→「完成做創客實物作品」四創一體，則為「創客教育」；最左上角「價值」的「知識創新」，意味著實踐「新五倫及其核心價值」的「價值省思及評量」，是以整體的教學模式，稱之為新五倫・智慧創客教育 KTAV 教學模式，並且強調「知識遞移說」作為 KTAV 教學模式的理論基礎。

十一、KTAV 單元學習食譜成為教師備課與價值評量的新工具

「KTAV 單元學習食譜」，如表 8-1 的四大欄位，得引導教師進行單元教學備課時，直接將要教給學生的「知識、技術、能力、價值」直接填入，是最佳系統思考，也是最佳資源統整。再依智慧教育、創客教育的元素與流程，選擇最佳的方法步驟，導引學生「用智慧」、「做中學」、「有作品」、「論價值」，藉由資源統整，實現教育目標，創新教育價值。

十二、新五倫‧智慧創客學校的五大指標

(1)學校採用新五倫及其核心價值作為品德教育及情意教學的核心元素，融合智育及德育，實踐素養取向教育；(2)全校教師都能了解運用「知識遷移理論」，據以編撰「KTAV 單元學習食譜」；(3)教師針對自己授課領域（學科）編撰五至十個「KTAV 單元學習食譜」及師生智慧創客作品；(4)師生每年均有一至三個智慧創客作品參展或參賽；(5)應屆畢業學生均能展出十件智慧創客代表作品。

肆、學校引進教育資源的方法策略

筆者曾將「資源統整策略」列為《教育經營學：六說、七略、八要》一書中的第十一章（鄭崇趁，2012，頁 191-207），是教育經營學七大經營策略之一。當時介紹學校引進教育資源的方法有六：(1)家長志工法；(2)承擔任務法；(3)競爭計畫法；(4)創新特色法；(5)策略聯盟法；(6)價值行銷法。為因應 4.0 版指標設定的需要，增加介紹兩種方法：(7)行動研究法及(8)標竿帶動法。從 4.0 版四個項目的需求觀察，方法(1)、(2)適用於第一個

項目「親師合力」；方法(3)、(4)適用於第二個項目「資源系統」；方法(5)、(6)適用於第三個項目「知能創價」；方法(7)、(8)適用於第四個項目「智慧創客」。為便利讀者掌握方法、精神及其要領，扼要摘述其內容如下。

一、家長志工法

家長志工是學校最豐沛的人力資源，目前的都會型學校，中小校就有 20～30 位志工，大型學校有 50～60 位，甚至也有百餘位者。家長志工通常分組為學校協助半專業服務性工作，如交通導護組、健康保健組、圖書志工組、童軍服務組、社團服務組、晨光閱讀組、故事媽媽組、比賽後援組、環境維護組、學習步道維護設計組、資源整合組、志工培訓組、計畫方案設計組等，種類繁多。筆者認為，家長志工人力豐沛，引進後有效統整運用最重要，學校應強化下列事項：

1. 指定主任及組長各一名為家長志工管理經營者及主要對口聯絡人。
2. 每年制定家長志工培訓、分組服務工作計畫。
3. 謹慎選擇分組召集人，克以責任績效及榮譽。
4. 配合 4.0 指標，增設「知能創價組」及「智慧創客組」，結合學校、校本課程及學校特色，帶領各組家長志工產出智慧創客教育作品，如各種類型之教材教具及師生作品輔具。

二、承擔任務法

學校主動承辦教育局（處）的大型競賽活動及專案任務，優化學校各項資源設施，並藉以行銷學校特色，活動結束，優化的教育設施資源則留供學校師生繼續使用。承擔任務法得以增加教育資源，對學校內部而言，更可以提高師生士氣、凝聚力與向心力，優化學校組織文化，增進資源統整的效能與效率。

三、競爭計畫法

當代的民主社會，教育資源分配不再使用「齊頭式平等」，各部會及教育局（處）都以各種專案計畫提供學校申請，申請計畫方案寫得好、有創意、能實踐者，才能獲得補助或獎勵執行。學校配合政府政策及民間公益基金會之宗旨，研提計畫方案參賽或申請，可以獲取龐大資源，協助學校教育建設，優化教育品質，此稱為競爭計畫法。目前，一般學校每年依競爭計畫法申請的教育資源約五案到十案之間（申請優質學校向度認證，因有獎金，也是廣義的競爭計畫法之一）。

四、創新特色法

目前的中小學都在發展校本課程及學校教育特色，有創新的課程及學校特色，公私立教育機構及公益團體都會給予支持及補助資源。學校將計畫研發的創新課程及特色教育活動，擬訂成具有系統結構方案，遇有適當機會，函向主管機關或公益團體，申請支持補助，此稱之為創新特色法。臺北市的優質學校 4.0 版有九個向度，將學校教育經營劃分九個個別特色，供學校申請，然後「實踐後認證」、「認證後給獎金」，此亦是廣義的創新特色法。

五、策略聯盟法

學校與鄰近學校或具有共同特色及校本課程的學校「策略聯盟」，共同結盟擬訂計畫，爭取資源，執行計畫，實踐共同之教育目的，此稱為策略聯盟法，例如：共同邀請專家學者或專業顧問到校指導特色經營，結盟實踐專案計畫，跨校師生合作、參與行動研究以及各種競爭型賽會。策略聯盟法可以互補師生優勢專長的差異，運作團隊動能，共同爭取個殊教育資源。

六、價值行銷法

運用學校已有的教育價值或計畫經營的個殊教育價值,擬訂具體的計畫方案,向長官或企業主進行價值行銷,爭取長官或有能力給出資源的企業主認同,願意支持協助必要資源(經費或專門人力),此稱為價值行銷法。價值行銷法須先著力系統思考,為校務經營找出創意點子,擬訂實踐方案,亦應有濃烈的教育價值詮釋,價值高低與實踐可行性是爭取認同的核心關鍵。

七、行動研究法

以申請 4.0 版優質學校各向度的認證為例,學校得比照行動研究團隊方式,由處室主任領導組長及領域專長教師,針對計畫申請的向度進行一組行動研究,共同參與教育局(處)舉辦的向度說明觀摩會,並邀集專長符合的學者專家或該向度通過認證之主筆校長主任,諮詢、指導、共議完成文本撰寫及學校實踐事項。行動研究法亦得結合教育部的活化課程專案或教育局(處)的亮點特色計畫整合執行。

八、標竿帶動法

4.0 版的資源統整第三個項目是「知能創價」、第四個項目是「智慧創客」。「知能創價」是指用習得的知識及能力,大家共同創新生命的價值及教育的價值;創新生命的價值幫助師生自我實現,創新教育的價值在產生有效智慧資本,大家都對教與學的歷程品質產生動能貢獻,學校教師統整更好的教育資源(如課程、教材、教法、教具)來教育學生,學生獲致優質、滿意、精緻、卓越的新能力與績效價值,充分實現教育目標。「智慧創客」是指師生都在實踐智慧教育與創客教育,智慧教育是「知識、技

術、能力、價值」四位一體的教育；創客教育是「研發有創意學習食譜→教導能創造操作學習→建構再創新知能模組→完成做創客實物作品」四創一體的教育。智慧創客教育及新五倫（價值）教育，都可以使用 KTAV 教學模式及「KTAV 單元學習食譜」為工具來實踐，它們可以讓理論與教學實務整合，導引師生「用智慧」→「做中學」→「有作品」→「論價值」。因此，學校得籌組幹部及領域優秀教師專業進修團隊，學習知識遞移理論及「KTAV 單元學習食譜」的撰寫要領，指導學生依學習食譜完成標竿智慧創客作品，再分由處室及領域（學科）教師，規劃自己授課領域三至五件「KTAV 單元學習食譜」及學生智慧創客作品，再逐步帶動所有教師參與，此之謂標竿帶動法。

伍、學校統整教育資源系統要領

在第三代資源統整（3.0 版）向度認證指標中，原來的項目為「資源取得」→「資源分配」→「資源運用」→「資源效益」，曾獲得各界一致的肯定，申請認證的學校，據此順序撰寫方案，邏輯系統明確；第四代（4.0）版本新訂為「親師合力」→「資源系統」→「知能創價」→「智慧創客」，意指「親師合力共同爭取資源進入學校」，用「資源系統」整合原有的「資源分配」及「資源運用」，因為分配及運用教育資源的結果要成為明確的「資源系統」脈絡，方能支持學校教育機制（如支持弱勢學生系統資源、支持社團、課程教學、環境整備各系統資源）。原有的「資源效益」的效益指標要先行與師生的知能統整，然後才能進一步創新資源效益價值，例如：前述各資源系統都要「師生會用」才能產生效益（創價），有先經「知能統整過的資源」，師生才能真正用到。「智慧創客」則進一步標示「師生用到的資源」統整後之教育效益才能表現「有教育價值的行為」，也就

是「智慧人‧做創客」。即意指學校的校內資源及校外引進的資源，經由系統統整之後，師生「用智慧」、「做中學」`「有作品」、「論價值」的智慧創客行為實踐。4.0版的資源統整，將教育資源「表象的統整」進化到「師生（人）的統整」，運作學校教育的「知識資源」及「能力資源」（知識和能力資源都在學校師生身上），有效統整校內外資源，創新師生的生命價值及教育價值。

　　學校統整教育資源系統要領，本章直接用七大資源系統加以說明，包括：布建弱勢學生支持網絡資源系統、發展學校特色主題教育資源系統、強化環境教育功能資源系統、推動優勢學習社團資源系統、開發領域（學科）智慧創客教學資源系統、規劃處室新教育（計畫）智慧創客資源系統、展現親師生智慧創客作品資源系統。

一、布建弱勢學生支持網絡資源系統

　　當代學校的弱勢族群學生，約占學校學生數的四分之一（25％），是以學校爭取到的外部資源，須優先為生活弱勢學生、學習弱勢學生及適應弱勢學生，布建完備的支持網絡系統。學校應逐年建置全校各類「弱勢學生」名冊，並將校外引進的公益輔助資源統整編配，支持各類弱勢學生，使其安心就學、有效學習，教育機會均等，一個都不少，實現教育的公平正義。

二、發展學校特色主題教育資源系統

　　目前的學校都已發展校本課程及特色教育，這些特色主題教學及活動設計與執行，最需要外部教育資源的協助與整合，如生命教育、生態教育、文史課程，就需要校外的人力、物力、自然、社區文史資源的整合協助。學校將學校本身的校本課程規劃及特色教育主題系統表列，並將引進協助

的校內外相關資源予以標示，即成為發展學校特色主題資源系統。

三、強化環境教育功能資源系統

　　學校的校園規劃、環境設施、空間美學具有潛在的教育功能，如能輔以「學習步道」的規劃及師生「智慧創客作品」的成果展示，其教育效果及影響力有時會超越部分的正式課程學習。學校藉由多元教育資源的爭取導入、系統優化校園環境設施、經營角落空間美學、布展各主題教育活動及領域（學科）智慧創客學習步道，並標示與表彰有貢獻的資源來源，即為強化環境教育功能資源系統。

四、推動優勢學習社團資源系統

　　學校社團屬半正式課程，學生參與有興趣的社團，可以誘發其優勢智能明朗化，進而培育其個人的優勢藝能專長，過有亮點的學習生涯。是以學校社團愈多元愈好，數量要能提供所有學生的需求，才能均衡地誘發不同的優勢潛能機會。學校本身的經費預算、師資專長、技藝學習設施均十分有限，需要校外的師資、公益團體、志工人力及後援會資源，統合成有效支持系統，對學校社團的經營方具有更大的績效價值。

五、開發領域（學科）智慧創客教學資源系統

　　學校教師自己的授課領域（學科）可以全面「智慧化」及「創客化」，只要教師統整思考自己的年度教學主題，必有三至五個單元適合發展成「KTAV 單元學習食譜」，選定學生學習後的「智慧創客作品」，師生的教與學都在「用智慧」→「做中學」→「有作品」→「論價值」。教師在教材編製上及做中學的實施歷程，有時須半專業資源人力、物力、財力、知識、能力、智慧資源的合作結合，學校將教師們實施授課領域單元進行

智慧創客 KTAV 教學模式教學時，協助的資源系統給予標示及必要說明，即能呈現具體之開發領域（學科）智慧創客教學資源系統。

◆ 六、規劃處室新教育（計畫）智慧創客資源系統

學校處室的核心業務在辦理統整性的教育活動及擬訂新教育計畫，帶動學校精緻卓越發展，例如：開學典禮、教學參觀日、校慶運動會、畢業典禮、學藝競賽、閱讀教育、教室布置、品格教育週等，各種屬於教育計畫主題的實施皆融入「新五倫及智慧創客教育元素」，並採行「KTAV 單元學習食譜」進行規劃、執行與評量，處室教育活動與計畫就都能在「用智慧」→「做中學」→「有作品」→「論價值」的節奏中實踐，成為規劃處室新教育（計畫）智慧創客資源系統。

◆ 七、展現親師生智慧創客作品資源系統

親師生每年都會有智慧創客作品，教師為了教學，每學期也都要指導學生動手做一至三件作品，每位學生在不同的學科（領域）教師指導之下，每學期都會有「立體實物作品」、「平面圖表作品」、「動能展演作品」、「價值對話作品」。每一學期學校皆應規劃各領域（學科）學生（含教師）的教學成果展示，每一年都應舉辦乙次智慧創客嘉年華會，舉辦作品競賽，並展現親師生「智慧人・做創客」的智慧貢獻。作品定位人生，學生作品定位學生的真實教育生涯。

陸、師生知能創價及智慧創客的實踐要領

「知能創價」有兩大主要意涵：創新自己的生命價值，以及創新教育價值。創新自己的生命價值對教師而言，在每天教「新知識技能」給學生，

教會學生就是教師最大的生命價值與教育價值。就學生而言，由於每天學習「新知識」，新知能進入身體後產生「新知能模組」，創新自己的致用知識、創新自己的經營技術、創新自己的實踐能力、創新自己的共好價值，都是在創新自己的生命價值。師生「知能創價」的意涵及實踐如圖 2-5 及圖 9-3 所示。

從圖 2-5（本書第 36 頁）可以了解，知識經由教育進入人的身體，在身體之內與既有的「本能」及「知能」產生互動，經「螺旋重組」而成新知能模組，這些新知能模組中的新元素，包括：真（致用知識）、善（經營技術）、美（實踐能力）、慧（共好價值）、力（行動意願）、行（德行作品），都是創新生命價值的新元素。其新知能模組外顯化為有價值的行為實踐（智慧人・做創客），也就是創新教育的價值。

從圖 9-3 可以了解到，「知能創價」的主要「意涵」在創新生命價值及創新教育價值，其教育實踐作為則在「教師」及「學生」身上。教師的「生命價值」在教會學生、教好學生，其「教育價值」則在創新課程、教

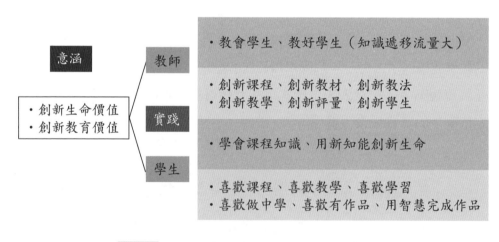

圖 9-3 師生「知能創價」的意涵及實踐

材、教法、教學、評量、學生的實施，增加知識遞移的流量，並提高教育品質。學生的「生命價值」則在學會課程知識，用新知能創新生命，其「教育價值」則為喜歡課程、喜歡教學、喜歡學習、喜歡做中學、喜歡有作品、用智慧完成作品。

「智慧創客」則是「智慧人」及「做創客」的統合名詞，亦指資源統整的效益成果，要從師生實踐「有智慧的人」以及「有作品的創客」來檢核其「到位程度」。是以「智慧創客」也有兩大主要意涵：師生積極展現服務助人、有智慧價值行為表現，以及師生的智慧創客產品比比皆是，從校園的空間、走廊、整體環境中，就可以看到師生都是「智慧人、做創客」。師生「智慧創客」的意涵及實踐，如圖 5-6 及圖 9-4 所示。

圖 5-6（本書第 97 頁）的最左側，用人的形體顯示新知能模組（真、善、美、慧、力、行）的概要位置。經由「教育政策」及學校「經營計畫」之後，可以創新個人價值及組織價值。先創新個人的五大價值（適配教育、優勢專長、人盡其才、自我實現、智慧資本），再創新組織的五大價值（集體智慧、創新產品、暢旺群組、民富國強、適配幸福）。個人價值到組織價值之間的通道關鍵是：每一個人先有個人價值，含有「智慧人‧做創客」的素養能力，方能進一步造就組織價值。兩者一致輝映，才能實現「知識教育」的目標，並創發最大的教育價值。

圖 9-4 註解了師生「智慧創客」的意涵與實踐歷程，包括：四位一體的「智慧教育」、四創一體的「創客教育」、共同的實施工具「KTAV 教學模式」，以及教學口訣（要領）：「用智慧」→「做中學」→「有作品」→「論價值」，並揭示師生智慧創客作品的四大類型。學校處室及每一領域（學科）都可實踐智慧創客教育。

圖 9-4　師生「智慧創客」的意涵及實踐

因此，學校經營師生知能創價及智慧創客可就下列大要著力實踐：(1)了解知識遞移理論，教師知道「知識」創新生命的歷程與技術；(2)學習撰寫「KTAV 單元學習食譜」，並以此為工具，用自己授課領域學科教學，實踐智慧創客教育；(3)規劃自己授課領域學科中，適合「做中學」、「有作品」的單元主題三至五個，優先設計 KTAV 教學模式；(4)學校處室幹部結合專長教師針對校本特色課程，綜合教育活動計畫設計三至五個「KTAV 單元學習食譜」，並指導學生產出三至五種智慧創客作品；(5)學校規劃定期（每季）學科（領域）教育成果（智慧創客作品）展示，以及年度師生代表作品競賽及嘉年華會。

就申請認證學校而言，無論學校的發展程度為何，「有申請比沒申請好」，因為臺北市的學校教育資源總量均已不缺，沒有統整成為「資源統整優質學校」即是行政幹部及學校教師對自己沒信心，並且沒覺察學校原本就具備潛在優質學校資源，只是沒有人站出來做好統整創價而已。「申請方案針對指標價值設定執行事項，再帶動師生積極完成」即有可能通過

認證，通過認證即可再獲得二十萬元獎金資源，代表學校教育具有品質標章且精緻卓越。「學校學習經營師生知能創價及智慧創客，是教育資源最好的統整方法，能帶動師生永續創新生命價值及教育價值」，讓學校資源統整回歸教育的本質，實現人（師生）本身的統整創價。

就主管機關〔教育局（處）及認證教授委員〕而言，「訂指標」、「做輔導」、「審方案」、「觀表現」這四個歷程本身，就是在協助學校如何創新經營「資源統整」，並付諸行動設法通過認證。筆者建議，4.0 版的認證指標確實有一定的難度，學校若有心申請，只要活用本章前面介紹的「行動研究法」及「標竿帶動法」，在幹部參加教育局（處）主辦的說明會之後，研擬申請方案就用「行動研究法」，籌組任務團隊並邀集合適的專家學者或卓越校長、主任、教師，運作有輔導人員參與的「行動研究」，必能為學校撰寫「通得過初審」的申請文案。在送出申請文案之後，不管能否順利通過初審，學校必須依據申請方案所設定的經營項目與目標，用「標竿帶動法」責由學校召集幹部及專長教師做出範例，再由團隊教師比照實踐，例如：了解知識遞移理論，設計「KTAV 單元學習食譜」，教與學「用智慧」、「做中學」、「有作品」、「論價值」的具體實踐，讓全校教師及處室至少完成智慧創客產品五十件至百件之間，應非難事。

柒、結語：資源統整 4.0 的優質學校，邁向「新五倫‧智慧創客學校」

本章概述臺北市優質學校四種版本的演進思維脈絡、優質學校 4.0 版修訂的核心理念（創新、實驗、國際化），以及資源統整向度 4.0 版的認證、項目、指標、評選標準（四個項目、八個指標及十六個評選標準）。為提供申請學校撰擬申請方案，以及準備接受「初審」、「複審」的需求，

本章註解了四大項目指標的教育價值：(1)傳承整合四代指標教育精神；(2)創新知識及能力資源教育價值；(3)開啟師生知能創價系統；(4)實踐新五倫・智慧創客學校。

　　學校經由教育資源進行「資源統整」，然後邁向「新五倫・智慧創客學校」是一教育經營的偉大工程，為了幫助學校領導幹部（含教師）促其實現，本章介紹了「資源統整」攸關的教育理念及理論共十二個，包括：(1)社會正義論；(2)鷹架理論；(3)個案管理理論；(4)精緻教育理念；(5)水平資源與垂直資源整合；(6)學習資源網絡；(7)知識教育學；(8)知識遞移理論；(9)新五倫及其核心價值；(10)智慧創客教育 KTAV 教學模式；(11)KTAV單元學習食譜；(12)新五倫・智慧創客學校的五大指標。筆者認為，沒有理論的教育是盲的，沒有實踐的教育是空的，這十二個理念及理論乃規劃實踐學校資源統整（4.0 版）共同的根。

　　本章接續介紹說明八個學校引進教育資源的方法策略，包括：(1)家長志工法；(2)承擔任務法；(3)競爭計畫法；(4)創新特色法；(5)策略聯盟法；(6)價值行銷法；(7)行動研究法；(8)標竿帶動法。前六個方法乃 3.0 版時代有效引進外部資源的方法；(7)及(8)則為因應 4.0 版的需求，有效拓展親師生「知能創價」及「智慧創客」的重要方法。筆者期待，這八個引進資源的策略運作，也能迅速幫助學校幹部，盡快掌握統整教育資源系統的要領。這些教育「資源系統」是有真實名稱與具體內涵的，本章介紹七個較顯著的系統名稱：(1)布建弱勢學生支持網絡資源系統；(2)發展學校特色主題教育資源系統；(3)強化環境教育功能資源系統；(4)推動優勢學習社團資源系統；(5)開發領域（學科）智慧創客教學資源系統；(6)規劃處室新教育（計畫）智慧創客資源系統；(7)展現親師生智慧創客作品資源系統。依筆者長期參與認證之經驗，3.0 版資源統整時代，一般學校用到三至四個方法策略，建置三至四個教育資源系統，即能通過認證。4.0 版時代，學校只要用

到四至五個方法策略及建置四至五個教育資源系統，輔以「知能創價」及「智慧創客」方式來呈現學校的行為表現，亦能順利通過認證，爭取到「優質學校（資源統整向度）」二十萬元獎金以及獎牌獎座之榮譽。

　　本章亦深入說明了師生知能創價的方向及智慧創客教育的意涵。教師的知能創價在於「教會學生」，並有新的課程、教學、教材、教法產品。學生的知能創價可以與智慧創客教育結合，由學習作品產出立體實物作品、平面圖表作品、動能展演作品、價值對話作品。也可以強調智慧價值行為的表現：登錄德行助人行為的實踐。智慧教育是實施「知識→技術→能力→價值」四位一體的教育；創客教育是推動「研發有創意學習食譜→教導能創造操作學習→建構再創新知能模組→完成做創客實物作品」四創一體的教育。新五倫（價值）教育、智慧教育及創客教育均得以共同使用 KTAV 教學模式及「KTAV 單元學習食譜」來實踐。因此，文中亦提列了「新五倫·智慧創客學校五大指標」，主張資源統整 4.0 版的優質學校就是導引申請學校邁向「新五倫·智慧創客學校」的經營，形塑新教育標竿學校。是故，4.0 版推動的第一年，學校應至少有二十件以上師生智慧創客作品來佐證學校經營的績效價值；第二年，學校應至少有三十件以上師生智慧創客作品來佐證；第三年，學校應至少有五十件以上師生智慧創客作品來佐證。第四年以後，學校應至少有六十至一百件以上師生智慧創客作品輪流在校園廊道及教室中展示。

　　「系統思考辦教育，本位經營創價值；師生盡責傳智慧，資源統整新創客」乃資源統整 4.0 版的實踐要領。

第十章　校務治理的「深層結構」
及「進升力點」分析
【智慧文明・創客文化之進升】

導論

　　教育原本沒有「教育4.0」，探討教育4.0的存有，旨在探究教育的「深層結構」及「進升力點」。「深層結構」通常是指學校「人際文化底蘊」；「進升力點」則是指學校「特質文明焦點」。本章特以校務治理（學校經營）為主題，分析示範，找出經營學校之「深層結構」及「進升力點」，供教育行政人員參照，期待每個學校都能早日鋪設「智慧文明」與「創客文化」，邁向「新五倫・智慧創客學校」，進升「教育4.0」

　　一般學校經營的校務深層結構，可從下列六項作分析：(1)優質文化與人際關係；(2)精緻環境與智慧管理；(3)校本課程與創新實踐；(4)專業素養與亮點爭輝；(5)特色品牌與優勢學習；(6)作品展示與賽會規劃。以上六項均由兩個專有名詞組成，前一個詞是真實的「深層結構」，第二個詞是次級的「深層結構」，但也含有「進升」前一個詞「力點」的意味，例如：「優質文化」是深層結構，而「人際關係」則是它的進升力點。

　　一般學校教育（校務）的進升力點，可再從下列六項作分析：(1)新價值領導策略的進升力點；(2)新計畫經營策略的進升力點；(3)新創新實驗策略的進升力點；(4)新元素組件策略的進升力點；(5)新知能創價策略的進升力點；(6)新智慧創客策略的進升力點。每一個新策略，本章都分析其四個可操作的「進升力點」，提供學校經營者參照。

壹、緒言：教育 4.0 在探究教育的深層結構及進升力點

高等教育的「學校經營」喜歡用「校務治理」及「校務研究」。「校務治理」一詞雖有其個殊的「微觀意涵」，然就其銜接鉅觀教育而言，其治理對象的「人」、「事」、「物」、「時空」都與「學校經營」、「教育管理」雷同，本章刻意採用「校務治理」，來彰顯其「微觀→鉅觀」的銜接意涵。本書第一章曾列舉「體驗學習 4.0」的進升指標：體驗學習 1.0 為「看・表象成果」；體驗學習 2.0 為「思・深層結構」；體驗學習 3.0 為「探・元素組件」；體驗學習 4.0 則為「究・進升力點」。此一體驗學習 1.0 至 4.0 的進階指標系統，充分表達了「教育 4.0」的研究有兩大目的：(1)發現教育的「核心元素」及重要「零組件」，從「元素」及「零組件」著力，優化進升其教育品質及功能；(2)探究教育的「深層結構」及「進升力點」，深耕「本位經營」，永續「擴能創新」，提高學校教育競爭力。

「進升策略篇」前四章（第六章至第九章）已針對第一大目的（元素及零組件）進行分析；本章則針對第二大目的：「探究校務治理的深層結構及進升力點」進行分析，俾使教育領導人及學校經營者，能掌握「教育 4.0」的核心價值，確實了解到自己領導教育組織的「深層結構」，並找到經營學校（組織）的「進升力點」，鋪設「智慧文明」與「創客文化」，邁向「新五倫・智慧創客學校」。

貳、教育（校務）的深層結構分析

以「體驗學習」為例，「體驗學習 1.0」是「看・表象成果」；「體驗學習 2.0」則要「思・深層結構」。「看・表象成果」（1.0）指參訪者能夠觀察得到的「學校教育績效成果」都是「具體而明顯」之「知識」，這

些看得到的「外顯知識」，事實上都是辦學績效的「表象」，也代表學校經營教育（校務治理）的「真實成果」；這些真實的「績效成果」都具有教育的「意義價值」，但要經由導覽者與參訪者進一步「詮釋、思考」。筆者將「體驗學習 2.0」訂為「思‧深層結構」，係指參訪者不但要思考「表象成果」的「意義價值」，更要思考形成此一「績效價值」的「系統結構」與「深層緣由」是什麼？深層結構係指組織底蘊的「原型」與「元素」，是形成「表象成果」的動能原因。

　　筆者將教育（校務）的深層結構，視同六個新發現的教育零組件，包含：「優質文化與人際關係」、「精緻環境與智慧管理」、「校本課程與創新實踐」、「專業素養與亮點爭輝」、「特色品牌與優勢學習」，以及「作品展示與賽會規劃」。在這六組名詞中，每一組的第一個名詞通常指真正的「深層結構」（形成表象成果的動因，也可視同為深層零組件），第二個名詞則指經營此一「深層結構」的「核心元素」，具有「進升力點」的性質與意涵，例如：第一組「優質文化與人際關係」，「優質文化」的優質底蘊常常是學校之所以具有辦學績效成果的「深層結構」；而學校領導人（校長）要經營優質學校組織文化，則須從「人際關係」著力。依此類推，逐一說明分析如下。

■ 一、優質文化與人際關係

　　文化是人類生活的總稱，學校組織文化就是學校師生「生活的整體表現」。師生有百分之八十以上的時間都用在「教與學」的互動之中（教學或學習），是以教師及學生對於「教育學習」的主流看法、參與投入程度及教育成果的綜合表現，稱為學校組織文化。學校組織文化與一般企業性質不同，一般企業有「營利創價」及「產製產品」的「生活目標」，而教育事業是一種「人教人」事業，「知識遞移」、「知能創價」才是師生的

「生活目標」。是以學校的「優質文化」是教育（校務）的第一大「深層結構」，是學校所有教育績效（表象成果）之共同「文化底蘊」：即指師生人倫綱常的行為表現都很積極正向，師生認同自己學校，師生盡責傳智慧，知識遞移流量大，每天「知能創價」，創新自己的生命價值，邁向自我實現，創新學校的教育價值，成為有效的智慧資本。

　　「優質文化」概有四大觀察指標：(1)認同學校，以校為榮：師生都喜歡自己的學校，認同學校教育的崇高價值，以身為學校的教師或學生為榮；(2)善盡本分，深耕本業：教師的本分在教會學生應備的知識，學生的本分在學會教師教學的教材知識，師生的本業在教育事業的經營，促進知識遞移的流量；優質文化的學校師生都能善盡本分、深耕本業，積極正向經營教育事業；(3)和諧互助，群組動能：教師與幹部之間和諧互助，學生與教師之間友善交融，教師與教師依授課專長領域（學科）等組成各類專業群組社群，學生的分組學習都能產生群組動能，創新教育品質及績效；(4)自我實現，智慧資本：師生都能夠在學校的教與學中充分地自我實現，活出自己；師生也都能對自己的班級及學校產生動能貢獻，大家都是有效智慧資本。上述這四大指標愈濃的學校，學校的組織文化愈優質，優質的學校組織文化是「師生心向」的實踐展現，是學校教育有績效價值的首要「深層結構」。

　　「優質文化」不會憑空驟降，它是可以經由校長及幹部努力經營而來的，其經營的「進升力點」就是「人際關係」。校長及幹部要形塑學校優質文化，可以從四大人際關係著力：(1)教師群組的人際關係（責任‧智慧）：教師是教育學生的主體，教師之間的人際群組關係直接影響學校教育動能，其核心價值在「專業責任」；各領域（學科）教師均以「專業學習社群」建置其人際交流，並激勵大家「盡責傳智慧」，學校教育自然暢旺；(2)校長（領導）與幹部之間的人際關係（賦權‧增能）：校長是學校

領導人，必須與幹部（主任、組長、領域小組召集人）共同經營學校，其良好人際關係的核心價值在「賦權與增能」；校長本人應著力「專業示範」及「系統思考」的「教導型領導」，賦予所有幹部權責，並教導其完成任務，必能帶動師生提高教育品質；(3)與學者專家的人際關係（深究・關鍵）：領導幹部要經營的第三種人際族群是「學者專家」；校務經營不難，但要找到真正的著力點，從「進升力點」著手，才能快速提高組織運作的效能與效率，專家學者的諮詢與建議，可以為學校找到「深層結構」的「元素組件」，作為學校經營的「進升力點」；(4)家長志工的人際關係（認同・參與）：校長與幹部也要經營家長志工的人際關係，要有更多的家長參與學校志工，愈多人參與愈好，家長志工人際關係的核心價值在「認同・參與」：認同學校、認同學校的校長及教師，願意奉獻一己之力參與學校專業教育工作。

二、精緻環境與智慧管理

教育（校務）的第二大深層結構是「精緻環境」，因為學校是「教學及學習」的主要場域，有精緻的環境讓師生喜愛學校，喜愛教與學，教學的效能與效率方能紮實穩定，知識遞移流量方能最大化。精緻環境係指健康安全的學校建築、系統規劃的空間配置、精緻科技的教學設施、藝術人文的校園環境，以及智慧創客的教學步道。

「精緻環境」屬於「硬體＋軟體」建設，它是「物」所「系統重組」的「教育零組件」，其主要功能在支持學校開展優質的教育行為，本身是「不動」的，要學校的師生善用它，才能真正發揮教育的功能，是以學校有了「精緻環境」為深層結構（基礎）之後，它的進升經營的著力點在「智慧管理」。運作智慧科技的管理來增進「物盡其用」與「事畢其功」，方能全面提升教育的品質及競爭力。

　　學校領導人（校長及幹部）除了優先布建學校精緻教育環境外，應推動學校重點教育設施之「智慧管理」，得參照下列作為（進升力點）：(1)盤點學校「設備資本」：包括學校的樓地板面積，重要設施如音樂館、禮堂、體育館、科學教育館、視聽室、藝文教育專科教室、領域學科社團專科設施、校本課程設施等，並用分類資訊系統進行登錄與智慧管理（使用記載及定期分析）；(2)列管學校的重點設備使用頻率：如運動場、禮堂、專科教室、藝文教室、校史館、圖書館等；小型學校列管二十大設施，中型學校列管五十大設施，大型學校（大學）則列管百大教育設施，定期分析這些學校「設備資本」實際的「被使用」情形；(3)策訂重點教育設施年度使用計畫：責由總務處聯合課發會領域小組、社團指導教師，共同策訂學校重點教育設施年度使用計畫，逐年提高重要設施的「被使用率」，用精緻環境的實際教育來暢旺學校，提升教育品質；(4)推動「智慧人・做創客」的智慧管理：每一重點教育設施均結合各領域（學科）及社團教學，定期展出師生的智慧創客作品，讓大家看見師生的教育動能及績效價值；這些師生智慧創客作品一併列在設備系統裡進行管理，提供後續使用本設施的師生參照，作為「傳承創新」的基石。

三、校本課程與創新實踐

　　學校教育（校務）的第三大深層結構是「校本課程」的普及化。臺灣自 2000 年頒布「國民中小學九年一貫課程綱要」起，鼓勵學校開展「學校本位課程」，導引教師進行「課程統整」教學，是以各級學校均有 5～20％的學校本位課程，每位教師都有自編主題教學教案或自編教材（五個主題教學至百個以上主題教學教案，甚至自編講義、出版教材都有，唯普及化及卓越化程度落差大，尚未有明確標準）。校本課程是指以學校之學生為主體，結合學校教師專長與社區教育資源所發展的課程及主題教學教材，

是教師「課程統整」的實踐，也是學校教師為學校學生「價值最大化」的「創新教學」實踐。是以校本課程愈多愈好，校本課程優質化與價值化就會成為學校教育的特色，也會成為師生自我實現及有效智慧資本的動能因素，「校本課程」普及化是興旺學校的第三個深層結構。

「校本課程」的「進升力點」在於教師的「創新實踐」，激勵教師依循自己的教育專業專長，在班級經營上創新實踐、在課程上創新實踐、在教學方法上創新實踐、在教材上創新實踐、在教學評量上創新實踐，都可以迅速累增學校本位課程，並能夠快速開展學校教育特色。學校領導人（校長及幹部）的經營要領得參照下列作為（進升力點）：(1)統整社區教育資源系統：定期公告學校社區可用的多元教育資源，包括：人力資源、物力資源、財力資源、自然資源、文史資源、科技資源及智慧資源，激勵教師連結使用，開發校本課程；(2)激勵教師每年創新班級經營計畫及領域（學科）教學計畫：教師要教學一輩子，每年教導的學生雖然不同，但課程教材的使用，宜配合學生的年級進升，每年一個循環，為了持續提升教育品質，教師對於自己任教的班級，每年宜有創新的「班級經營計畫」及「領域（學科）授課計畫」，並且要求自己每年要有 10％左右的「本位課程」融入；(3)激勵教師直接採用 KTAV 教學模式教學：採 KTAV 教學模式教學可以實踐「智慧教育」、「創客教育」、「價值評量教育」，同時也是校本課程的「創新實踐」；每位教師就其授課單元主題，每年開發三至五個「KTAV 單元學習食譜」，據以創新實踐教學，學生就有一至三個智慧創客作品，得以呈現校本課程的績效成果；(4)激勵教師智慧管理自己開發的「KTAV 單元學習食譜」及學生優秀的系列智慧創客作品：教師的智慧創客作品是「KTAV 單元學習食譜」，是校本課程的一種；學生的智慧創客系列作品，則是校本課程的績效成果；教師針對優質作品進行智慧管理，對於校本課程的傳承創新貢獻最為具體。

四、專業素養與亮點爭輝

學校教育（校務）的第四大深層結構是學校教師的「專業素養」。所謂「有怎樣的教師，就會有怎樣的學校」，「學校不一定要有現代化的環境設備，但一定要有好的老師」。現代化的文明國家，都重視「師資培育」，對於各級學校教師的「標準條件」規範愈來愈高。就臺灣而言，中小學教師的專業素養包括：(1)大學畢業以上學歷，並有全面碩士化的趨勢；(2)修畢教育專業學程學分（小學、特教 40 學分，中學 26 學分）；(3)通過教師師資檢定考試；(4)完成 4 學分實習；(5)通過正式教師甄試。大學教師的專業素養包括：(1)具有博士學位；(2)具有學術領域專長系列研究及著作；(3)符合應聘授課（研究）專長領域（或學門）；(4)通過學校教師遴聘考驗。

臺灣各級學校的師資培育，出現了培育過剩的現象：「流浪教師滿街跑」，每年從北考到南，都要考五、六年才能取得正式教師資格，被學校聘用；「大學博士也滿街跑」，先找到兼課機會，公私立學校到處兼課，但要被聘用為「專任正式教師」十分困難，部分大學還發明了另一個機制，即聘為「專案教師」，但專案教師也不一定有輔正機會。就「進用的難度」觀察，臺灣各級學校教師的「教育競爭力」應該提升許多，學校的各項動能貢獻應該最為活絡暢旺。但事實不然，臺灣整體教育的「士氣」、「能量」最為低迷，形成最大的弔詭與挑戰。筆者認為，這是臺灣教育機制「現代化」適應困難所致，也是對於教師「專業素養」界定不足所造成的結果。「素養取向」教育的 2019 年新課綱，如果對於「素養能力」再界定不足、混淆使用，教育的「低迷」現象將會由教師身上直接擴展到學生身上，會長期看不到真實的「教育品質」與「競爭實力」。

「專業素養」係指教師實踐教育有價值行為的「專業修養元素」，它

是教師的內在「新知能模組」，建構這一新知能模組的元素包含：「致用知識（真）」、「經營技術（善）」、「實踐能力（美）」、「共好價值（慧）」、「行動意願（力）」及「德行作品（行）」六大元素的「系統重組」，是師資培育階段中，教育學程「教學知識」進入「未來教師」身體後，經由「知識遞移」、「知能融合」及「知能創價」所建構的「新知能模組」。尚存在身體之內者（看不到），稱之為「專業素養」，可以外顯化、成為大家看得見的有價值教育行為，則稱之為「專業能力」，因此「素養」與「能力」係一體兩面，內隱的知能（知識）稱素養，外顯的知能（知識）則稱為能力。「專業素養」之所以成為暢旺校務的第四大深層結構，係指學校教師願意將自己的「專業素養」外顯化，就自己的優勢專長點亮教育事業的領域（學科）教學或技藝運動社團之指導，並且多數的教師「亮點爭輝」，大家都對學校教育有個殊貢獻，共同暢旺學校的教育品質與競爭力。

是以從教師「專業素養」的深層結構，來經營暢旺校務的「進升力點」，在於如何激勵教師們「亮點爭輝」。學校領導人（校長及幹部）得參照下列作為：(1)進行個別化願景領導：教師要教學一輩子，是以校長及幹部在公開場合及私下個別對話，宜進行個別化願景領導，激勵教師個人的生命願景及這一輩子的最大貢獻為何？可以激勵個人的教育願景銜接學校的教育願景，在學校中指導學生，亮點爭輝，自己自我實現，也產生有效智慧資本；(2)依教師專長及意願排課：讓教師教自己想教的課程，讓教師的優勢專長都可以有明確的舞臺得以發揮，也讓學生得到最有價值的教育，師生都有機會亮點爭輝；(3)賦予優勢專長教育任務：如指導學生參加國語文競賽、合唱比賽、科學展覽、各項運動賽會、節目展演、智慧創客作品展示等，以教育學生之卓越表現來呈現師生亮點爭輝；(4)獎助開發智慧創客作品：配合智慧教育、創客教育新時代的來臨，獎助教師直接使用

「KTAV 單元學習食譜」，指導學生開發智慧創客作品，用作品實踐「專業素養」，用作品表達教育「績效價值」，實現「新五倫‧智慧創客學校」。

五、特色品牌與優勢學習

學校教育的第五個深層結構是已經發展完成的「特色品牌教育」，例如：臺北市的優質學校是指「學校領導」、「行政管理」、「教師專業」、「課程發展」、「師資教學」、「學生學習」、「創新實驗」、「校園營造」及「資源統整」九個向度，任何一項學校獲得評選通過，就是該向度的「特色品牌學校」，某一項獲得評選通過，其他向度也會被帶動，兩、三年內即可通過三、四項優質特色學校認證。甚至最卓越的學校，可以在四、五年內獲得整體金質獎（九項全數通過）。又如：新北市的「特色之星學校」、教育部的「空間美學特色學校」、「校長領導卓越獎」、「教學卓越獎」，學校一獲獎，就成為有「特色品牌學校」，其獲獎的教育主題，就成為他校交流參訪（學習）的對象，也成為媒體競相報導具有特色教育的學校，全校師生引以為榮，是學校生員持續湧入選讀的原因所在，是學校教育競爭力的深層結構。

特色品牌教育經營的進升力點在「優勢學習」，領導人（校長及幹部）從學校師生的「優勢學習」著力，即可開展學校各類特色品牌教育（含校本課程）。是以領導人經營的要領得參照下列作為：(1)推動新教育 111：由原來的「一校一特色、一生一專長、一個都不少」進升到「一班一特色、一師一卓越、一生一亮點」；(2)實驗「優勢學習」的德育：以新五倫的核心價值為基礎，由學生自訂「行為規準」並登錄其有價值的「實踐作為」；(3)實施學校「智慧創客教育計畫」：激勵班級導師及各領域（學科）教師使用「KTAV 單元學習食譜」，直接進行智慧教育、價值教育、創客教育，

師生都經由優勢學習，留下智慧創客作品；(4)推動「點亮優勢專長計畫」：激勵學校師生經由優勢學習，策訂自己的「點亮優勢專長計畫」，誘發個人的「優勢智能明朗化」，搭建自己最有價值的 KTAV（知識→技術→能力→價值），進升自己的專門專業知能。

六、作品展示與賽會規劃

學校教育的第六個深層結構是學校師生都有系列的「作品展示」，用師生的作品展示教育的績效成果，用系列的教育作品展示學校教育的特色與趨勢，用系列的教育作品彰顯學校教育追求的教育核心價值，用系列的教育作品展示師生「知識、技術、能力、價值」的運用水準及能量。作品展示成為暢旺學校的「深層結構」之一，師生都在思考其「主題單元」的教與學，如何有效運作其「知識、技術、能力、價值」，並做出具有「系統結構」的作品出來：用作品來展示自己的有效學習，用作品來統整新舊的學習成果，創新自己的知識，創新自己的生命，也創新教育的實境。

「作品展示」成為學校教育（校務）發展的深層結構之後，其經營「進升力點」在於「賽會規劃」。學校領導人應責由幹部及領域（學科）召集人、社團指導教師、班級導師就「學校本位」、「班級本位」、「領域（學科）本位」、「社團（主題）本位」及「校際（參賽）本位」做好「年度賽會規劃」。年度賽會規劃時程表定期公告學校師生周知，帶動學校師生有計畫的教學、有計畫的產出教育作品、有計畫的參展參賽、有計畫地傳承創新教育的作品價值。

學校經營「作品展示」的賽會規劃要符合下列四大指標（進升力點）：(1)每一處室、每一學科（領域）、每一社團（團隊）每年都至少有一次師生作品展示，並按月展示不同主題；(2)以年度優秀作品展為基礎，籌組校際聯展賽會；(3)舉辦「智慧創客嘉年華會」，規範全校師生選送一至三件

作品參展參賽；(4)實施畢業生在畢業週，同時展示其畢業代表作品十件，並以智慧型手機及電腦簡介其作品的意涵及價值。

參、教育（校務）的進升力點分析

本書揭示「教育 4.0」的教育遠景——新五倫・智慧創客學校，同時更強調「鉅觀的教育」（整體）及「微觀的教育」（分項、議題），都可以覺察設定其 1.0 至 4.0 的「任務指標」，並找出其「進升力點」，設法從各分項教育或議題主題教育，優化其「零組件」或「核心元素」。探究其「深層結構」及「進升力點」，從進升力點經營使力，便可以逐步連結微觀教育到鉅觀教育，提升教育現況的級別，由教育 1.0 邁向教育 2.0，由教育 2.0 進升到教育 3.0，再由教育 3.0 進升為教育 4.0，創新學校教育的新文明與文化。

本章前述「教育的深層結構分析」，已經針對六大教育的深層結構兼敘其「進升力點」分析，例如：「優質文化」的進升力點在「人際關係」；「精緻環境」的進升力點在「智慧管理」；「校本課程」的進升力點在「創新實踐」；「專業素養」的進升力點在「亮點爭輝」；「特色品牌」的進升力點在「優勢學習」；「作品展示」的進升力點則在「賽會規劃」。就鉅觀的教育經營而言，其共通的進升力點，筆者（鄭崇趁，2012）曾有「七大經營策略」之論：願景領導策略、組織學習策略、計畫管理策略、實踐篤行策略、創新經營策略、資源統整策略，以及價值行銷策略。每一策略均分四節，並敘明具體操作事項四至六項，都是可參照的進升力點。為順應教育 4.0「新零組件」與「核心元素」，以及經營學校教育深層結構的「進升力點」，筆者系統重組成下列六大經營策略進行「進升力點」分析，說明如下。

🔹 一、新價值領導策略的進升力點

　　筆者出版《知識教育學：智慧人‧做創客》（鄭崇趁，2017）一書，第四篇為「價值詮釋篇」，共有六章，分別詮釋「知識的教育價值」（第十九章）、「技術的經營價值」（第二十章）、「能力的實踐價值」（第二十一章）、「價值的人生意涵」（第二十二章）、「智慧的共榮價值」（第二十三章），以及「創客的定位價值」（第二十四章）約六萬字，詮釋「人的價值」、「教育的價值」及「知識的價值」，尤其是「知識」經由「教育」進入人的身體之後，知識對人所產生的教育價值：「知識為本位的教育」、「知識含技術的教育」、「知識組能力的教育」、「知識展價值的教育」、「知識能遞移的教育」、「知識成智慧的教育」，以及「知識達創客的教育」。「新價值領導策略」即學校領導人用「知識價值化」的「價值對話」來領導師生共同經營學校教育之謂。

　　配合「教育4.0」新五倫‧智慧創客學校經營上的需求，新價值領導策略更需關注下列「進升力點」的價值領導：(1)新五倫的價值及其行為規準的研發；(2)智慧教育的價值及其實施步驟；(3)創客教育的價值及其四創一體的教學流程；(4)主題教育價值評量的運用及回饋歷程；(5)KTAV教學模式的價值及「KTAV單元學習食譜」的使用；(6)「新知能模組說」的價值與應用；(7)「知識遞移說」的教育價值及「解碼→螺旋→重組→創新」的要義；(8)「知能創價說」的歷程與價值；(9)智慧創客教育指標的價值分析；(10)智慧創客作品的類別與價值詮釋。新價值領導就是從教育的新方法策略進行價值詮釋領導，領導同仁（師生）認同這些新教育覺識（含方法策略）的價值，願意實踐這些「進升力點」，共同經營教育事業，帶動教育文明的階層進升。

二、新計畫經營策略的進升力點

從「教育計畫 4.0」的核心元素及重要零組件來看：計畫 1.0 為「有計畫」，計畫 2.0 為「好計畫」，計畫 3.0 為「優計畫」，計畫 4.0 為「旺計畫」。新計畫經營策略是指學校領導人針對學校教育發展需求，運用 2.0 至 4.0 計畫的重要零組件及核心元素，策定學校中長程計畫及學校主題式計畫。運作這些計畫，帶動學校精緻發展；運作這些新計畫，提升教育品質價值；點亮學生優勢亮點，促成教師自我實現，統整人民集體智慧。

學校的新計畫經營策略，應優先關注（結合）本書「實踐計畫篇」（第十一章至第十六章）所揭示的六大新教育計畫（進升力點）：(1)教育 4.0：新五倫‧智慧創客學校試辦計畫（第十一章）；(2)新五倫價值教育實施計畫（第十二章）；(3)創客教育實驗學校實施計畫（第十三章）；(4)國民教育輔導團智慧創客教育實施方案（第十四章）；(5)學校智慧創客教育學生百樣作品研發計畫（第十五章）；(6)畢業生十件智慧創客作品展示試辦計畫（第十六章）。這些「新計畫」的重要零組件及核心元素的系統結構，在「實踐計畫篇」的各章節都已提供重要範例，教育部、直轄市政府教育局、縣市政府教育局（處）及各級學校，均可直接參照使用，幫助學校邁向教育 4.0，成為新五倫‧智慧創客學校。

三、新創新實驗策略的進升力點

臺北市優質學校的評選「4.0 版」增加了「創新實驗」向度，此一向度的四個「項目」及認證指標，如表 10-1 所示（臺北市政府教育局，2017）。

表 10-1　臺北市優質學校評選「創新實驗」項目及認證指標

項目	指標
1. 創新思維	1.1 引導前瞻的教育願景與創新價值。 1.2 強化整全的科技整合與系統思考。
2. 創新策略	2.1 激發創新的策略開展與綜效作為。 2.2 善用多樣的變通方法與創新作為。
3. 創新成果	3.1 展現豐碩的創新成果與整體績效。 3.2 打造優質的學校品牌與典範價值。
4. 創新分享	4.1 創造具突破性的變革與可複製的模式。 4.2 共組合作的夥伴學校並擴散創新實驗的經驗與成果。

　　教育界已然混用「創新實驗」或「實驗創新」，臺北市的優質學校 4.0 版指用創新來進行實驗，將實驗教育的主軸定位在「銜接創新的教育」（進升力點為八大認證指標）；使用「實驗創新」的學者，則將「實驗教育」列為創新教育的作為之一，強調重大的創新教育作為（如新理論、新教材、新方法、新工具等進升力點）最好要有實驗（試辦）的教育檢證，有好的績效成果、再予以擴能增產，甚至全面倡導。因此，「新創新實驗策略」亦含括「新實驗創新策略」，係指教育領導人帶動師生運作「創新知識」與「實驗新知」，交互作用，積極開發新理念、新思維、新理論、新方法、新課程、新教材、新計畫、新實踐，期待知識學習，經由活教育、創價值，師生都是智慧人・做創客。

四、新元素組件策略的進升力點

　　智慧型手機是工業 4.0 的代表產品，智慧型手機的功能日新月異，真實地創新人類生活的文明與文化。在工業 2.0 以上的國家，人民生活已離不開各大廠牌的新款手機，智慧型手機多從其「零組件」及「核心元素」

來優化功能，提高市場競爭力。筆者於 2012 年起發表的系列專書著作，包括：《教育經營學：六說、七略、八要》（2012）、《校長學：成人旺校九論》（2013）、《教師學：鐸聲五曲》（2014）、《家長教育學：「順性揚才」一路發》（2015）、《教育經營學個論：創新、創客、創意》（2016）、《知識教育學：智慧人‧做創客》（2017），以及本書《教育4.0：新五倫‧智慧創客學校》（2018）共七本，統稱為「經營教育之學」，前四本旨在「系統思考新教育，本位經營創價值」，屬於進升教育 3.0 的專書，其中的六說、七略、八要、九論、五曲（二十章），以及《家長教育學：「順性揚才」一路發》中的「一觀」、「六說」、「八論」，都是優化過的「新零組件」，是帶動學校教育 2.0 至 3.0 的「進升力點」。

後三本旨在「開展知識新價值，進升教育新文明」，「知識價值成智慧，師生創客新五倫」，屬於進升教育 4.0 的專書，其發現教育的「核心素養」具有六大元素：「真‧致用知識」、「善‧經營技術」、「美‧實踐能力」、「慧‧共好價值」、「力‧行動意願」、「行‧德行作品」，這些元素建構的新教育「零組件」包括：「新知能模組說」、「知識遞移說」、「知能創價說」、「新五倫」、「智慧教育」、「創客教育」、「文明的進升性」、「文化的含容性」、「教育 4.0」、「鉅觀教育的 1.0 至4.0」、「微觀教育的 1.0 至 4.0」等，這些新零組件可以反映（註解）學校教育的「深層結構」及經營上的「進升力點」，優化學校教育品質，進升為教育 4.0 的學校，成為新五倫‧智慧創客學校。

因此，「新元素組件策略」係指教育領導人認同「經營教育之學」發現的教育「核心元素」及新教育「零組件」（專有名詞），領導學校教師運用這些新零組件及元素，優化經營教育事業之謂，包括：創新課程教材、創新教學模式（KTAV 教學模式）、創新價值評量、創新智慧創客、創新作品展示、創新智慧管理、創新知識遞移、創新活的教育、創新價值教育。

師生都是智慧人，師生都是做創客；開展知識新價值（知識價值化），進升教育新文明（教育4.0）。

![icon] **五、新知能創價策略的進升力點**

「知能創價」是新的教育名詞，首次出現在臺北市優質學校評選4.0版的「資源統整」向度上。資源統整 4.0 版的四大評選項目為：「親師合力」、「資源系統」、「知能創價」及「智慧創客」。在這四個評選項目中，「知能創價」及「智慧創客」都是新教育名詞。知能創價是指「知識」與「能力」融合後，進一步產生創新價值的行為，包括創新生命的價值及創新教育的價值。廣義的知能創價則指本書第二章的「知能創價說」，人的「知能」能為自己的生命及教育創新價值，其主要歷程包括：「知識學習」→「知能融合」→「知能創價」→「智慧創客」。「知能創價說」連同「知識遞移說」及「新知能模組說」三者，係建構「核心素養」的關鍵零組件（請見本書第二章）。

新知能創價策略，係指教育領導人運用「知能創價」的原理學說帶領師生，成為學校教育經營策略之一，領導教師認識知識教育學，了解「知能創價」原理，強化教育及教學活動的「知能創價」績效，營造「智慧人‧做創客」的校園情境，開展「活教育‧創價值」的新學校文化。新知能創價策略的力點，在引導身上的「知」及「能」所融合創造的「價」是什麼，例如：清晨碰到熟識的人會彼此問安，「知」是熟識的人，「能」是會說話，「問安」具有共好的價值；又如：捷運司機會開捷運，創造了滿足「市民運動」的價值，其個人的「知」是「機電專業知識及操作技術」、「捷運系統結構及能量輸出系統知能」，「能」則包括自己操控捷運的能力，以及捷運（物）本身的能力，知能有效融合，才能創價。

「新知能創價策略」的有效經營，應關注下列四大事項（進升力點）：

(1)領導師生了解「知能」，創新「生命」的真實點：在人的生命中，「新知能模組」內的「致用知識（真）・K」、「經營技術（善）・T」、「實踐能力（美）・A」及「共好價值（慧）・V」任何一個元素被更新，生命就是新的；(2)指出師生創新「教育」的具體事務：如教師的新課程、新教材、新方法、新「KTAV 單元學習食譜」、新教具、新作品；學生的做中學、有作品、論價值、得獎勵，都是知能創價的具體成果；(3)校內外教育資源統整，得以暢旺師生知能創價：臺北市優質學校評選「資源統整」向度 4.0 版就是最佳範例，校內外教育資源經由教師的「知識資源」及「能力資源」統整創價，績效價值最高；(4)知能創價的目標在「智慧人・做創客」：師生有價值的行為表現就是知能創價，有價值行為的人（具德行）就是智慧人，有價值的作品產出就是做創客，「智慧人・做創客」就是師生知能創價的新教育目標。

六、新智慧創客策略的進升力點

新智慧創客策略，係指教育領導人實施智慧教育及創客教育來經營教育事業，帶領學校成為新五倫・智慧創客學校（教育 4.0）之謂。其中，智慧教育係「知識→技術→能力→價值」四位一體的教育；創客教育包含四大步驟：(1)研發有創意的學習食譜；(2)教導能創造的操作學習；(3)建構再創新的知能模組；(4)完成做創客的實物作品。「智慧教育」、「創客教育」及「價值教育」均可共同使用 KTAV 教學模式來實施，K 指「知識」（Knowledge），T 指「技術」（Technology），A 指「能力」（Ability），V 指「價值」（Value）。四大欄位建構成新五倫・智慧創客教育單元學習食譜，簡稱「KTAV 單元學習食譜」，得以依單元主題引導教師統整實施「智慧教育」、「創客教育」及「新五倫（價值）教育」。

新智慧創客策略的實施猶應關照下列事項（進升力點）：(1)詮釋智慧

教育及創客教育的意涵與價值：智慧創客教育是當代教育顯學，它們都有明確的流程步驟，是培育「智慧人‧做創客」最有價值的教育；(2)激勵教師使用「KTAV 單元學習食譜」進行單元教學，用 KTAV 教學模式來實踐智慧創客教育；(3)定期舉辦處室領域（學科）師生的智慧創客作品聯展，激勵師生用作品展現自己的優勢亮點；(4)建置學校智慧創客作品網站及師生作品分享平臺，智慧管理學校師生的各類優質作品，作為傳承創新基地。

肆、結語：「深層結構」及「進升力點」之掌握，成為校務治理的核心知識及技術

深層結構是組織的文化底蘊，本章分析學校教育組織（校務治理）的六大深層結構，包括：「優質文化與人際關係」、「精緻環境與智慧管理」、「校本課程與創新實踐」、「專業素養與亮點爭輝」、「特色品牌與優勢學習」及「作品展示與賽會規劃」。這六大組名詞，每一組的第一個詞係真實的「深層結構」，第二個詞則可謂經營此一深層結構之「進升力點」，例如：從「人際關係」經營，可以「擴能、進升」優質文化。從「智慧管理」經營，可以「擴展、進升」精緻環境教育功能。

進升力點是經營組織動能、提升教育品質的著力點，深層結構類似「重要零組件」，進升力點則類似「核心元素」，且意味著可以「進升組織動能」的核心元素。從鉅觀的教育經營層面而言，這些可以「進升組織動能」的核心元素，又具有共通的「新零組件」趨勢，筆者用「新經營策略」來統整命名這些共通的「進升動能元素」。本章的「進升力點」分析，就介紹了六大新經營策略及其進升力點，包括：「新價值領導策略」、「新計畫經營策略」、「新創新實驗策略」、「新元素組件策略」、「新知能創價策略」及「新智慧創客策略」，這些「進升動能策略」及其「進升力點

運作」可以帶動學校教育 2.0 進升到 3.0，也可以帶動學校教育的微觀教育
（分項、議題）由 3.0 優先再進升到 4.0，推進教育的新文明與文化。

第三篇
實踐計畫篇：新動能

教育新動能　進升新教育
　　主題計畫　優化　教育新組件元素
　　主題計畫　活化　教育新知能創價
　　主題計畫　創化　教育新文明系統
　　主題計畫　深化　教育新文化底蘊
轉動　新教育　智慧創客資本

新主題計畫的進升領導

學校教育

目標・學制
師資・設施
政策・法令
課程・教材
教學・領航
文化・學生

（新覺識）
2.0→3.0

主題計畫
3.0→4.0

主題方案
（新方法）

目標	策略	項目
	一、 __，__	(1) (2) (3)
__，__，__；	二、 __，__	(4) (5) (6)
__，__，__。	三、 __，__	(7) (8) (9)
	四、 __，__	(10) (11) (12)

〈新動能・新價值〉

第十一章　教育 4.0：新五倫・智慧創客學校試辦計畫【範例】

導論

　　本章示範撰擬了一個邁向「教育 4.0」的完整試辦計畫，提供給縣（市）教育行政人員或學校行政幹部參考，以作為擬訂縣（市）推動方案計畫或學校實施計畫時的基本「版本」。這一版本中的「計畫目標」、「經營策略」及「執行項目」來自本書第四章中關於校長領導新航向的實踐作為，當時教育界開始在談「教育 4.0」的想像及建構，筆者原來的表 4-1 及圖 4-3「進升定名」為：「教育 4.0：新五倫・智慧創客學校試辦計畫綱要」。本章則「進升撰寫」完整的計畫格式及精確內容，以作為範例，期能激發「教育 4.0」的「新動能」。

　　本章在「計畫目標」及「經營策略」附註了「撰寫技術」提示，就計畫目標而言，目標最好要用「段落完成」，內容包含「小策略」及「小目的」，本計畫目標共以六句話完成，由四個「小策略」和兩個「小目的」建構而成，唸起來具有旋律感或節奏感。

　　「經營策略」撰寫的核心技術（要領），大要有四：(1)要銜接目標的小策略：本計畫的「目標」有四個小策略，本計畫的「經營策略」就要有四個完整的策略以為銜接；(2)每一個策略通常用兩句話完成，兩句話要有因果關係，第一句是因，第二句是果；(3)策略之間的邏輯介面要清晰，例如：本計畫的四個策略是「遞移理論」→「價值實踐」→「集體智慧」→「創客作品」，是啟動教育 4.0 事務最核心的「策略（動能）」。

壹、計畫緣起

工業 4.0 對於人類文明與文化的傳承創新被大家所歌頌：工業 1.0（約自 1776 年起）將人類的生活文化帶入「機械化時期」；工業 2.0（約自 1870年起）則進升為「電氣化時期」；工業 3.0（約自 1950 年起）則又進升至「自動化時期」；工業 4.0（約自 2010 年起）則開始邁向「智慧化時期」。工業 4.0 的發展對於教育的啟示有四：(1)文明普及化之後成為文化，文明是指由知識分子（精英）先享有的階級，其普及化成為多數人共同享有的生活，就稱為文化；(2)文明具有「進升性」，文化則具有「含容性」。進升性的文明代表具有階段性主體的進升，1.0 之後進升 2.0，2.0 再進升 3.0，3.0 再進升 4.0。含容性則指同一族群（國家）中有的生活在 1.0，有的在 2.0，也有的在 3.0，有的則在 4.0。愈文明的國家，3.0 及 4.0 的人之比率較高；文明愈緩慢的國家，多數人停留在 1.0 至 2.0 之間，僅有少數人進升到 3.0 或 4.0，此之謂文化的含容性；(3)教育對於人類文明與文化的傳承創新功能應遠大於「工業革命」，教育的鉅觀（教育機制）及微觀（經營任務）事項，如能設定其 1.0 至 4.0 的「任務指標」及「進升力點」，則學校教育的經營也可以獲致類似「工業 4.0」的帶動效果；(4)探討學校教育的「零組件」、「深層結構」及「核心元素」，經營優化這些「進升力點」，即能幫助學校成為 3.0 及 4.0 教育的學校（參考鄭崇趁，2018b）。

從鉅觀視角看學校教育的整體發展，教育 1.0 指「書院、私塾教育時期」，教育目的在「脫文盲」與「求功名」；教育 2.0 指「學校教育公共化、普及化時期」，在臺灣的發展約自 1968 年實施九年國教起算，教育目的在培育「知識人」與「社會人」；教育 3.0 指「特色品牌學校教育時期」，在臺灣的發展約自 2000 年政府公布「國民中小學九年一貫課程綱要」起，鼓勵學校開發「校本課程」並經營「學校特色」，教育目的在培育「獨特人」與「永續人」；教育 4.0 則指「新五倫・智慧創客學校時

期」，臺灣教育約自 2020 年起，「素養取向」的教育帶動四大教育趨勢：
特色教育、價值教育、智慧教育及創客教育，一個學校中同時實施這四種
教育內涵者，就稱之為「新五倫‧智慧創客學校」。

　　我國各縣市之教育實境，整體而言，約在 2.0 至 3.0 之間，總平均約為
（2.2～2.8），就個別分項教育而言：校長領導（2.5）、教師素養（2.2）、課程
教學（2.2）、教育特色（2.6）、計畫經營（2.5）、教材教法（2.3）、學生學習
（2.4）、智慧創客（2.0）。亟待結合教育四大趨勢，從特色教育、價值教
育、智慧教育及創客教育的實施，規劃學校「素養導向」教育的系統整合，
解析學校文化的「深層結構」，依循「素養」的核心元素及教育新零組件，
經營「進升力點」，提高各分項教育（微觀）的績效價值（成果），讓進升
到 3.0 及 4.0 的師生增多（比例提高），帶動推進教育的新文明與文化。

　　因此，宜邀集教育領導人、學者專家、績優校長、主任及教師，參照
《教育經營學個論：創新、創客、創意》（鄭崇趁，2016a）、《知識教育
學：智慧人‧做創客》（鄭崇趁，2017）及本書《教育 4.0：新五倫‧智慧
創客學校》，並以「學校本位」為基點，策訂本計畫，期能每年至少有十
校試辦「教育 4.0」計畫，優先進升為「新五倫‧智慧創客學校」。

貳、計畫目標

探究知識遞移理論，開展教育價值實踐，
　　〈小策略①〉　　　　〈小策略②〉
示範知識價值領導專業經營模式；
　　　　〈小目的①〉
啟動師生集體智慧，展示教學創客作品，
　　〈小策略③〉　　　　〈小策略④〉

推行智慧創客領導創新教學作為。

〈小目的②〉

參、經營策略

一、分析知識遞移技術，增益師生知識遞移質量

〈因〉銜接小策略①〈果〉

二、論述單元教育價值，導引師生實踐價值教育

〈因〉銜接小策略②〈果〉

三、探討智慧模組元素，啟動師生集體創價智慧

〈因〉銜接小策略③〈果〉

四、實施智慧創客教學，展示師生教學創客作品

〈因〉銜接小策略④〈果〉

肆、執行項目

教育 4.0：新五倫・智慧創客學校試辦計畫（綱要）

計畫目標	經營策略	執行項目
探究知識遞移理論，開展教育價值實踐，示範知識價值領導專業經營模式；	一、分析知識遞移技術，增益師生知識遞移質量	1. 成立教師「知識教育學」讀書會或專業學習社群。 2. 教學知識遞移理論及其核心技術。 3. 激勵教師試擬二至三個單元的KTAV單元學習食譜。 4. 鼓舞教師就其授課領域（學科）編製五至十個 KTAV 單元學習食譜及學生智慧創客作品。

計畫目標	經營策略	執行項目
啟動師生集體智慧，展示教學創客作品，推行智慧創客領導創新教育作為。	二、論述單元教育價值，導引師生實踐價值教育	5. 教學教育核心價值及價值設定技術。 6. 分享單元教學價值論述。 7. 實施單元教學價值評量。 8. 連結德智體群美教育價值行動與教學。
	三、探討智慧模組元素，啟動師生集體創價智慧	9. 教學「新知能模組」的建構與內涵。 10.探討個人智慧及集體智慧的動能實踐。 11.規劃師生集體智慧實踐項目及實踐方案。 12.實施「新五倫及其核心價值」的品德實踐。
	四、實施智慧創客教學，展示師生教學創客作品	13.智慧管理教師領域（學科）KTAV單元學習食譜及師生作品。 14.定期（每學期）展示師生智慧創客教學作品。 15.鼓勵師生送件參加智慧創客作品嘉年華會及競賽活動 16.展示畢業生每位十件智慧創客代表作品。

伍、執行內容

一、成立教師「知識教育學」讀書會或專業學習社群

4.0 的校長要實施「知識價值領導」及「智慧創客領導」，這兩大新航向立基於「知識教育學」的新發現。知識進入人身體後的變化與重組結果，

唯有知識教育學才能合理的說明與論述，是以全校教師宜以「讀書會」或專業學習社群方式，進修研習「知識教育學」的核心知識及技術，布建「知識遞移」理論，實踐素養能力與優質環境，俾利「知識價值領導」及「智慧創客領導」的啟航。

二、教學知識遞移理論及其核心技術

知識遞移理論用「知識解碼」→「知識螺旋」→「知識重組」→「知識創新」來詮釋「知識含技術」、「知識組能力」、「知識展價值」等的學理，其核心技術的熟悉與運用，是教師實踐「特色教育」、「價值教育」、「智慧教育」及「創客教育」的基石。校長應聘請學者專家或由自己專業示範，向全校教師教學知識遞移理論及其核心技術，增益教師專業知能，使其能夠編撰「KTAV 單元學習食譜」，並指導學生完成智慧創客作品。

三、激勵教師試擬二至三個單元的 KTAV 單元學習食譜

教師實施「知識價值領導」學生以及「智慧創客領導」學生，最佳之工具為「KTAV 單元學習食譜」，校長在前兩個項目執行後，宜順勢激勵學校教師試擬二至三個單元的「KTAV 單元學習食譜」，幫助教師練習掌握以「知識遞移說」理論及其四大步驟之核心技術，來編撰「KTAV 單元學習食譜」，並規劃「單元教學」時希望學生完成的「實物作品」名稱，以可能的作品，回饋本單元教學的績效價值。

四、鼓舞教師就其授課領域（學科）編製五至十個KTAV 單元學習食譜及學生智慧創客作品

「用智慧（KTAV）」、「做中學」、「有作品（做創客）」、「論價值」，是教師採行「KTAV 單元學習食譜」的最大特點。校長應激勵每位

教師就其授課領域（學科），針對「課綱」教學單元的規劃，就國小、國中、高中全學程，規劃編製五至十個「KTAV 單元學習食譜」及學生智慧創客作品（如每學期一至二個），以學生智慧創客作品回饋探討其「新知能模組」的優化與成長。

五、教學教育核心價值及價值設定技術

價值教育的實施是臺灣當前最需要的，教師們也最難掌握價值教育的方法與技術。校長應結合學者專家教導全校幹部及教師「核心價值」的成因及其在課程、教學、任務、活動上的運用（設定技術），然後說明核心價值如何幫助品德教育及情意教學的具體實踐。唯有教師們了解「價值」的人生意涵，才得以實施真實妥適的「價值觀教育」。

六、分享單元教學價值論述

教師的「價值教育」也是需要學習的，最好的學習方法是教師同儕間的「交互學習」。是以校長應安排全校「所有教師」在課程發展委員會中，針對自己參與的「領域小組」選擇單元主題，分享自己單元教學的價值論述，並交互對話、對焦產生更為精準的單元「核心價值」，其他教師再依此「聚焦的價值」，規劃執行自己的單元教學。

七、實施單元教學價值評量

校長激勵教師使用「KTAV單元學習食譜」，作為單元教學之後的「價值評量」，其價值評量可從兩方面進行：第一方面針對「教師本人」，教師自行檢討填入本單元教學真正教給學生的「知識」、「技術」、「能力」、「價值」為何？價值包括知識藝能的遞移價值；另一方面則可用在「學生身上」，在單元教學結束前五至十分鐘，帶領學生針對本單元之三

大面向價值進行對話討論：作品的價值、歷程的價值、整體教育（共好）的價值。

八、連結德智體群美教育價值行動與教學

微觀知識的價值在教育個人的智慧，鉅觀知識的價值則在啟動集體智慧。從微觀到鉅觀價值的連結統整最難，教師們要能夠系統思考五大類知識（物理現象的知識、生命系統的知識、事理要領的知識、人倫綱常的知識、時空規律的知識）或五育的知識（德、智、體、群、美）之串聯統整，用 KTAV（真、善、美、慧）的新知能模組建構，方得以整合個人智慧到集群智慧間的一致性，教導學生人類真實的價值。

九、教學「新知能模組」的建構與內涵

素養導向的教育強調內隱知識「新知能模組」的建構。新知能模組的核心元素：「真（致用知識）」、「善（經營技術）」、「美（實踐能力）」、「慧（共好價值）」，如何模組化，其與知識遞移理論的核心技術如何連結，校長應聘請學者專家指導教學各領域小組教師探究實踐，教師方能指導學生運作智慧學習方式完成相對應（適配度高）的實物作品。

十、探討個人智慧及集體智慧的動能實踐

集體智慧是個人智慧的累積與加乘，有時集體智慧的貢獻度遠大於個別智慧的總和，其關鍵事物在「團隊動能」能帶動「個人投入」與「校準方法」。是以校長領導作為，要實施「個別化願景領導」，個別與每位教師對話，激勵成全教師個人的自我實現，再建議規劃學校最適化的「專業成長社群」，藉由兩者的動能實踐，增進個人智慧及集體智慧的貢獻度。

十一、規劃師生集體智慧實踐項目及實踐方案

校長宜針對學校之「課程」、「教學」、「教材」、「環境」、「社團」、「領域」為本位，規劃師生各種型態的優勢學習及實踐任務小組，策訂實施方案及實踐目標，籌措資源，給予必要經費及時空支持，激發師生個別智慧及集體智慧的產能及貢獻度。集體智慧的實踐項目宜以校本課程及學校特色作為優先項目。

十二、實施「新五倫及其核心價值」的品德實踐

新五倫優化人倫綱常知識的現代化分類，其主要內涵包括：第一倫「家人關係」，其核心價值是「親密、依存」；第二倫「同儕關係」，其核心價值是「認同、共榮」；第三倫「師生關係」，其核心價值是「責任、智慧」；第四倫「主雇關係」，其核心價值是「專業、創價」；第五倫「群己關係」，其核心價值是「包容、博愛」。新五倫之核心價值得選為學校中心德目，據以發展年級「行為規準」（三條），然後貼在每個班級的布告欄上，由教師融入教學，整合品德教育及情意教學。

十三、智慧管理教師領域（學科）KTAV 單元學習食譜及師生作品

教師編撰的「KTAV 單元學習食譜」以及師生作品，須逐年精緻化。是以校長應在學校建置智慧管理平臺，蒐集管理所有教師各領域（學科）教學，以及各處室教師編製的學習食譜及師生智慧創客作品，由專人統整編輯為「教師個人系統」、「領域（學科）系統」、「處室主題系統」、「校本特色系統」等類別，並逐年優選年度五十件代表作品或一百件代表作品。

十四、定期（每學期）展示師生智慧創客教學作品

校長指定各處室及課程發展委員會各領域小組及運動才藝社團，每學期定期展示師生智慧創客教學作品（學習成果展），激勵全校師生每人至少有一件作品參展（至多三件），以自己的智慧創客作品，來表達個人這段時間學習「智慧人‧做創客」的具體成果，並給予績效價值詮釋。師生作品展示會得依領域（學科）個別舉行或聯合舉辦。

十五、鼓勵師生送件參加智慧創客作品嘉年華會及競賽活動

師生的智慧創客作品概分四大類：立體實物作品、平面圖表作品、動能展演作品、價值對話作品。師生的作品愈多愈好，校長應鼓勵師生送件參加各種競賽選拔活動，優秀獲獎作品給予標示，當作期末學校智慧創客嘉華會的特展櫥窗展品；再激勵師生實施智慧管理，保存學習食譜及優秀作品，以作為傳承啟後的作品。

十六、展示畢業生每位十件智慧創客代表作品

各級學校畢業典禮當天，除了領畢業證書（大學生、碩士、博士加移穗）之外，如能在當天（含前後一週）同時展出畢業生每個人十件智慧創客代表作品，並且由畢業生用手機或電腦介紹自己的代表作品，則畢業典禮的精彩度及豐富度，能夠勝往昔十倍、百倍。國小展十件，國中展十件，高中展十件，大學也展十件，這些作品就是選擇適配事業的觀察指標。人的一生包括有四大類作品：生兒育女作品、學習作品、事業作品、育樂作品，這些作品共同定位人一生的價值。

上述十六個項目的執行內容，也可用圖 11-1 來呈現其計畫綱要。

策略一、分析知識遞移技術，
　　　　增益師生知識遞移質量

1. 成立教師「知識教育學」讀書會或專業學習社群。
2. 教學知識遞移理論及其核心技術。
3. 激勵教師試擬二至三個單元的 KTAV 單元學習食譜。
4. 鼓舞教師就其授課領域（學科）編製五至十個 KTAV 單元學習食譜及學生智慧創客作品。

策略二、論述單元教育價值，
　　　　導引師生實踐價值教育

5. 教學教育核心價值及價值設定技術。
6. 分享單元教學價值論述。
7. 實施單元教學價值評量。
8. 連結德智體群美教育價值行動與教學。

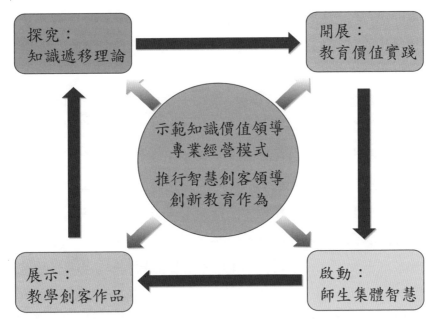

策略四、實施智慧創客教學，
　　　　展示師生教學創客作品

13. 智慧管理教師領域（學科）KTAV 單元學習食譜及師生作品。
14. 定期（每學期）展示師生智慧創客教學作品。
15. 鼓勵師生送件參加智慧創客作品嘉年華會及競賽活動。
16. 展示畢業生每位十件智慧創客代表作品。

策略三、探討智慧模組元素，
　　　　啟動師生集體創價智慧

9. 教學「新知能模組」的建構與內涵。
10. 探討個人智慧及集群智慧的動能實踐。
11. 規劃師生集體智慧實踐項目及實踐方案。
12. 實施「新五倫及其核心價值」的品德實踐。

圖 11-1　教育 4.0：新五倫‧智慧創客學校試辦計畫（綱要）

陸、執行要領（配套措施）

1. 縣市成立「教育 4.0 規劃推動委員會」，由教育局（處）長召集主持，邀集學者專家、參與實驗試辦學校校長、主管科室科長、督學為委員，按季開會，審議核定學校試辦計畫，並定期指導教育 4.0 學校的實踐事項。

2. 試辦學校成立「教育 4.0：新五倫・智慧創客學校執行小組」，針對當前四大教育趨勢：新五倫（價值）教育、特色實驗（創新）教育、智慧（國際）教育，以及創客（知識）教育，策訂學校「教育 4.0 試辦計畫」，並依核定內容，執行各項重點工作事務。

3. 學校「教育 4.0 任務執行小組」要結合處室行政人員暨領域（學科）課程專長教師（學科召集人），共同規劃班級、領域（學科）及處室一起配合的教育 4.0 計畫，明確執行工作事項與標準、要領，例如：處室及領域（學科）「KTAV 單元學習食譜」的「主題單元教學」及智慧創客作品類型（名稱）；又如：處室及領域（學科）師生作品成果展示質量規劃。

4. 學校處室及領域（學科）小組應與「知識教育學」專長的專家學者及 KTAV 教學模式的專業實務工作人員，密切諮詢聯絡，早日（3～6 個月內）策訂五大事項具體作法：(1)處室五至十項「智慧創客教育」活動名稱及學生作品定名；(2)領域（學科）五至十大教學主題及學生智慧創客作品類別（名稱）；(3)學生系列智慧創客作品、教師主題教學，以及學校教育特色、校本課程之課程統整事宜；(4)對於畢業生展出十件代表作品的產出方式與智慧展示、管理、傳承創新的建議事項；(5)議定學校「新五倫的核心價值」以及選用為中心德目的「價值」德目，以作為開展學生「行為規準」、實施「智德融合」

教育的有效措施。

5. 學校「教育 4.0 任務執行小組」每週開會一次，研議學校「教育 4.0：新五倫‧智慧創客學校試辦計畫」，迄計畫奉教育局（處）核定後，每月召集會議一次，會議中由處室主任（組長）及學科（領域）小組召集人（或專長教師）輪流報告重點計畫事項執行進度與價值回饋。必要時，得邀請專家學者及督導（輔導）委員參與會議，提供必要的「諮詢與輔導協助」。

6. 學校建置「教育 4.0：新五倫‧智慧創客學校」智慧管理平臺、智慧管理試辦計畫、分項工作執行成果、師生智慧創客作品系統、教育資源系統（「KTAV 單元學習食譜」範例）、教學對話諮詢平臺，並依處室、領域（學科）系統建檔作品風貌及價值說明（理念及核心技術運用），傳承創新學校教育 4.0 的核心教育事項。

7. 學校試辦「教育 4.0：新五倫‧智慧創客學校」計畫，每半年向教育局（處）主管科（室）彙報實施績效成果一次，試辦期程超過一年，實施績效價值卓越經督學推薦，主管科（室）會同學者專家訪視核實者（達成計畫標準），由教育局（處）頒給學校「教育 4.0：新五倫‧智慧創客學校」匾額及獎牌，以示獎勵及榮典。

柒、經費需求：15 萬元（試辦一校之經費）

1. 書籍資料費：購買知識教育學、智慧創客教育專業書籍，以及蒐集印製專業資料文獻，供專業社群教師使用。每一人 500～1000 元／次，預列 10～20 人，共預列 1～2 萬元。

2. 專業社群運作費：學校成立教師專業社群二至四個，推動實踐教育 4.0 核心事務；6 人以下社群，每一社群運作經費為 5000 元，8～12

人社群，每一社群運作經費為 1 萬元。二至四個社群（二小二大），共預列 2～3 萬元。

3. 師生作品材料費：師生教學的立體實物作品、平面圖表作品、動能展演作品、價值對話作品，得視需要向學校申請作品材料費補助，核實支給，共預列 4～6 萬元。

4. 郵電雜支費：教育 4.0 核心事務與各專業社群運作之郵電、交通、文件、紙張、文具等雜支費用，共預列 1～2 萬元。

5. 諮詢輔導費：共預列 3～5 萬元。

　　標準：授課演講費：每小時 2000 元×（8～12 小時）。

　　　　　諮詢輔導費：每小時 1000 元×（10～20 小時）。

　　　　　會議出席費：每次 2500 元×（4～6 次）。

6. 總計：每校總經費 15 萬元整。

捌、預期成效：實現教育 4.0：新五倫‧智慧創客學校五大指標

1. 學校採用新五倫及其核心價值作為品德教育及情意教學的核心元素，融合智育及德育，實踐素養取向教育。

2. 全校教師都能了解運用「知識遞移理論」，據以編撰「KTAV 單元學習食譜」。

3. 處室組員及教師能針對自己的授課領域（學科）或任務責任，編撰五至十個「KTAV 單元學習食譜」及師生智慧創客作品。

4. 師生每年均有一至三件智慧創客作品參展或參賽。

5. 應屆畢業生均能展出十件智慧創客代表作品。

第十二章　新五倫價值教育實施計畫【範例】

導論

　　本章因應「素養取向」的教育，撰擬一個「品德教育」進升的「主題式教育計畫」範例，計畫名稱定為「新五倫價值教育實施計畫」，適用於縣（市）層級，也適用於學校層級。這個計畫在「計畫緣起」中，說明了「新五倫」的來源及時代背景緣由，也提到二十個新五倫的核心價值，這是學校推動品德教育及價值教育的「新元素」，可以作為優質計畫三大核心零組件：計畫目標、經營策略及執行項目撰寫內容的核心素材。

　　本計畫的執行項目用系統結構呈現，將計畫目標、經營策略及執行項目一起呈現，代表三者的「關係緊密」，是具有「系統結構」的「優計畫」（3.0）。其中，計畫目標及經營策略的銜接技術請讀者參照第十一章之導論，本導論針對執行項目與經營策略的銜接要領（技術），「進升闡明」兩點：(1)執行項目是經營策略的具體實踐，每個策略通常要有二至四個執行項目（本計畫每策略有三項）；(2)執行項目的三個事項要有「群集效果」，足以實踐目標策略的意圖。

　　本計畫示範了優質教育計畫的另一個重要零組件：「執行要領」（配套措施）。計畫的配套措施包括計畫的四個次級系統：「推動組織」、「運作方式」、「品保機制」、「績效獎勵」。「推動組織」整合學校執行人力系統，「運作方式」設定實踐方法步驟，「品保機制」建置檢核回饋品質保證績效，「績效獎勵」在啟發計畫實踐新動能。期待教育人員都熱衷

於學生的品德教育，也都能實踐正確的核心工作事項。就品德教育而言，「做對事」比「努力做」更重要。

壹、計畫緣起

教育 4.0 的學校指「新五倫・智慧創客學校」。「新五倫」接續我國「五倫之教」的主張，是素養取向教育及德育（情意教學）的基石。當代社會的人際關係，需要「新五倫」來界定，鄭崇趁（2014）主張用新五倫及其核心價值來作為學校品德教育的中心德目，並發展其「行為規準」作為學生實踐的方向及操作力點。新五倫及其核心價值內涵，如表 12-1 所示。

表 12-1 新五倫及其核心價值摘要表

新五倫		核心價值
第一倫	家人關係	親密、觀照、支持、依存
第二倫	同僚關係	認同、合作、互助、共榮
第三倫	師生關係	責任、創新、永續、智慧
第四倫	主雇關係	專業、傳承、擴能、創價
第五倫	群己關係	包容、尊重、公義、博愛

學校推動「新五倫教育」之策略有四：(1)新願景領導策略：直接將新五倫的核心價值作為願景（Vision）或核心價值（Core Value）；(2)新環境教育策略：如牆壁布展、建物布展、堡壘布展及步道布展，多使用新五倫的核心價值；(3)新計畫實踐策略：如本計畫即將學校須辦理事項，以新主題式計畫方式，加以策訂、核定後系統執行；(4)新活動統整策略：如將新五倫的分類及其核心價值，在各種慶典及學術活動中，融入論述及表演表達，寓教於樂。學校推動「價值教育」之策略亦有四：(1)價值論述策略：

論述事務本身的價值、論述辦好這事的價值、論述完成實踐的生命價值、論述潛在價值之存有；(2)價值回饋策略：如會議價值回饋、分享價值回饋、績效價值回饋、競賽價值回饋；(3)價值評量策略：如評量本單元完成作品之價值、評量本單元學習教師教學之價值、評量本單元教育之價值、創新生命之價值、可能的潛在價值；(4)價值實踐策略：學校教育活動中都能「揭示價值」→「體認價值」→「實踐價值」→「創新價值」，此謂之價值實踐策略（請參考本書第六章）。

　　品德是素養的基礎，是以素養取向教育重視德育的進升與情意教學的改善。學生品德教育理論探源在於「好習慣」與「服務心」的加乘，用「素養取向」的術語來表達，就是內隱「新知能模組」的建構，以及外顯「好價值行為」的實踐。內隱的「新知能模組」由「服務心」的價值慧能領導建構；外顯的「好價值行為」由公認的「好習慣」導引實踐；經由人與他人互動的「新五倫」人際類別，開展「核心價值」所應實踐的「行為規準」。師生依循「新知能模組說」、「知識遞移說」及「知能創價說」（如本書第二章）統整結合「智育」及「德育」教學，共同經營「新五倫・智慧創客學校」。

　　為整合實踐「十二年國民基本教育課程綱要」之規範運作「素養取向」教育理念，從「價值教育」著力，啟動「知能融合」及「知能創價」；導引「智慧教師」編製智慧教材，執行智慧教學，教導「智慧學生」；激勵「創客教師」編撰創客教材（KTAV），實施創客教學，培育「創客學生」，師生都用「智慧人・做創客」來實踐「新五倫教育」及「價值教育」。縣（市）宜邀集核心幹部，德育、智育、計畫領域專長學者專家暨優秀學校教育領導人，針對「校本」（縣本、市本）經營的最需要，策訂本實施計畫，並優先選定「觀照」、「支持」、「合作」、「互助」、「創新」、「永續」、「傳承」、「擴能」、「尊重」、「公義」十大核心價

值，作為學校品德教育中心德目之用，開啟「新五倫・智慧創客學校」，邁向教育 4.0。

貳、計畫目標

探討人倫綱常知識，詮釋當代人際類別，

　　〈小策略①〉　　　　　〈小策略②〉

開展新五倫品德教育；

　　〈小目的①〉

建置價值教育情境，推動價值教學評量，

　　〈小策略③〉　　　　　〈小策略④〉

實踐新價值素養文化。

　　〈小目的②〉

參、經營策略

一、研究知識價值，統整人倫知能

　　〈因〉銜接小策略①〈果〉

二、創新人際群組，賦予倫理價值

　　〈因〉銜接小策略②〈果〉

三、活絡價值情境，領航價值意識

　　〈因〉銜接小策略③〈果〉

四、實踐價值教學，遞移價值素養

　　〈因〉銜接小策略④〈果〉

肆、執行項目

新五倫價值教育實施計畫（綱要）

計畫目標	經營策略	執行項目
探討人倫綱常知識，詮釋當代人際類別，開展新五倫品德教育； 建置價值教育情境，推動價值教學評量，實踐新價值素養文化。	一、研究知識價值，統整人倫知能	1. 成立「知識教育學」讀書會或專業學習社群。 2. 激勵教師進行「新五倫」融入教學行動研究。 3. 提示教師均衡「五大類知識」的教育及學習。
	二、創新人際群組，賦予倫理價值	4. 運用新五倫的核心價值為中心德目。 5. 研發中心德目（新五倫）核心價值之各年級行為規準。 6. 激勵教師編製新五倫價值教材。
	三、活絡價值情境，領航價值意識	7. 推動新五倫教育月，布展新五倫價值情境。 8. 舉辦新五倫價值學藝競賽活動。 9. 選拔「智慧人・做創客」年級學生達人及領域績優學生。
	四、實踐價值教學，遞移價值素養	10.實施新五倫價值教育之班級經營。 11.推行「KTAV單元價值評量」教學。 12.建置學校「新五倫價值教育」智慧傳承創新平臺。

伍、執行內容

一、成立「知識教育學」讀書會或專業學習社群

　　新五倫教育乃人際關係的倫理價值教育，在知識的類別中屬「人倫綱常的知識」。校長及教師在學校中欲推展新五倫價值教育，先要成立「知

識教育學」讀書會或教師知識教育學專業學習社群，共同研究知識的性質、教育的本質，以及「知識」進入人身體之後的「知識生命歷程」，探究「致用知識（真‧K）」、「操作技術（善‧T）」、「實踐能力（美‧A）」及「共好價值（慧‧V）」的存有、滋長，以及其代表的素養、能力、智慧、創客等諸多意涵。

二、激勵教師進行「新五倫」融入教學行動研究

　　新五倫的人際類別分類及其核心價值的研發與實踐，需要學校教師永續經營，其最佳策略得由校長、幹部或領域（學科）召集人帶動或激勵教師，將「新五倫」的主題直接作為年度教學行動研究之主題，例如：「家人關係」核心價值及行為規準行動研究、「同儕關係」核心價值及行為規準行動研究、「師生關係」核心價值及行為規準行動研究、「主雇關係」核心價值及行為規準行動研究、「師生核心價值」融入社會領域教學行動研究、「同儕核心價值」融入藝文領域教學行動研究等皆是。運作教師行動研究，實踐新五倫價值教育。

三、提示教師均衡「五大類知識」的教育及學習

　　教育在啟動生命系統的知識學習五大類知識：物理現象的知識、事理要領的知識、生命系統的知識、人倫綱常的知識、時空律則的知識，五大類知識不可偏廢，且要適時地「主題統整」教學，尤其「時空律則的知識」及「人倫綱常的知識」是美育及群育的基石。學校領導人宜提示所有教師，將這兩類「知識」適度融入「課程設計」、「班級經營計畫」及「主題單元教學」，讓學生在「班級本位」、「課程內容本位」及「教學運作本位」時，均能獲致「均衡」而「統整」的五大類知識，創新學生生命價值，實踐學校「全人發展」之教育。

四、運用新五倫的核心價值為中心德目

　　新五倫的核心價值可以持續研發，學校得就已經發現的二十個核心價值中，優先選用為學校的中心德目，例如：「觀照」、「支持」（家人關係）；「合作」、「互助」（同儕關係）；「創新」、「永續」（師生關係）；「傳承」、「擴能」（主雇關係）；「尊重」、「公義」（群己關係）。除向全校師生講解「中心德目」的主要意涵，並公開揭示各年級（段）學生的三條「行為規準」，發送年級行為規準，由各班班長貼在各班級教室布告欄，供師生融入教學及實踐，並提示激勵班級導師，適度規劃此一中心德目的班級經營活動，帶領班級學生實踐新五倫的核心價值。

五、研發中心德目（新五倫）核心價值之各年級行為規準

　　行為規準係師生實踐品格教育的具體行為指標，每一個中心德目（新五倫核心價值）宜研發開展一至三條：第一條是「好習慣」，第二條是「服務心」，第三條可選用歷代名人佳句。是以學年主任應在暑（寒）假備課時段，即邀集同年級導師，針對學校選用的中心德目（新五倫核心價值），討論商訂年級學生實踐的「行為規準」，並用書法或電腦軟體製作配合中心德目的行為規準，交由學務處「智慧管理」，配合學校年度行事曆，妥為運用。

六、激勵教師編製新五倫價值教材

　　激勵教師依據新五倫的核心價值及「各年級行為規準」編製教材，如「八百字故事」、「生活品德實踐專輯」、「學習品德實踐專輯」、「人倫品德實踐專輯」、「新五倫之名人語錄」等具體教材。這些具體教材，亦得由教師組成「品德教材研發小組」，用「行動研究」方式或「焦點團

體」運作，蒐集網路資料及國內外品德教育資訊媒材，系統重組，編撰成符合「新五倫」之「核心價值」及「行為規準」之系列教材，建置於學校品德教育專區網頁，提供學校師生選用。

🔲 七、推動新五倫教育月，布展新五倫價值情境

學務處結合輔導室，在暑期備課商定學校行事曆時，設定上下學期各有一個月為「新五倫教育月」（執行兩年後，可以調整為每年一個月）。在新五倫教育月時，每次設定三至五個「新五倫品德教育重要活動」，並集中在這個月實踐完成，包括：(1)新五倫「核心價值」情境布置，校園中有中心德目的主要意涵及實踐規準的標語、情境繪製；(2)實踐核心價值說故事比賽，由同學分享品德實踐，宣揚新五倫的核心價值；(3)舉辦品德教育作文比賽及書法比賽的詩詞、名人語錄；(4)舉辦「好習慣」、「樂助人」楷模學生選拔及社區服務營隊；(5)學校指定專人「智慧管理」所有品德教育活動計畫、執行成果、師生得獎作品、系統公告網頁，並作為學校情境布展之教材。

🔲 八、舉辦新五倫價值學藝競賽活動

學校四處（教務、學務、輔導、總務）主任應運用暑期學校備課時間，商定學校全學年度行事曆。在決定行事曆之前，宜召集聯席行政會議，統整規劃學校重大慶典教育活動、親師家長教育活動、藝文品格競賽活動暨校內外教育展覽及各類競賽主題教育，將這些賽會展示教育活動，依「德、智、體、群、美」分類，並規劃整併為「系列教育主題」展示競賽活動，增進德育教育、智育教育、體育教育、群育教育及美育教育的師生實踐價值，德育、群育、美育部分再以「新五倫及其核心價值」之實踐為考量，融入各種成果展示及賽會活動中強化，例如：「孝親歌曲」演唱、「生命

故事相聲」表演、「價值實踐」話劇演出、「價值詩文」領唱、「新五倫親職教育日」等，將新五倫及其核心價值融入各種學藝競賽實施計畫中，並占全校綜合競賽展演活動的三分之一至四分之一之間。

九、選拔「智慧人・做創客」年級學生達人及領域績優學生

新五倫價值教育得以用正式課程（校本課程）明確（外顯而具體）帶動師生積極實踐，然更重視它與整體教育的課程統整。師生能將新五倫的價值實踐直接經由「智慧人・做創客」表達出來更為重要，代表師生都能經由「活教育」而「創價值」。是以學校應制定「智慧人・做創客」學生達人選拔獎勵要點（或實施辦法），依年級及領域（學科）選出「智慧創客（含新五倫價值）教育」績優學生，定期表揚並要求得獎者必須在網頁上分享得獎感言，以及其在「智慧行為」、「創客作品」、「價值詮釋」、「新五倫實踐」上的具體表現與得獎價值。經學生票選最優前三名（網頁按讚數據分析），得安排於公開慶典活動中分享，促動楷模標竿學習效果。

十、實施新五倫價值教育之班級經營

學校召開「級任導師」會議，激勵教師將「新五倫及其核心價值」之實踐，融入年度「班級經營計畫」之中。各班級之班級經營計畫，至少要有一個「經營策略」屬「德育及情意教學」，內含三項執行事項；德育策略中要有「新五倫」的趨勢之意，且至少要有兩項在實踐新五倫之「核心價值」及「行為規準」。運作班級經營計畫，導引全校師生落實實踐「中心德目」（新五倫）之「核心價值」及「行為規準」，孕育新時代之責任公民。

📍 十一、推行「KTAV 單元價值評量」教學

「KTAV 單元學習食譜」係推動「智慧教育」、「創客教育」、「新五倫價值教育」之綜合實踐工具。KTAV的「價值（V）」欄位，設定了單元教學結果的「價值評量」事項，教師在執行單元教學結束前，宜據以推行「價值評量」。單元之價值評量內容，包括：作品價值、學習價值、教學價值、教育價值及生命價值的論述、回饋、省思與檢核策進。依循「KTAV 單元學習食譜」進行「單元價值評量」，能夠落實實踐「價值教育」，孕育師生「微觀」到「鉅觀」統合的明確「核心價值觀」教育，增益價值素養能力。

📍 十二、建置學校「新五倫價值教育」智慧傳承創新平臺

新五倫價值教育需要永續經營並持續傳承創新，學校應責由教務處及學務處，聯合建置「新五倫價值教育」智慧傳承與創新網路平臺，由教務處統整規劃並提供德育及情意教學有關新五倫價值之教育及資訊媒體系統，由學務處配合中心德目之實施，藉由網路網頁公告：「新五倫的核心價值」及「行為規準」、各項教育活動及競賽展演資訊、實施計畫及得獎作品、獲獎師生感言及對話互動訊息，共同智慧傳承「新五倫及其核心價值」，永續創新師生的生命價值及當下師生的教育價值，導引師生在實踐新五倫價值教育之同時，邁向智慧人、做創客、新領導、優教師、能家長及行國民，也都成為新教育時代的「責任公民」。

上述十二個項目的執行內容，也可用圖 12-1 來呈現其計畫綱要。

策略一、研究知識價值，
　　　　統整人倫知能

1. 成立「知識教育學」讀書會或專業學習社群。
2. 激勵教師進行「新五倫」融入教學行動研究。
3. 提示教師均衡「五大類知識」的教育及學習」。

策略二、創新人際群組，
　　　　賦予倫理價值

4. 運用新五倫的核心價值為中心德目。
5. 研發中心德目（新五倫）核心價值之各年級行為規準。
6. 激勵教師編製新五倫價值教材。

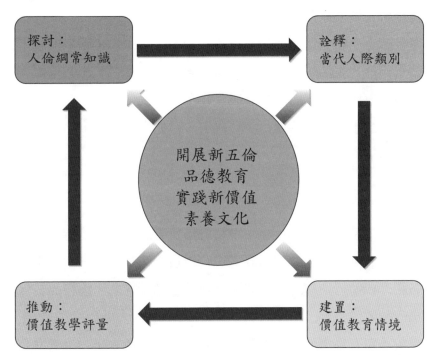

策略四、實踐價值教學，
　　　　遞移價值素養

10. 實施新五倫價值教育之班級經營。
11. 推行「KTAV 單元價值評量」教學。
12. 建置學校「新五倫價值教育」智慧傳承創新平臺。

策略三、活絡價值情境，
　　　　領航價值意識

7. 推動新五倫教育月，布展新五倫價值情境。
8. 舉辦新五倫價值學藝競賽活動。
9. 選拔「智慧人・做創客」年級學生達人及領域績優學生。

圖 12-1　新五倫價值教育實施計畫（綱要）

陸、執行要領（配套措施）

一、推動組織

1. 縣市成立「品德教育推動小組」，參照「新五倫及其核心價值」內涵，策訂事項及各級學校之「新五倫價值教育實施計畫」，依計畫實施新五倫價值教育。

2. 學校成立「新五倫價值教育推動委員會」，由校長召集四處主任、教學組長、生活組長、訓育組長、各領域（學科）小組召集人及學年主任參與，審議討論教務處及學務處共同擬訂之「新五倫價值教育實施計畫」，並依執行項目內容，承擔克責實踐事項，落實學校新五倫價值教育。

二、運作方式

1. 縣市「品德教育推動小組」策訂縣市實施計畫時，雙週開會一次；縣市新五倫價值教育實施計畫頒行以後，按季開會一次，指導所屬各級學校執行進程，並檢討重要事項之執行方式，控管品質保證，提升績效價值。

2. 學校「新五倫價值教育推動委員會」按月集會一次，由處室及領域（學科）小組召集人彙報「新五倫價值教育實施計畫」之核心事務執行進度及績效價值討論，並解決執行的衍生問題，貫徹計畫目標。

三、品保機制

1. 學校教師讀書會及專業學習社群運作集會時，教師進行行動研究及本計畫核心事務之推動，得聘請學者專家或資深優質校長、主任、

教師到校輔導，協助學校掌握事理要領（SOP），有效實踐策略目標。

2. 縣市「品德教育推動小組」暨學校「新五倫價值教育推動委員會」集會時，得商請諮詢顧問直接參加會議，提供計畫執行衍生問題的有效解決方法策略，或者提供進升計畫執行績效價值方法策略。

3. 縣市「品德教育推動小組」得依計畫帶動需求，簽請縣（市）長核定「新五倫價值教育諮詢輔導團」，結合國內學者專家及品德教育績優實務人員，共同輔導帶動各級學校品德教育及情意教學之進升。

四、獎勵績效

1. 申請辦理「新五倫價值教育實施計畫」的績優學校，經由學區督學推薦，教育局（處）指定「新五倫價值教育諮詢輔導團」派員核實，由縣（市）長頒給「新五倫價值學校」匾額，以資獎勵。

2. 獲頒「新五倫價值學校」匾額的學校，學校有功人員由縣（市）政府敘獎表揚。

柒、預期成效

一、量的績效

1. 學校成立有關「知識教育學」及新五倫教育的行動研究、教材研發專業學習社群三至五個，學校教師有 20％以上人員參與。

2. 學校選定八至十二個新五倫的核心價值作為品德教育中心德目。

3. 學校依據「中心德目」研發學生年級「行為規準」各三條。

4. 學校選定 10 月或 3 月為「新五倫教育月」，集中校園情境布置並推

動三至五項品格教育及競賽活動。

5. 學校有 80％以上教師將「新五倫價值教育實施計畫」之核心工作融入「班級經營計畫」實踐，也有 80％以上教師進行「KTAV 價值評量」教學。

6. 學校選拔「智慧人・做創客」品德達人，每班一人，每領域年級一人，均給予公開表揚。

7. 學校建置完成「新五倫價值教育」智慧管理平臺，有 50％以上師生曾經使用。

二、質的價值

1. 師生了解新五倫及其核心價值的意涵，樂於實踐。

2. 師生知道人倫綱常知識的重要，重視生活及學習好習慣，並關照互動共好的服務心。

3. 教師習慣使用「KTAV 單元學習食譜」，帶領學生進行教育活動及單元教學之價值論述與實踐，師生增進明確的正向價值觀。

4. 師生能夠認同學校，認同自己家人、教師及同學，經營合宜的人際、群組關係，追求適配幸福人生。

5. 學校價值教育整合德育及智育，培育順性揚才的五育開展，並具有優勢專長的學生，成為「智慧人・做創客」。

捌、經費需求：10 萬元（試辦一校之經費）

1. 書籍資料費：購買知識教育學、新五倫道德教育、智慧創客教育專業書籍，以及蒐集印製專業資料文獻，供專業社群教師使用。每一人 300～700 元／次，預列 10～20 人，共預列 0.6～1.2 萬元。

2. 專業社群運作費：學校成立教師專業社群二至四個，推動實踐新五倫價值教育核心事務；6 人以下社群，每一社群運作經費為 3,500 元，8～12 人社群，每一社群運作經費為 6,500 元。二至四個社群（二小二大），共預列 1.2～2 萬元。

3. 師生作品材料費：師生教學的立體實物作品、平面圖表作品、動能展演作品、價值對話作品，得視需要向學校申請作品材料費補助，核實支給，共預列 2.5～4 萬元。

4. 郵電雜支費：新五倫價值教育核心事務與各專業社群運作之郵電、交通、文件、紙張、文具等雜支費用，共預列 0.6～1.2 萬元。

5. 諮詢輔導費：共預列 2～3.5 萬元。

標準：授課演講費：每小時 2,000 元×（8～12 小時）。

諮詢輔導費：每小時 1,000 元×（10～20 小時）。

會議出席費：每次 2,500 元×（4～6 次）。

6. 總計：每校總經費 10 萬元整。

第十三章　創客教育實驗學校實施計畫【範例】

導論

　　本章示範如何推動學校的「創客教育」，以及創客教育實驗的「目標」、「策略」及「項目」如何「設計」，然後明確地寫出其具體「執行內容」。本計畫是一般「自造者教育計畫」的進升，其進升點有三：(1)用「創客」教育深耕「自造者」教育，創客更符合教育之本質；(2)進升為一般教師都可參與實踐的「普及化創客教育」，每一領域（學科）及每一處室的教育活動都可以設計師生一起做創客；(3)進升使用 KTAV 教學模式及「KTAV 單元學習食譜」來導引創客教育的實踐，創新創客的教育價值。

　　本計畫為學校的創客教育設計了「四大經營策略」及「十六項執行項目」，關鍵的經營力點有四：(1)教師要掌握「知識遞移理論」與「創客教育」的融合，學理能夠串聯實務；(2)教師要熟練四創一體的創客教育：「研發有創意的學習食譜」→「教導能創造的操作學習」→「建構再創新的知能模組」→「完成做創客的實物作品」；(3)教師能為自己授課領域（學科）選定五至十個主題單元，優先編製「KTAV 單元學習食譜」，並輔導學生完成智慧創客作品；(4)師生每年都有一至三件作品參展或參賽，並輔導畢業生畢業典禮時，展出十件代表作品。

　　「智慧人・做創客」是筆者撰寫《知識教育學：智慧人・做創客》一書的新教育目標，它們是「知識」創新「人」的最終歸宿。知識進入人的身體之後，「著床者」就是人的致用知識（K），然後知識含技術（T）、

知識組能力（A）、知識展價值（V），知識能遞移、知識成智慧、知識達創客、知識行道德、知識通素養。創客教育實驗學校應實驗這樣的計畫。

壹、計畫緣起

創客教育（Maker Education）原稱自造者教育，來自自造者運動（Maker Movement）對教育實踐的影響。2009 年，「自造者嘉年華會」的海報標示著「從自造者到創客」，創客教育或自造者教育開始受到教育界的關注。2015 年，新北市開始規劃實施「創客教育實驗學校計畫」，國教署也在 2015 年研擬頒行「教育部國民及學前教育署推動高級中等學校 3D 列印普及培育計畫」及「創新自造者教育計畫」，補助縣市中小學建置自造者實驗室（Lab）、3D 列印設備，辦理 3D 列印種子師資培訓，初期並以自造者行動實驗車（Fab Truck）進行巡迴服務，補助成立六個技術教學中心，並補助縣市成立「自造者教育中心」。遠程目標則期能結合新課綱（素養取向教育）的實施，自造者教育落實於生活科技實作能力與資訊科技運算思維之培養（戴淑芬，2018）。

自造者教育在教育領域的實踐，如果能稱之為「創客教育」，就更符合「教育」的本質，教育須要「創新」，但很難「自造」，教育的「創新課程」→「創新教學」→帶學生「做中學」→然後「有作品」之教學歷程，可稱之為「創客教育」，正可融合「自造」及「創新」的教育價值。筆者（鄭崇趁，2016a）認為，創客教育是一種四創一體的教育，其包括四大步驟：「研發有創意的學習食譜」→「教導能創造的操作學習」→「建構再創新的知能模組」→「完成做創客的實務作品」。創客教育的理論基礎，除了「自造者運動」的帶動外，尚有「做中學理念」、「探索體驗學習」、「知識管理理論」、「知識遞移理論」及「知識創新理論」，故創客教育

的核心價值有四：(1)真實（可以操作的知識最真實）；(2)體驗（身心與知識的直接接觸成為難得的經驗、是身體的經驗）；(3)生新（作品是知識新的生命）；(4)創價（創新生命及教育價值）。

　　以「自造者教育」為發想，學校中創新實驗「創客教育」的實踐為軸心，激勵「創客教師」編製「創客教材」，教導「創客學生」之學校，稱之為「創客教育實驗學校」。縣市「創客教育規劃委員會（小組）」的成立，依循教育政策及當代素養取向教育的趨勢（價值教育、智慧教育、特色教育及創客教育），針對創客教育在本縣市（學校）得以優先實施推動的實踐作為，策訂「計畫目標」、「經營策略」及十六項「執行項目」，並規範配套措施及實踐績效價值而完成本計畫，期待獲致主管單位的青睞，核定實施。

貳、計畫目標

優化創客領導，深化創客食譜，
　　〈小策略①〉　〈小策略②〉
厚植新教育創客智慧資本；
　　　〈小目的①〉
活化創客教學，動化創客展演，
　　〈小策略③〉　〈小策略④〉
成就新世紀創客優質人才。
　　　〈小目的②〉

參、經營策略

一、規劃創客領導研習，提升師生創客素養

〈因〉銜接小策略①〈果〉

二、研發創客學習食譜，編製領域創客教材

〈因〉銜接小策略②〈果〉

三、實驗領域創客教學，促進學生創客動能

〈因〉銜接小策略③〈果〉

四、動態系列創客展演，擴展教育創客價值

〈因〉銜接小策略④〈果〉

肆、執行項目

創客教育實驗學校實施計畫（綱要）

計畫目標	經營策略	執行項目
優化創客領導，深化創客食譜，厚植新教育創客智慧資本； 活化創客教學，動化創客展演，成就新世紀創客優質人才。	一、規劃創客領導研習，提升師生創客素養	1. 成立創客教育中心學校（自造者教育中心學校之進升）。 2. 規劃系列智慧創客領導研習。 3. 指定（遴選）創客中心學校。 4. 甄選學校特色創客教育方案。
	二、研發創客學習食譜，編製領域創客教材	5. 研發領域（學科）的智慧創客學習食譜。 6. 註解單元知識及技術的最佳教學要領。 7. 設計單元創客教學教案及師生作品。 8. 編輯領域（學科）創客學習教材。

計畫目標	經營策略	執行項目
	三、實驗領域創客教學，促進學生創客動能	9. 實驗知識領域（學科）KTAV 教學模式。 10. 實驗活動領域（學科）KTAV 教學模式。 11. 布建 QR code 智慧創客學習步道。 12. 活化交流創客教學觀摩。
	四、動態系列創客展演，擴展教育創客價值	13. 辦理教師智慧創客教材教案競賽。 14. 舉辦學生智慧創客學習成果展示。 15. 定期舉行師生教育作品競賽及展示交流會（嘉年華會）。 16. 舉辦素養取向智慧創客教育學術研討會。

資料來源：修改自鄭崇趁（2016a，頁 141）

伍、執行內容

一、成立創客教育中心學校（自造者教育中心學校之進升）

　　直轄市及縣市政府教育局（處），可依縣市「創客教育推動計畫」之規模，成立四種層次之「創客教育中心學校」（必要時由自造者教育中心學校及自造者教學中心學校進升）：(1)創客教育實驗學校之中心學校：如本市有十個學校實驗推動創客教育，擇定小學及國高中各一所，擔任中心學校；(2)領域（學科）創客教材研發中心學校：主導研發各領域（學科）二十件學習食譜及作品範例；(3)處室教育活動創客教材研發中心學校：主導研發教務、學務、總務、輔導四大處室，個別主責教育活動五至十件學

習食譜及作品範例；(4)學校創客教育「計畫方案」輔導中心學校：結合學者專家以及優秀校長、教師，輔導學校策訂（實踐）合宜推動之「優質創客教育計畫（或方案）」。

二、規劃系列智慧創客領導研習

直轄市及縣市政府教育局（處）之研究發展單位（教研科），應系統規劃教育行政主管及學校教育領導人（校長、主任、課發會領域小組召集人）全面參與智慧創客領導研習，揭示教育新願景：「智慧人‧做創客」，掌握智慧教育及創客教育之理論基礎、學校教育之實踐作為。智慧創客的核心價值，俾能專業示範「用智慧」→「做中學」→「有作品」→「論價值」，領導學校師生實踐智慧創客教育，邁向「智慧人‧做創客」。

三、指定（遴選）創客中心學校

直轄市及縣市政府教育局（處）宜指定或遴選校長幹部或領域教師優質學校，作為縣市創客實驗學校或領域（學科）創客教材研發學校，每年並指定創客教育實驗學校舉辦師生智慧創客作品展示活動，且由中心學校舉辦全縣市智慧創客嘉年華會。直轄市及縣市政府教育局（處）宜頒訂「創客教育實驗學校遴選要點」及「中小學創客教育標竿學校認證指標系統」，供所屬學校申請認證。

四、甄選學校特色創客教育方案

直轄市及縣市政府教育局（處）應鼓勵所屬學校「本位經營」，將校本課程、特色教育優先「創客教育化」，甄選學校各類「特色創客教育方案」，例如：將校本課程或特色教育活動優先激勵教師運用「新五倫‧智慧創客教育KTAV教學模式」及「KTAV單元學習食譜」，使單元教學「用

智慧」→「做中學」→「有作品」→「論價值」，讓一般學校多有自己的特色創客教育方案。

五、研發領域（學科）的智慧創客學習食譜

智慧創客學校激勵學校教師就其授課領域（學科）研發五至十個「KTAV單元學習食譜」，詳細設計該單元須教給學生之「知識（K）」→「技術（T）」→「能力（A）」→「價值（V）」。K為學生能真實學到的「致用知識」；T為學生經「知識解碼」後的「能操作」學習技術；A為學生經「知識螺旋」後的「新知能模組」及能夠帶得走的外顯實踐能力；V為學生經「知識重組」後完成作品與有價值行為的「知識創新」及「價值論述」。教師採行「KTAV教學模式」及「KTAV單元學習食譜」，實踐「做中學」、「有作品」的創客教育；實踐「知識→技術→能力→價值」四位一體的智慧教育，也同時實踐「價值評量（教育）」的素養取向教育。

六、註解單元知識及技術的最佳教學要領

「KTAV單元學習食譜」附陳「知識遞移說」的核心技術。在「知識（K）」欄位下方有「知識解碼」要領的引導，提到要教的「主題知識」解碼為「可操作學習技術」的十二個核心要領，包括：編序、鷹架、步驟、流程、原型、元素、成因、脈絡、次級、系統、次要、變項等。教師得再參考本書第八章的「KTAV單元學習食譜」設計要領，註解單元知識及技術的最佳教學要領，確保學生學會每一單元應備的「致用知識」，以及能夠表達有價值行為（包括完成作品能力）的「操作技術」。

七、設計單元創客教學教案及師生作品

「KTAV單元學習食譜」會與「素養取向教學教案」並行很長的時間，

「KTAV 單元學習食譜」成為單元教學的精要簡案，直指每一單元要教給學生的「知識→技術→能力→價值」為何，其核心內容反映在「素養取向教學教案」時，其教案設計的「欄位名稱」、「學習內容」應進升為「智慧學習內容」；「學習表現」應進升為「創客學習表現」；「適性評量」則應進升為「價值評量」。此三大教案欄位名稱的進升才能正確實踐「素養取向」的教與學，以設計單元智慧創客教學教案及師生作品。

八、編輯領域（學科）創客學習教材

課堂上正式的教材通常指「課本」，創客學習教材的編輯要採「更為廣義的教材」。學校激勵教師將單元教學的「KTAV 單元學習食譜」、「素養取向教學教案」、師生計畫完成的「作品樣本」三者串聯成冊，即成為創客學習教材。校長及學校幹部應激勵教師針對自己授課領域（學科），優先研發五至十個單元的「KTAV 單元學習食譜」、「素養取向教學教案」及「學生作品樣本」，作為各領域（學科）創客學習教材，由學校編輯成冊，並依學年度逐年優化進升，每年獎勵五十至一百件優秀教材。

九、實驗知識領域（學科）KTAV 教學模式

學校選擇八大領域（學科）課程中，師資條件較為豐沛的二至三個領域（學科）優先實驗 KTAV 教學模式。每位教師選擇有明確作品之教學單元主題，編寫「KTAV 單元學習食譜」及「素養取向教學教案」，並據以實踐「用智慧」→「做中學」→「有作品」→「論價值」。在學期末，師生展出創客作品作為領域（學科）教育的成果展示。

十、實驗活動領域（學科）KTAV 教學模式

學校激勵行政單位（教務、學務、總務、輔導）針對職能活動領域（學

科），領導教師優先將教育活動主題規劃為五至十個「KTAV 單元學習食譜」及學生活動之後的創客作品，例如：教務處的閱讀教學與寫作；學務處的體適能教育及健康促進教育活動；輔導室的生命教育及性別平等教育活動；總務處的環保教育及校園空間美學教育活動等，每一處室逐年實驗兩項主題教育活動，而成為 KTAV 教學模式的智慧創客教育。

十一、布建 QR code 智慧創客學習步道

學校激勵授課教師結合學校的資訊管理師、替代役男、具有教育資訊專長的志工，針對實驗創客教育的知識領域（學科）及活動領域（學科）已使用的「KTAV 單元學習食譜」及其開發的重要「核心技術」及「教學要領」，找學生直接拍攝成 QR code 智慧創客學習步道，提供學生反覆使用手機或平板電腦自主學習。領域（學科）教師應將班級學生劃分成適當群組（通常每一群組 3～6 人），運作群組動能，自主共學，產生「交互作用、整合發展」的學習效能，期望每位學生均能精熟每一核心技術，掌握學習要領，學會主題致用知識、操作技術及實踐能力，創新自己的生命價值，彰顯教育價值。

十二、活化交流創客教學觀摩

創客教學重在「創客教育」四大步驟的掌握：(1)研發有創意的學習食譜→(2)教導能創造的操作學習→(3)建構再創新的知能模組→(4)完成做創客的實物作品。此四大步驟聚焦在「KTAV 單元學習食譜」的撰寫及實踐，因此在教師教學歷程中，要關注「智慧學習內容」（實際知識、技術、能力、價值的教與學），關注「創客學習表現」（真正的做中學，並且完成實物作品），並關注「價值評量」（進行價值論述、省思及回饋）。

創客實驗學校應徵求授課教師同意，針對其創客教育之實驗教學，直

接進行錄影錄音，數位儲存，並由領域（學科）小組教師共同觀摩、討論回饋、研提精進意見。其優質單元教學則提供全校教師觀摩參照，並與外校教師活化交流、彼此學習，讓各級學校教師能盡快找到適合自己的最佳智慧創客教育 KTAV 教學模式。

十三、辦理教師智慧創客教材教案競賽

直轄市及縣市政府教育局（處）指定創客教育中心學校，每年辦理學校教師「智慧創客教材教案競賽」，甄選優秀的「KTAV 單元學習食譜」、「素養取向教學教案」設計、學生實物作品（樣本），公開表揚教師，以及展示 KTAV 教材作品，並藉由創客教育的推廣實踐，拓增「知識遞移」流量及績效價值，豐厚師生教育產品和作品，快速提升教育品質及教育競爭力。

十四、舉辦學生智慧創客學習成果展示

參與智慧創客教育實驗之學校，應按季舉辦各學科（領域）之學生智慧創客學習成果（作品）展示活動，激勵各領域（學科）師生，每半年（一學期）至少展示一次，展出四大類作品：(1)立體實物作品；(2)平面圖表作品；(3)動能展演作品；(4)價值對話作品，並由教師及學生個人進行「作品智慧管理」，用數位機具儲存學習成果展出的優秀作品及個人作品，供教師作為下年度領域（學科）教學作品範例及核心技術講解之用，而學生可作為畢業時，展出十件代表作品的奠基。

十五、定期舉行師生教育作品競賽及展示交流會（嘉年華會）

直轄市及縣市政府教育局（處）每年應指定創客教育中心學校為所屬

學校舉辦一次全縣市的「智慧創客教育嘉年華」（接續學校的師生作品展示會後舉辦，以便於學校推薦優秀師生作品參賽），要求所屬學校全面參與（每校一攤位）。各校參賽及展出，師生群英爭輝，均展出其歷年獲獎之教材教案及實物作品，可匯流各校之「智慧創客教育」優質成果及校本發展方向，並安排師生交流觀摩，逐年豐厚全縣市及學校教育產品的數量及精緻品質。

◢ 十六、舉辦素養取向智慧創客教育學術研討會

智慧創客教育是實踐素養取向教育的新趨勢，它建立在「知識教育學」的發現、研究與實踐，強調新課綱（素養取向）教育的推動，每一學科（領域）均應「用智慧」→「做中學」→「有作品」→「論價值」。此需要教師個人「理念素養」與「實踐作為」持續的整合進升，方能「認同參與」進而「承諾力行」。是以直轄市及縣市政府教育局（處）應結合教育（師範）大學，每年舉辦素養取向智慧創客教育學術研討會至少一次，從教育「學術理論」及學校「實踐價值」結合分析，研究探討「智慧創客教育」的珍貴價值內涵及本然應然的教育發展方向，確保智慧創客教育深耕實踐教育本質，奠定永續發展價值。

上述十六個項目的執行內容，也可用圖 13-1 來呈現其計畫綱要。

策略一、規劃創客領導研習，
　　　　提升師生創客素養

1. 成立創客教育中心學校（自造者教育中心學校之進升）。
2. 規劃系列智慧創客領導研習。
3. 指定（遴選）創客中心學校。
4. 甄選學校特色創客教育方案。

策略二、研發創客學習食譜，
　　　　編製領域創客教材

5. 研發領域（學科）的智慧創客學習食譜。
6. 註解單元知識及技術的最佳教學要領。
7. 設計單元創客教學教案及師生作品。
8. 編輯領域（學科）創客學習教材。

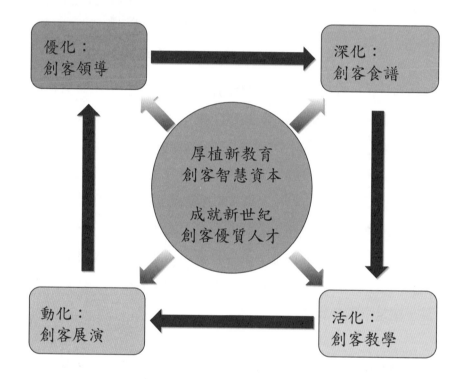

策略四、動態系列創客展演，
　　　　擴展教育創客價值

13. 辦理教師智慧創客教材教案競賽。
14. 舉辦學生智慧創客學習成果展示。
15. 定期舉行師生教育作品競賽及展示交流會（嘉年華會）。
16. 舉辦素養取向智慧創客教育學術研討會。

策略三、實驗領域創客教學，
　　　　促進學生創客動能

9. 實驗知識領域（學科）KTAV 教學模式。
10. 實驗活動領域（學科）KTAV 教學模式。
11. 布建 QR code 智慧創客學習步道。
12. 活化交流創客教學觀摩。

圖 13-1　創客教育實驗學校實施計畫（綱要）

陸、執行要領（配套措施）

一、推動組織

1. 直轄市及縣市政府教育局（處）成立「智慧創客教育推動委員會」，邀集教育行政單位主管、學者專家、各級學校優秀校長及教師代表、家長會及教師會代表擔任委員，參照《知識教育學：智慧人‧做創客》一書的內涵，規劃策訂縣市「創客教育實驗學校實施計畫」，審議督導所屬學校對於智慧創客教育之實驗工作。

2. 學校成立「創客教育推行小組」，由校長、四處室主任及課程發展委員會領域小組召集人擔任委員，負責策訂「學校創客教育實驗計畫」，並依執行項目內容，承擔克責實踐事項，落實學校創客教育工作。

二、運作方式

1. 直轄市及縣市政府「智慧創客教育推動委員會」策訂縣市創客教育實驗計畫期間，每雙週召開委員會議一次；縣市創客教育實驗計畫頒行之後，每月召開委員會議一次，督責各級學校落實實踐經營策略及執行項目。

2. 學校「創客教育推行小組」按月集會一次，由處室及領域小組委員彙報「創客教育實驗計畫」的核心事務執行進度及績效價值討論，並解決執行工作衍生之問題，貫徹計畫目標。

三、品保機制

1. 創客教育來自「自造者教育」，兩者都要教師帶領學生「做中學」→

「有作品」；唯普及化的創客教育關注一般領域（學科）教師是否能編製出「創客教材」，以教育「創客學生」；「自造者教育」則偏向專精式的「社團自造者教育」，以產出 3D 列印實物作品、各類機器人大賽作品、數位程式者為主流。學校推動創客教育實驗計畫，宜兩者兼重，不予偏廢。

2. 學校為兼重「自造者教育」及「創客教育」之發展，應敦聘資訊數位專家學者指導學校資訊科技專長教師成立「自造者教育社團」，開發學校校本特色課程之高端自造者（創客）作品；更應敦聘「知識教育學」專家學者指導各處室及領域（學科）教師，有效編撰「KTAV 單元學習食譜」，每一處室領域（學科）均能有五至十件師生創客作品，師生都能「用智慧」→「做中學」→「有作品」→「論價值」，實踐素養取向的智慧創客教育。

3. 學校處室幹部及課程發展委員會領域小組召集人，結合學者專家，就學校教師及學生產出的「KTAV 單元學習食譜」與創客作品中，規劃甄選學校五十大作品或百大作品，作為學校智慧創客教育的核心作品及後續師生經營進升的樣本（基礎）。

四、獎勵績效

1. 申請辦理「創客教育實驗學校」或縣市指定「創客教育中心學校」，績效卓著者，經由學區督學推薦，教育局（處）指定「學者專家」會同「國民教育輔導團團長」核實者，由縣（市）長頒給「創客教育學校」或「智慧創客學校」匾額，以資獎勵。

2. 獲頒「創客教育學校」或「智慧創客學校」匾額之學校，學校有功人員由縣（市）政府敘獎表揚。

柒、預期成效

一、量的績效

1. 學校成立有關「自造者教育」、「創客教育」、「智慧創客教育」、「知識教育學」、「KTAV 單元學習食譜」、「KTAV 教學模式」、「KTAV 教材研發」的教師專業學習社群五至十個，學校教師有20%以上人員參與。

2. 學校四個處室至少研發二十件「KTAV 單元學習食譜」，以及二十件（類）師生教育活動創客作品。

3. 學校至少有四個領域（學科）教師，帶領學生產出二十至四十件創客作品及相對的「KTAV 單元學習食譜」。

4. 學校至少有五十件以上的「素養取向教學教案」，其中「學習內容」標示為「智慧學習內容」；「學習表現」標示為「創客學習表現」；「適性評量」標示為「價值評量」。

5. 學校學生每學期（半年）均至少有一件「創客作品」參加成果展示；畢業時，有十件「智慧創客作品」參加畢業生作品展，並能親自用手機、平板電腦向父母親及來賓介紹自己的作品。

6. 學校第一年起智慧管理師生五十大作品；第二年起進升優化管理歷年師生百大作品，以作為學校智慧創客傳承創新永續經營之基石。

7. 學校建置「智慧創客教育對話平臺（網站）」，提供師生教與學的對話管道、「KTAV 單元學習食譜」、創客作品交流學習討論回饋，進升技術品質機制。

二、質的價值

1. 教師精熟創客教育教學歷程：研發有創意的學習食譜→教導能創造的操作學習→建構再創新的知能模組→完成做創客的實物作品。樂於教育學生「智慧人・做創客」。

2. 師生喜歡「用智慧（KTAV）」→「做中學」→「有作品（做創客）」→「論價值」的教育，實踐素養取向的智慧創客教育。

3. 師生藉由 KTAV 的教與學，從「知識、技術、能力、價值」四位一體的單元教學中，培育師生的智慧與素養能力。

4. 師生能從領域（學科）及處室教育活動中，留下立體實物作品、平面圖表作品、動能展演作品及價值對話作品，用教學作品彰顯教育的績效價值。

5. 師生經由智慧創客教育，體驗知識創新生命的價值：知識含技術、知識組能力、知識展價值、知識能遞移、知識成智慧、知識達創客。知識創新教育價值。

捌、經費需求：10 萬元（試辦一校之經費）

1. 書籍資料費：購買智慧創客教育、知識教育學專業書籍，以及蒐集印製專業資料文獻，供專業社群教師使用。每一人 300～700 元／次，預列 10～20 人，共預列 0.6～1.2 萬元。

2. 專業社群運作費：學校成立教師專業社群二至四個，推動實踐智慧創客教育核心事務；6 人以下社群，每一社群運作經費為 3,500 元；8～12 人社群，每一社群運作經費為 6,500 元。二至四個社群（二小二大），共預列 1.2～2 萬元。

3. 師生作品材料費：師生教學的立體實物作品、平面圖表作品、動能展演作品、價值對話作品，得視需要向學校申請作品材料費補助，核實支給，共預列 2.5～4 萬元。

4. 郵電雜支費：創客教育核心事務與各專業社群運作之郵電、交通、文件、紙張、文具等雜支費用，共預列 0.6～1.2 萬元。

5. 諮詢輔導費：共預列 2～3.5 萬元。

　　標準：授課演講費：每小時 2,000 元×（8～12 小時）。

　　　　　諮詢輔導費：每小時 1,000 元×（10～20 小時）。

　　　　　會議出席費：每次 2,500 元×（4～6 次）。

6. 總計：每校總經費 10 萬元整。

第十四章　國民教育輔導團智慧創客教育實施方案【範例】

〈素養取向教學教案教材研發〉

導論

　　本章為國民教育輔導團示範擬訂了「智慧創客教育實施方案」，此方案有四大經營策略及十二個執行項目，「目標」、「策略」、「項目」三者間的系統結構及計畫執行技術，與 3.0 的「優計畫」雷同（同一等級），其主要內涵有四：(1)智慧創客教育就是「素養取向」教育的具體實踐，國民教育輔導團團員應優先學會，具有智慧創客素養能力，才能到各校提升教師教學素養；(2)輔導團應優先研發智慧創客教學教材教案；(3)輔導團宜優先實踐知能融合及知能創價的教學行為展現；(4)輔導團各領域（學科）召集人及團員應就責任領域研發五至十件最佳化智慧創客作品，作為一般學校教師學習之範例。

　　國民教育輔導團是教育「進升」的最佳「動能」，本計畫從「執行要領」（配套措施）及「預期成效」兩個層面來開啟這股動能：(1)明列推動組織及運作方式，規範團員日有所進；(2)團員結合素養取向學者專家，共同研發「KTAV 單元學習食譜」及示範教材教案；(3)量的績效定時、定量、定次，克責團員產出動能貢獻；(4)質的價值實質提升團員的智慧創客素養能力，增益團員的行動意願及實踐力行之新動能價值。

　　教育事業是人教人的事業，教育 4.0 的時代，要有 4.0 的教師編撰 4.0 的教材，使用 4.0 的教學才能教出 4.0 的學生。國民教育輔導團團員是教師

271

的教師，應優先進升實踐「新五倫・智慧創客教育」，成為 4.0 的團員。

壹、計畫緣起

　　直轄市及縣市政府教育局（處）成立國民教育輔導團，邀集所屬中小學領域（學科）最優質之校長、教師為團員，通常由資深優秀校長擔任領域（學科）輔導團團長，資深卓越教師擔任團員。國民教育輔導團之主要職能在：協助各級學校新課程教材的研發及有效教學的提升。新課綱的實施，輔導團承擔的角色責任最為深重。輔導團團員應優先參與「素養取向課綱」種子教師培訓，了解「素養」與「能力」的不同，掌握素養取向教與學的核心技術，撰寫精要的素養取向主題教學教案。

　　知識教育學已發現：「素養」是內隱的新知能元素模組（看不見）；「能力」是外顯的有價值行為實踐（看得見）；而「知識」乃「素養能力」共同的優活水源頭（鄭崇趁，2017）。人學習到的核心素養由六種元素組成：「真（致用知識）」、「善（經營技術）」、「美（實踐能力）」、「慧（共好價值）」、「力（行動意願）」、「行（德行作品）」，素養（新知能模組）外顯化成有價值的行為實踐，即稱為「能力」或「能力表現」。是以「素養能力」都來自知識，內隱的知識（知識融合創價）稱為素養，外顯的知識（智慧人・做創客）則稱為能力。教育從知識入手，知識進入人的身體之後，結合人既有的知能融合發展，知識含技術、知識組能力、知識展價值、知識能遞移、知識成智慧、知識達創客。「KTAV 教學模式」係指「知識→技術→能力→價值」四位一體的「智慧創客教育」教學模式，它是價值教育、智慧教育、創客教育、素養取向教育通用的教學模式。教師編撰「KTAV 單元學習食譜」並據以執行教學，就是在實踐「素養取向」之教育。

　　素養取向的教學設計，除了既有的「教學目標」、「素養指標」的標示外，「學習內容」應進升為「智慧學習內容」（明確指出要教給學生的知識、技術、能力、價值的內容）；「學習表現」應進升為「創客學習表現」（直接標示做中學及學習作品的操作技術與作品名稱）；「適性評量」則進升為「價值評量」（帶領學生論述省思作品的價值、學習的價值、教育的價值、自己生命創新的價值）。素養取向之教育要強化三大教育歷程：智慧教學設計、創客學習作品、價值評量省思。素養取向的教與學，結合「新五倫（價值）教育」、「智慧教育」及「創客教育」的實施，可以領航教育經營「教育 4.0：新五倫・智慧創客學校」的新文明與文化。

　　國民教育輔導團據此理念發展邀集各領域（學科）團長及學者專家參與指導，共同策訂「智慧創客教育實施方案〈素養取向教學教材教案研發〉」，期望配合新課綱的實施，由各領域（學科）團員著力，帶領各學科（領域）教師，經由「智慧教育」、「價值教育」及「創客教育」的實踐，將原本「能力取向」的課程教學目標，逐漸調整為「素養取向」的課程教學目標。

貳、方案目標

闡揚智慧創客理念，研發智慧創客教材，

　　〈小策略①〉　　　　〈小策略②〉

翻轉新世紀智慧創客教育；

　　　　〈小目的①〉

教學知能融合技術，評量學習作品價值，

　　〈小策略③〉　　　　〈小策略④〉

實踐新承諾智慧創客師生。

〈小目的②〉

參、經營策略

一、探討智慧創客理論，銜接素養教育實踐

〈因〉銜接小策略①〈果〉

二、研發創意學習食譜，編製智慧創客教材

〈因〉銜接小策略②〈果〉

三、實驗智慧創客教學，操作知能融合技術

〈因〉銜接小策略③〈果〉

四、評量實物作品價值，優化知能創價學習

〈因〉銜接小策略④〈果〉

肆、執行項目

國民教育輔導團智慧創客教育實施方案（綱要）

計畫目標	經營策略	執行項目
闡揚智慧創客理念，研發智慧創客教材，翻轉新世紀智慧創客教育；	一、探討智慧創客理論，銜接素養教育實踐	1. 參與系列智慧創客領導研習。 2. 參訪智慧創客標竿學校領域（學科）之課程教學。 3. 擬訂領域（學科）的智慧創客教育實施方案。
教學知能融合技術，評量學習作品價值，實踐新承諾智慧創客師生。	二、研發創意學習食譜，編製智慧創客教材	4. 學習 KTAV 智慧創客教育教材設計模式。 5. 研發每一年級五至十個領域（學科）KTAV 單元學習食譜。 6. 編製領域（學科）智慧創客教育教材。

計畫目標	經營策略	執行項目
	三、實驗智慧創客教學，操作知能融合技術	7. 編寫 KTAV 教學簡案及智慧創客單元教學教案。 8. 示範操作 KTAV 教學模式。 9. 檢核教學歷程（知能融合技術）與 KTAV 學習步驟的吻合程度。
	四、評量實物作品價值，優化知能創價學習	10.設定學生操作學習核心技術及完成之作品定名。 11.進行完成作品及教學歷程（知能創價）價值評量。 12.舉辦師生智慧創客作品競賽展示活動。

伍、執行內容

一、參與系列智慧創客領導研習

智慧創客教育旨在實踐「素養取向」的新課綱教育，每一領域（學科）的教學均要優化「智慧學習內容」、「創客學習表現」及「價值評量」。是以國民教育輔導團團長及團員，應優先參與系列智慧創客教育領導幹部之研習，包括：「素養取向教學」、「智慧（價值）教育」、「創客教育」、「KTAV 教學模式」及「KTAV 單元學習食譜設計要領」等，掌握教育新趨勢及核心操作技術，並編撰設計單元主題教學教案（含教材），能夠示範「專業優質」的「KTAV 單元學習食譜」，產出妥適的「智慧創客作品」，俾能領導學校教師，實踐正確有效的「素養取向」教育及 KTAV 教學模式。

二、參訪智慧創客標竿學校領域（學科）之課程教學

智慧創客教育強調「用智慧」→「做中學」→「有作品」→「論價值」，而使用 KTAV 教學模式及「KTAV 單元學習食譜」。部分結合教育部活化課程專案試辦學校，已有部分績效價值，領域（學科）輔導團團長及團員應規劃參訪優秀的智慧創客標竿學校領域（學科）之課程教學，傳承創新領域主題「智慧創客」的教學與教材教法，討論進升「智慧創客」作品類別與作品核心技術。

三、擬訂領域（學科）的智慧創客教育實施方案

輔導團各領域（學科）團長及團員應就責任學科（領域）擬訂智慧創客教育實施方案，設定智慧教育、創客教育、素養取向教學教案、KTAV 教學模式、「KTAV 單元學習食譜」之特性、教學演示次數及教材編製質量、主題教學資料庫等，以具體的領域（學科）計畫（方案），有效協助各級學校智慧創客教育之開展、實施，結合新課綱，邁向素養取向的教育目標。

四、學習 KTAV 智慧創客教育教材設計模式

KTAV 教學模式及「KTAV 單元學習食譜」是智慧教育及創客教育共同使用的教學工具，從 KTAV 教學模式觀察實施「知識（K）」、「技術（A）」、「能力（A）」、「價值（V）」四位一體的教學，此稱為智慧教育；實施「研發有創意的學習食譜」→「教導能創造的操作學習」→「建構再創新的知能模組」→「完成做創客的實物作品」四創一體的教學，則稱為創客教育。兩者再結合教學結束前的「價值評量」等同於實踐「素養取向」的教學。輔導團團長及團員應優先學習 KTAV 智慧創客教育教材設計模式，精熟應用於單元主題教學之後，得以領航學校教師用 KTAV 教學

模式實踐素養取向的智慧創客教育。

五、研發每一年級五至十個領域（學科）KTAV單元學習食譜

「KTAV 單元學習食譜」係單元教學精要簡案，可以明確歸納分析教師單元教學要教給學生的「致用知識（真）」、「經營技術（善）」、「實踐能力（美）」、「共好價值（慧）」，學生習得知能最為具體實用，各領域學科的 KTAV 教學總和，方能統整建構學生新的「素養能力」（新知能模組及外顯的價值行為能力）。每一領域（學科）整年的教學主題內容，可用「做中學」、「有作品」的單元，優先統整規劃，挑選五至十個單元主題，先撰寫「KTAV 單元學習食譜」，並設定學生的「操作技術（知能融合）要領」及完成作品之名稱，教師帶著學生實踐「用智慧」→「做中學」→「有作品」→「論價值」之智慧創客教育。

六、編製領域（學科）智慧創客教育教材

智慧創客教育教材，包括：單元教學的「課文」、「KTAV 單元學習食譜」、「素養取向的主題教學教案」，以及教學歷程中使用到的影音媒材或教具。為增進單元教學的「知識遞移」流量（學生學到真實且帶得走的知識、技術、能力、價值），教師在教學前之教學準備，應參照單元教學各版本教科書之課文，並以「KTAV 單元學習食譜」為工具，編製領域（學科）智慧創客教育教材。每一年級領域均有五至十個單元得以進行「用智慧」→「做中學」→「有作品」→「論價值」的智慧創客教育。

七、編寫 KTAV 教學簡案及智慧創客單元教學教案

使用「KTAV 單元學習食譜」（A4 一張）完成一個單元教材的設計，寫出教給學生的「知識（K）」、「技術（T）」、「能力（A）」、「價值（V）」，此稱之為單元教學簡案。依據素養取向的教學教案格式設計，並將「學習內容」進升為「智慧學習內容」；「學習表現」進升為「創客學習表現」；「適性評量」進升為「價值評量」。在完整教案中，有「智慧學習內容」、「創客學習表現」及「價值評量」者，才能真正實踐「素養取向」的智慧創客教育。每位教師針對自己授課領域（學科），每年平均至少有二至三個主題單元完成編寫 KTAV 教學簡案及智慧創客教學教案。輔導團團長及團員更應針對自己的輔導領域（學科）優先示範。

八、示範操作 KTAV 教學模式

輔導團各領域（學科）團員至各校輔導，應優先實驗操作 KTAV 教學模式，供各校教師觀摩學習，包括：「KTAV 單元學習食譜」的撰寫、學生做中學操作技術（核心技術）的標示、完成作品（能力表現）的預為設定、價值評量的主要方向與意涵。教與學歷程中出現致用知識（真）、經營技術（善）、實踐能力（美）、共好價值（慧），以及「用智慧」→「做中學」→「有作品」→「論價值」四部曲的節奏旋律。

九、檢核教學歷程（知能融合技術）與 KTAV 學習步驟的吻合程度

一般的教學歷程包括準備活動→發展活動→綜合活動。準備活動的教學要項包括：(1)提示教學目標；(2)引起學習動機；(3)準備學習輔具（教材簡案及教具輔具）。發展活動為核心學習歷程，包括：(4)智慧學習內容

（K·致用知識的學習；T·經營技術的學習；A·實踐能力的學習；V·共好價值的學習）；(5)創客學習表現（做中學，有作品）。綜合活動則為(6)價值評量的實踐（引導學生論述作品價值，省思教與學歷程的價值及生命創新，教育創新的價值）。此一實際教學歷程與KTAV學習步驟愈吻合，代表學生的知能融合愈佳，其知識遞移流量就愈大，愈符合智慧創客教育的本質與核心指標的意涵。

十、設定學生操作學習核心技術及完成之作品定名

「用智慧（致用知識及技術）」→「做中學」→「有作品」→「論價值」之教學實踐歷程，稱之為智慧創客教育。致用知識及技術，做中學技術或流程，完成作品的名稱，以及其建構的核心技術，都需要一邊學習操作，一邊賦予妥適的名稱，始能教導學生「操作中學習」；這些次級系統知識的命名，即成為智慧創客教育能否普及化及真正成功與否的關鍵要素。輔導團團員要專業示範領域（學科）之 KTAV 教學模式，宜針對自己的專長教學主題示範編製「KTAV 單元學習食譜」，並將次級系統「核心技術」、「操作學習步驟」及「作品類別名稱」妥適命名，用好的（優質、適切的）名稱，化作口語教學（能帶動）的名詞，引導有效的智慧創客教與學。

十一、進行完成作品及教學歷程（知能創價）價值評量

「價值」要對實體的「人」產生好的結果才具有真實的價值，包括：對人本身「生命的價值」、人接受「教育歷程」所產生好的「教育價值」，以及知識經由教育進入人的身體以後，知識本身隨著人的生命知能成長轉化創價之「知識創新」的價值。這些價值存在教學之後完成的「作品」之上，存在師生的好價值行為表現上，也存在於「教」與「學」師生互動「知

識遞移」的道路上（如解碼、螺旋、重組、創新交會的片刻），且存在於教師教學結束前所帶領的價值論述及價值回饋省思。是以輔導團團員要優先示範「作品價值」論述、「教學價值」論述、「學習價值」論述、「生命價值」論述，以及「教育價值」論述。

■ 十二、舉辦師生智慧創客作品競賽展示活動

國民教育輔導團應舉辦全縣（市）各領域（學科）師生智慧創客作品競賽展示活動，運作作品競賽展示活動，「智慧管理」教師「KTAV 單元學習食譜」及師生智慧創客作品，運作作品競賽展示活動，交流觀摩優質教案及學習作品，以擴增師生知識遞移流量，匯聚智慧創客教育績效價值，邁向新教育文明與文化。國民教育輔導團協助受輔學校建置「智慧創客教育網頁」，以學校為本位，「智慧管理」師生智慧創客作品及 KTAV 教材，傳承創新，永續經營學校智慧創客教育。

上述十二個項目的執行內容，也可用圖 14-1 來呈現其方案綱要。

策略一、探討智慧創客理論，
　　　　銜接素養教育實踐

1. 參與系列智慧創客領導研習。
2. 參訪智慧創客標竿學校領域（學科）之課程教學。
3. 擬訂領域（學科）的智慧創客教育實施方案。

策略二、研發創意學習食譜，
　　　　編製智慧創客教材

4. 學習 KTAV 智慧創客教育教材設計模式。
5. 研發每一年級五至十個領域（學科）KTAV 單元學習食譜。
6. 編製領域（學科）智慧創客教育教材。

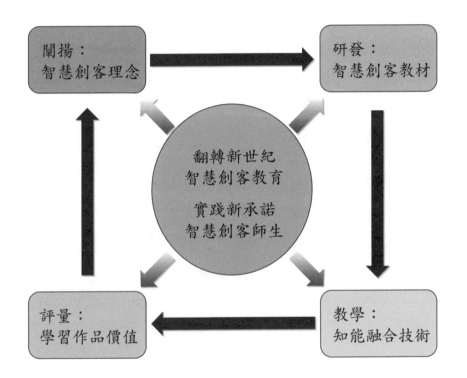

策略四、評量實物作品價值，
　　　　優化知能創價學習

10. 設定學生操作學習核心技術及完成之作品定名。
11. 進行完成作品及教學歷程（知能創價）價值評量。
12. 舉辦師生智慧創客作品競賽展示活動。

策略三、實驗智慧創客教學，
　　　　操作知能融合技術

7. 編寫 KTAV 教學簡案及智慧創客單元教學教案。
8. 示範操作 KTAV 教學模式。
9. 檢核教學歷程（知能融合技術）與 KTAV 學習步驟的吻合程度。

圖 14-1 國民教育輔導團智慧創客教育實施方案（綱要）

陸、執行要領（配套措施）

一、強化組織

1. 縣市政府教育局（處）為配合「素養取向」教育之實施，強化所屬國民教育輔導團組織，增聘 20%團員，並指定領域（學科）優秀校長及教師擔任團長、副團長及總幹事。

2. 規劃國民教育輔導團團員接受「素養取向」教育智慧創客 KTAV 教學模式教學工作坊系列研習。

3. 國民教育輔導團各領域（學科）小組策訂新年度的輔導服務計畫，協助各校推動智慧創客教育。

二、運作方式

1. 國民教育輔導團各領域（學科）小組，每週集會一次，用於輔導服務所屬學校，例如：設計校正及討論智慧創客示範教學、「KTAV 單元學習食譜」設計及素養取向主題教學教案。

2. 國民教育輔導團各領域（學科）小組到各校輔導，其重點在專業示範「教學」及「教材教法」範例之運作提供，而不在觀摩教師之教學。

三、品保機制

1. 國民教育輔導團各領域（學科）小組到各校輔導，其示範教學均全程錄影，每月邀集所有團員及諮詢教授（各領域學科專家）一同討論，檢討優化每一單元的最佳運作模式、最佳作品產出，以及實物作品核心技術之教學。

2. 國民教育輔導團各領域（學科）小組，每年匯集團員輔導各校示範教學影片，選出優質示範單元教學五至十個，製成光碟分送所有學校參照，其教學示範團員由教育局（處）給予表揚獎勵。

四、獎勵績效

1. 國民教育輔導團各領域（學科）小組參與本實施方案，擬具實踐年度智慧創客教育實施項目及小型方案計畫者，由縣市政府教育局（處）依規定敘獎表揚。

2. 國民教育輔導團所有領域（學科）小組團長及團員中，每年互選推動本計畫最優人員（收錄智慧創客 KTAV 教學模式、最多主題教學影片及作品最卓越示範人員）十人，由縣（市）長或局（處）長頒發「智慧創客教育領航」獎牌或獎座。

柒、預期成效

一、量的績效

1. 國民教育輔導團團員依縣市輔導運作之需要，擴充編制員額 5～20%；每一領域（學科）小組至少 6～18 人；團長、副團長由校長擔任，總幹事由專長教師擔任。

2. 國民教育輔導團依國小、國中、高中教育層別，擬訂「輔導智慧創客教育實施方案」暨各領域（學科）小組年度執行計畫，每一教育層別完成五至十個領域（學科）之智慧創客教學輔導。

3. 每一領域（學科）小組成員，每年參與小組專業成長社群進修至少五次以上。

4. 每一領域（學科）小組成員，每年輔導所屬學校示範教學，並主持教學研討會至少五次，至多十五次。

5. 每一領域（學科）小組成員，每年彙編該領域（學科）六至十個單元智慧創客教育教材，包括：主題單元之「KTAV 單元學習食譜範例」、「素養取向教學教案」及「師生實務作品範例」（用照片、圖表及 QR code 呈現）。

6. 國民教育輔導團每學期舉辦團員「智慧創客教育成果展示會」一次，展示「KTAV 單元學習食譜」、教學示範教材、師生實物作品。

7. 國民教育輔導團舉辦「智慧創客教育學術研討會」一次，邀集各領域（學科）專家學者及卓越團員，發表「教育 4.0：新五倫‧智慧創客學校」研發成果及教育發展趨勢，所有團員一律參加。

二、質的價值

1. 團員了解素養取向教育的真諦，能夠專業示範專長領域（學科）之教學，增益知識遞移流量及品質價值。

2. 團員掌握「知識（K）→技術（T）→能力（A）→價值（V）」四位一體智慧教育精神，帶領智慧教師編製智慧教材，教育智慧學生。

3. 團員熟悉「研發有創意的學習食譜」→「教導能創造的操作學習」→「建構再創新的知能模組」→「完成做創客的實物作品」之創客教育歷程，能夠專業示範「做中學」、「有作品」的教學，帶領「創客教師」教育「創客學生」。

4. 團員示範「價值評量」的有效實施模式，激勵教師從單元教學指導學生價值論述及價值省思，實踐智德融合及知能創價的素養取向教育。

5. 團員精於「KTAV 單元學習食譜」的撰寫技術，善於運作 KTAV 教

學模式，教導學生完成智慧創客作品，優化學校教育，邁向「教育4.0：新五倫・智慧創客學校」。

捌、經費需求：每一領域（學科）一年經費10萬元

1. 資料書籍費：購買素養取向教育、教育4.0、智慧創客教育、知識教育學專業書籍，以及蒐集印製專業資料文獻，供團員進修。每一人500～1,000元／次，預列6～18人，**共預列1.5～1萬元**。

2. 團員社群運作費：國民教育輔導團各領域（學科）小組成員，每週集會一次，全年以三十六至四十次核計；6人小組一次集會社群事務費為500元；18人小組每次集會社群事務費為1,000元，**共預列2～4萬元**。

3. 示範教學師生作品材料費：國民教育輔導團各領域（學科）小組年度示範教學20～30場，每場次補助師生作品材料費500～2,000元（核實補助），**共預列3～4萬元**。

4. 郵電雜支費：智慧創客教育核心事務與小組團員社群運作之郵電、交通、文件、紙張、文具等雜支費用，**共預列0.5～1萬元**。

5. 諮詢輔導費：**共預列3～4萬元**。

   標準：授課演講費：每小時2,000元×（5～10小時）。

   　　　諮詢輔導費：每小時1,000元×（10～20小時）。

   　　　會議出席費：每次2,500元×（4～6次）。

6. 總計：每一領域（學科）總經費10萬元整。

第十五章 學校智慧創客教育學生百樣作品研發計畫【範例】

導論

　　本章以學生為主體，以學校為本位，示範擬訂學校學生的「智慧創客教育百樣作品」研發計畫。學生的智慧創客作品概可分成四大類：立體實物作品、平面圖表作品、動能展演作品、價值對話作品。每個領域（學科）教學及每處室單位之教育活動，教師均可指導學生「用智慧（KTAV）」→「做中學」→「有作品（做創客）」→「論價值」。是以學校師生的作品可能百種千種，但也容易失焦，且教師教學生完成的作品，不一定與單元學習的「核心知識及技術」一致，常發生「高階低就」（高年級學生做中低年級作品）及「低階高就」（低年級學生做中高年級作品）的狀況，因此有必要由領域教師及處室幹部共同研發學校最適化的學生百樣作品。

　　本計畫示範擬訂的「計畫目標」、「經營策略」及「執行項目」，呈現優質計畫的系統結構，共有四大策略、十六個項目。關鍵要領（技術）有四：(1)每一處室都產出最適化學生作品五至十件，作為教育活動範本；(2)每一領域（學科）也都產出最適化學生作品五至十件，作為教師教學範本；(3)學校的校本特色教育也產出十至二十件最適化學生作品，激發學校師生的專長優勢，用作品呈現亮點；(4)每年舉辦處室及領域（學科）智慧創客作品成果展，由參展作品中計畫性地找出學生百樣作品。

　　智慧創客教育永續經營，校長、幹部、教師、學生啟動「個人智慧」動能，發揮「集體智慧」動能，學校學生最適化百樣作品可以在一至三年中達成，學校成為名副其實的「新五倫‧智慧創客學校」。

壹、計畫緣起

　　當代教育有四大趨勢：特色品牌教育、價值教育、智慧教育及創客教育，這四大教育趨勢的總和，就是「素養取向」的教育。特色品牌教育是指當代的學校教育要經營出具有自己學校特色的教育，社區人士一談到這所學校，就知道它的特色是什麼，學校師生具有某一品牌特色的教育成果。教育部的教學卓越獎、校長領導卓越獎、空間美學特色學校獎，臺北市的優質學校、教育 111 標竿學校，新北市的卓越學校、新北之星學校、校園角落美學等，都是廣義的特色品牌學校。最經典的特色品牌學校當屬「教育 111 標竿學校」中的「三個 1」：「一校一特色」、「一生一專長」、「一個都不少」，最能實踐國民基本教育之辦學精神。

　　順應 2019 年新課綱「素養取向教育」的實施，教育邁向 4.0 的規劃，要強化「價值教育」（關注價值評量）、「智慧教育」（知識、技術、能力、價值四位一體的教育）、「創客教育」（研發有創意的學習食譜→教導能創造的操作學習→建構再創新的知能模組→完成做創客的實物作品之四創一體的教育）。筆者出版《知識教育學：智慧人‧做創客》（鄭崇趁，2017）一書，研發 KTAV 教學模式及「KTAV 單元學習食譜」，作為實踐素養取向教育（含價值教育、智慧教育、創客教育）共同之工具。是以學校教師及學生每學期都會產出四大類智慧創客作品：立體實物作品、平面圖表作品、動能展演作品，以及價值對話作品。

　　師生智慧創客作品來自教師領域（學科）教學「KTAV 單元學習食譜」的規劃，也來自處室重要教育活動主事者（行政人員或主責教師）採用「KTAV 單元學習食譜」〔設定於「能力（A）」欄位〕，讓學生可產出的作品。每一領域（學科）產出五至十項作品；每一處室的重要教育活動也都產出五至十項代表作品；則學校師生年度智慧創客作品得超過二百件，學校

再統整精選百大作品，並進行智慧管理（電腦數位儲存），據以傳承創新。

　　學校邀集行政幹部及課發會領域（學科）小組召集人，並敦請學者專家指導，依循智慧教育、創客教育、價值教育學理及相關研究建議，策訂「智慧創客教育百樣作品研發計畫」，撰寫計畫目標、經營策略、執行項目及具體執行內容，期能以一年為度，研發百樣學生智慧創客作品，並由處室及課發會建置網頁，智慧管理師生教材及作品，以作為逐年傳承創新的基石，幫助學校早日邁向「教育 4.0：新五倫・智慧創客學校」。

貳、計畫目標

闡揚知識遞移學說，推動智慧創客教學，

　　〈小策略①〉　　　　〈小策略②〉

活化創新教育價值；

　　〈小目的①〉

整合校本特色課程，連結師生優勢亮點，

　　〈小策略③〉　　　　〈小策略④〉

培育智慧人做創客。

　　〈小目的②〉

參、經營策略

一、實踐知識遞移理念，經營處室學習作品

　　〈因〉銜接小策略①〈果〉

二、實施 KTAV 教學，智慧管理領域作品

　　〈因〉銜接小策略②〈果〉

三、深化校本特色教育，建置動能展演作品

　　〈因〉銜接小策略③〈果〉

四、激發師生專長優勢，創新價值對話作品

　　〈因〉銜接小策略④〈果〉

肆、執行項目

學校智慧創客教育學生百樣作品研發計畫（綱要）

計畫目標	經營策略	執行項目
闡揚知識遞移學說，推動智慧創客教學，活化創新教育價值； 整合校本特色課程，連結師生優勢亮點，培育智慧人做創客。	一、實踐知識遞移理念，經營處室學習作品	1. 規劃教務活動學生五至十項作品計畫。 2. 策展學務工作學生十大類智慧創客作品。 3. 激勵學生作品美化校園環境方案。 4. 開發學生輔導習作十大作品方案。
	二、實施 KTAV 教學，智慧管理領域作品	5. 舉辦教師智慧創客教育系列研習。 6. 倡導教師採用 KTAV 單元學習食譜教學。 7. 激勵教師每學年規劃領域（學科）五至十件學習作品。 8. 建置領域（學科）師生學習作品數位資訊系統及對話平臺。
	三、深化校本特色教育，建置動能展演作品	9. 經營校本特色教育課程化及社團化。 10.實施校本特色教育 KTAV 教學。 11.建置校本特色教育學生動能展演作品。 12.系統管理校本特色教育師生教與學作品。

計畫目標	經營策略	執行項目
	四、激發師生專長優勢，創新價值對話作品	13.訂頒師生優良作品獎勵要點。 14.定期舉辦領域（學科）師生作品聯展活動。 15.定期舉辦智慧創客教育作品嘉年華會。 16.規劃辦理畢業生十大作品展（電子書播放）計畫。

伍、執行內容

一、規劃教務活動學生五至十項作品計畫

　　學校教務處的核心職能在開發課程及教師教學。開發課程層面包括：全校總體課程設計、領域（學科）核心課程優化、校本特色課程發展，以及一般性閱讀寫作教育、國語文競賽、學生基本能力檢測等。教師教學層面則包括：教師職務分配、排課教學、教師教育專業社群進修，以及校本特色課程跨領域結合規劃與實踐。順應 2019 年新課綱的實施，教務處行政幹部猶應專業示範「素養取向教育」的「主題單元教學教案設計」、「智慧教育」的意涵及操作事項、「創客教育」的精神及四創教學步驟。是以教務處行政幹部，宜直接使用「KTAV 單元學習食譜」設計處室核心工作事項的執行計畫，思考核心事務教給學生明確的「知識→技術→能力→價值」為何，幹部帶領師生「用智慧」→「做中學」→「有作品」→「論價值」，並就「閱讀寫作教育」、「語文競賽活動」、「教師專業社群進修」、「校本特色教育」，優先規劃學生五至十項智慧創客作品計畫，用多元文創智慧創客作品，表達教務行政績效價值。

二、策展學務工作學生十大類智慧創客作品

學務處全稱為「學生事務處」，其主要職能在服務學生的生活管理及品德教育，是以以前的學務處稱為「訓導處」。生活管理服務層面重在「好習慣」的養成，包括生活好習慣的規範及學習好習慣的培訓，例如：學校行事曆及師生作息時間的規劃設定，以及開學典禮、畢業典禮、校慶運動會、親職教育日等重要學生慶典活動。品德教育層面包括：學生上學「路隊服務」、清早「整潔時間」、「有禮貌、守秩序、愛整潔」三項競賽、「社團學習及服務」、「健康體適能教育」、「社區公共服務」、「日行一善」、「中心德目行為規準實踐」、「新五倫及其核心價值行為規準實踐」、「品德學習護照」、「品德達人選拔與表揚」等事項。

學務處行政幹部應結合專長教師，優先將慶典重要活動及品德教育事務採用KTAV教學模式設計，明確設定學生可學到的「致用知識（K）」→「操作技術（T）」→「實踐能力（A）」→「共好價值（V）」，由幹部或主責教師透過這些教育活動，帶領師生「用智慧」→「做中學」→「有作品」→「論價值」，實踐「新五倫價值教育」、「智慧教育」及「創客教育」。師生共同規劃的「智慧創客作品」多以「服務企劃書」（平面圖表作品、價值對話作品）及「動能展演作品」呈現，學務處行政幹部可優選十大類型作品，進行系統數位管理。

三、激勵學生作品美化校園環境方案

總務處的主要職能在校園硬體建築及軟體設施的供給。消極的功能在設備的維修與消耗教學用品的補給；積極的功能則在學校空間美學的整體規劃、科技數位校園的進升、人文藝能學習步道的布建，以及智慧創客傳承創新場域的進升。學校的校園整體環境就是「用智慧」→「做中學」→

「有作品」→「論價值」的學習場域。是以總務處行政幹部應「系統思考」校園樓地板面積及空間運用，結合學校的校本特色課程發展及智慧創客教育需求，優先布建領域（學科）及亮點社團智慧創客學習步道與師生作品美化學校環境方案，統整教育資源，導引親師生「知能融合」→「知能創價」→「智慧創客」，讓社區民眾及到校參訪來賓一接觸到校園，就能感受到這是一所「新五倫・智慧創客學校」。

四、開發學生輔導習作十大作品方案

輔導室係為適應困難學生而設，更為預防學生免於適應困難而設，是以輔導室的主要職能在「了解學生」（尤其要掌握需要協助的學生）及「輔導（關照）學生」。在了解學生層面，輔導室要對全校學生實施「最小測驗計畫」，要掌握「生活弱勢學生」、「學習弱勢學生」及「適應弱勢學生」，在校內布建三大扶弱支持輔助系統，有效協助現有的弱勢學生能夠接受完整的學校教育，重視「帶好每位學生，一個都不少」的教育目標。在輔導（關照）學生層面，輔導室重視預防性輔導工作，例如：教師零體罰宣導、性別平等教育宣導、中輟學生輔導、適性教育宣導、生涯發展輔導、人格測驗與情緒輔導諮商、友善校園營造等。學校輔導教師、心理師、社工師推動各項「發展性輔導工作」時，亦得結合智慧創客教育趨勢，運作「順性揚才」及「適配教育」精神，輔導學生歷程中「用智慧」→「做中學」→「有作品」→「論價值」，規劃輔導習作十大作品，如每位學生的「周哈里窗」、「何倫碼結構圖」、「我的未來不是夢」、「生涯發展藍圖設計」、「生命願景與自我管理檢核表」，以及我的「新五倫核心價值」設計與「行為規準」實踐表等，依據輔導活動內涵，留存學生相對的立體實物作品、平面圖表作品、動能展演作品、價值對話作品，讓「做中學→有作品」的輔導效果更具價值，學生對生命、生活及學習的態度能夠

由消極因應轉為積極開展。

五、舉辦教師智慧創客教育系列研習

教務處結合學校課發會舉辦全校各領域（學科）教師參與「智慧創客教育」系列專業成長進修研習，其核心課程（主題）包括：(1)建構核心素養的元素與零組件：「新知能模組說」、「知識遞移說」、「知能創價說」；(2)知識教育學：智慧人‧做創客；(3)智慧教育的理論基礎及實踐作為；(4)創客教育的理論基礎及實踐作為；(5)KTAV 教學模式及「KTAV 單元學習食譜」設計要領；(6)領域（學科）五至十項學生作品的系統規劃及主題單元教學之連結；(7)知識遞移說與「新五倫‧智慧創客學校」；(8)教育 4.0 與「新五倫‧智慧創客學校」；(9)知識、能力、素養與價值的關係；(10)智慧創客教育對教育研究的啟示；(11)素養取向教育與價值評量；(12)校本特色教育用 KTAV 教學模式實踐。各領域（學科）教師得自主籌組「專業學習社群」，用工作坊的型態，每次集會調配二至三門課程，幫助所有教師認同智慧創客教育，願意使用 KTAV 教學模式及「KTAV 單元學習食譜」，為每一領域（學科）開展「用智慧」→「做中學」→「有作品」→「論價值」的教與學，用師生的智慧創客作品彩繪 21 世紀教育新價值。

六、倡導教師採用 KTAV 單元學習食譜教學

「KTAV 單元學習食譜」係將要教給學生的單元主題課程，解碼為「致用知識（K‧真）」、「操作技術（T‧善）」、「實踐能力（A‧含作品‧美）」及「共好價值（V‧善）」，教學前宜預先撰寫在一張 A4 的學習食譜上，並依序帶領教導學生「用智慧」→「做中學」→「有作品」→「論價值」。採用「KTAV 單元學習食譜」教學與傳統教學的不同有四：(1)智慧教育元素的四位一體教學：知識、技術、能力、價值四者（元素）合稱

為「智慧」；智慧者，人之好價值行為實踐也；(2)創客教育「做中學」、「有作品」的教學：「研發有創意的學習食譜」→「教導能創造的操作學習」→「建構再創新的知能模組」→「完成做創客的實物作品」四創一體的教育稱之為創客教育；創客者，師生均有能力完成新教學作品也；(3)價值教育之「價值評量」教學：KTAV 教學模式以「價值」收尾，代表單元教學完成之前，教師應帶領學生進行本單元學習成果之「價值評量」，論述作品價值，省思回饋教學、學習及教育之新價值；(4)知識能否有效遞移之理論引導與檢核教學：「知識（K）」欄位下方有「知識解碼要領」提示（十二個技術名詞），「技術（T）」欄位下方有「知識螺旋焦點」提示（亦有十二個技術名詞），「能力（A）」欄位下方有「知識重組元素」提示（真、善、美、慧、力、行六大元素），「價值（V）」欄位下方則有「知識創新價值」的提示（十二個價值提供參照）。

七、激勵教師每學年規劃領域（學科）五至十件學習作品

　　「做中學、有作品」是創客教育的主要精神，「用智慧」來做中學並完成作品，完成作品之後進行「論價值」及「智慧管理」，合稱為「智慧創客教育」。每一領域（學科）產出的作品會琳瑯滿目，但不一定都與主題單元要教給學生的「知識及技術」完全吻合。是以教師最大的挑戰在於「哪類知識技術要完成哪類實物作品」，以及「學生完成的作品，教師如何帶領學生分析檢核建構作品的核心技術及系統結構」，教師了解「知識遞移說」的理論內涵，通達「知識含技術」、「知識組能力」、「知識展價值」、「知識能遞移」、「知識成智慧」、「知識達創客」學理，方能具備解析「知能創價」及「智慧創客」的深層意涵。是以教師應針對自己的授課領域（學科），每年規劃主題單元教學「知識、技能」與「學生作品」符合度最高的五至十件學習作品，才能真實實踐智慧創客教育。

八、建置領域（學科）師生學習作品數位資訊系統及對話平臺

智慧創客作品的精緻創新及其與主題知識和核心技術的對焦串聯，需經教師與學生不斷地檢核、對話、討論、省思、改善、進升。是以學校課發會應結合教務行政，建置領域（學科）師生學習作品數位資訊網頁及對話平臺系統，提供師生觀摩、學習、分享心得與評論，交流經驗，期能激發群組智慧動能，發現新技術要領，產出更對焦之精緻教育產品，持續傳承創新智慧創客教育，培育符合時代需求的「智慧人‧做創客」。

九、經營校本特色教育課程化及社團化

校本課程及學校教育特色之發展約有四個階段：(1)活動化：學校本位課程或計畫經營的教育特色通常由教育活動開始，由主責教師把這一教育活動辦得很精彩、很有教育意涵、有合適的主題教育活動，才會有進一步成為校本課程及學校特色的構想；(2)課程化：有特色精緻的教育活動，經由教師設計成系列的主題教學活動教材，結合領域教學或綜合活動及重要慶典時間實施，將零星式活動進升為有固定時間實施，由多數教師及學生參與的系列教學，此稱之為課程化階段；(3)普及化：校本課程課程化後，參與的教師及學生逐漸增加，若績效價值獲致學生及家長認同肯定，可再進升為全校師生全面參與並且舉辦班級團隊競賽，提供師生交互觀摩機會，此稱之為普及化階段；(4)特色化（卓越化）：校本課程經學校師生全面參與，永續經營後，績效價值成為學校教育特色品牌，媒體競相報導，參訪交流學校絡繹不絕，精英團隊對外比賽獲獎連連，有多個領域（學科）及社團結合校本特色教育傳承創新其內涵，此稱之為特色化及卓越化時期。是以發展學校本位課程及教育特色，將其課程化及社團化是必要的手段與

經營策略。

十、實施校本特色教育 KTAV 教學

　　學校的特色教育經營需經活動化→課程化→普及化→才能「特色化」或「卓越化」，有時要經二至三年才得以看到實質的績效價值。KTAV 教學模式及「KTAV 單元學習食譜」的使用，可以帶領師生「用智慧」→「做中學」→「有作品」→「論價值」，統整實踐校本特色教育明確的「致用知識（真）」、「操作技術（善）」、「實踐能力（作品）（美）」、「共好價值（慧）」之 KTAV 四位一體，是智慧教育、創客教育、價值教育、素養取向的教育，由師生的智慧創客作品來展現學校校本特色教育的真實教育成果，也由師生作品來定位學校教育特色品牌之實境。因此，行政幹部及領域（學科）召集人，應激勵教師優先將校本特色教育採用 KTAV 教學，讓學校的特色教育產出代表性的智慧創客作品。

十一、建置校本特色教育學生動能展演作品

　　學生的智慧創客作品可分成四大類：立體實物作品、平面圖表作品、動能展演作品、價值對話作品，其中的動能展演作品多用當代科技數位影音管理，可直接錄製成 QR code，對於學生「核心技術」的完形表現，以及參與競賽和動能臨場演出都能「拍攝」、「後製」得栩栩如生，代表學校教育卓越成果，更代表學生個人「優勢專長」的亮點展現。是以學校應優先建置校本特色教育之學生動能展演作品，並將學校特色及校本核心課程結合領域（學科）及優質社團，建置學生數位學習步道（即學生核心技術動能展演作品輔以教學要領解說的 QR code 數位學習步道），讓師生得隨時運用數位學習步道自主學習校本特色教育。

十二、系統管理校本特色教育師生教與學作品

教務處應結合課發會領域（學科）召集人，建置校本特色教育網頁，智慧管理師生關於校本特色的智慧創客作品，並在網頁中建置交流對話平臺，由教務主任、教學組長及專責教師輪流擔任網站主持人，主持專題討論校本特色教育「KTAV 單元學習食譜」、主題教學教案、師生智慧創客作品的更新，以及傳承創新發展的「價值論述」及「省思回饋」。校本特色教育的師生實物作品有專門展場展示，並製作電子書簡報 15 分鐘的精華作品及作品核心技術的解析與教學範例。

十三、訂頒師生優良作品獎勵要點

教務處訂頒師生智慧創客優良作品獎勵要點，獎勵師生的六大類表現：(1)教師 KTAV 單元學習食譜設計獎：各處室及各領域（學科）各票選一案至三案獎勵教師；(2)教師示範作品獎：各處室及各領域（學科）亦各票選一項至三項標竿示範作品獎勵教師；(3)學生立體實物作品獎：各班級每一領域（學科）1～3 位，各處室推薦 3～5 位；(4)學生平面圖表作品獎：各班級每一領域（學科）1～3 位，各處室推薦 3～5 位；(5)學生動能展演作品獎：各班級每一領域（學科）1～3 位，各處室推薦 3～5 位；(6)學生價值對話作品獎：各班級每一領域（學科）1～3 位，各處室推薦 3～5 位。學校獎勵要點應明確規範受獎對象及作品的選出方式與標準程序，亦得配合領域（學科）智慧創客師生作品聯展活動及嘉年華會「評審團」票選選出，並在展場中標示得獎作品名稱及作者。

十四、定期舉辦領域（學科）師生作品聯展活動

學校責由各處室及課發會領域（學科）小組（召集人），定期舉辦處

室及各領域（學科）師生作品聯展活動；四處室及領域（學科）按月規劃，每月均有合適之領域或處室展示師生智慧創客作品；或避開寒暑假（7月、8月及2月），每月均有一領域（學科）舉辦師生作品聯展活動；每雙月增加一處室單位學生作品展示活動。每一處室及領域（學科）師生作品展示的同時，公開頒獎激勵得獎師生，授予尊榮，並為特優作品錄製核心技術教學影片以及「KTAV單元學習食譜」設計要領；安排得獎師生輪流駐場，簡報介紹其作品構想、核心技術運用要領及系統結構價值意涵。

十五、定期舉辦智慧創客教育作品嘉年華會

學校應配合校慶或親職教育日，舉辦年度智慧創客教育嘉年華會，展示歷年的校本特色教育、處室及領域（學科）智慧創客教育之師生作品精華，陳列精品實物並製作歷年得獎作品介紹、師生作品發展脈絡、核心技術運用群集，用作品統整發現詮釋學生優勢專長與教育學習特色；詮釋教師專業優勢與教學品牌特色；詮釋校本特色教育的作品主題與趨勢；詮釋處室核心職能的實踐與教育價值。作品定位師生生命價值，作品定位學校教育價值，讓師生智慧創客作品成為家長為其子女選擇學校教育最重要的參照指標。

十六、規劃辦理畢業生十大作品展（電子書播放）計畫

畢業生班級導師指導畢業生，配合畢業典禮同時展示（前或後一週）就學期間的十件智慧創客代表作品；這十件作品要完整含括四大類作品：立體實物作品、平面圖表作品、動能展演作品、價值對話作品，並用手機及平板電腦製作成電子書，用10～20分鐘簡介說明十大作品的名稱、構想理念及核心技術選擇、作品完成的績效價值論述，以及其與自己性向興趣、優勢專長的發展脈絡，知能融合創價解析說明。國小、國中、高中職校畢

業學生都展出實踐智慧創客代表作品十件，這些作品可以當作學生升大學選擇科系學院群組的參照指標；大學生、碩士生、博士生畢業時也都展出十件智慧創客代表作品，這些作品與碩士論文、博士論文等值，都是就業選擇與應徵工作的最佳參照指標。

上述十六個項目的執行內容，也可用圖 15-1 來呈現其計畫綱要。

策略一、實踐知識遞移理念，經營處室學習作品

1. 規劃教務活動學生五至十項作品計畫。
2. 策展學務工作學生十大類智慧創客作品。
3. 激勵學生作品美化校園環境方案。
4. 開發學生輔導習作十大作品方案。

策略二、實施KTAV教學，智慧管理領域作品

5. 舉辦教師智慧創客教育系列研習。
6. 倡導教師採用 KTAV 單元學習食譜教學。
7. 激勵教師每學年規劃領域（學科）五至十件學習作品。
8. 建置領域（學科）師生學習作品數位資訊系統及對話平臺。

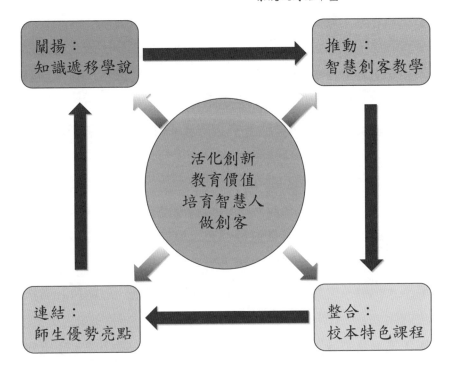

策略四、激發師生專長優勢，創新價值對話作品

13. 訂頒師生優良作品獎勵要點。
14. 定期舉辦領域（學科）師生作品聯展活動。
15. 定期舉辦智慧創客教育作品嘉年華會。
16. 規劃辦理畢業生十大作品展（電子書播放）計畫。

策略三、深化校本特色教育，建置動能展演作品

9. 經營校本特色教育課程化及社團化。
10. 實施校本特色教育 KTAV 教學。
11. 建置校本特色教育學生動能展演作品。
12. 系統管理校本特色教育師生教學作品。

圖 15-1　學校智慧創客教育學生百樣作品研發計畫（綱要）

陸、執行要領（配套措施）

一、推動組織

1. 學校成立「智慧創客教育學生百樣作品規劃委員會」，邀集四處（室）主任、組長及課發會領域（學科）小組召集人組成，由校長擔任召集人，教務主任擔任總幹事，教學組長為執行秘書。

2. 學校四處（室）及課發會各領域（學科）小組分別成立「處室核心業務學生智慧創客作品規劃小組」及「領域（學科）智慧創客學生作品規劃小組」，處（室）小組由主任、組長及幹事組成，由主任召集。領域（學科）小組由所有授課教師組成，由小組召集人召集。

二、運作方式

1. 「智慧創客教育學生百樣作品規劃委員會」的首次會議由教務主任（總幹事）提報「學校智慧創客教育學生百樣作品研發計畫」，經討論通過，校長核定頒行之後，委員會按月開會一次，溝通協調各處室及領域（學科）師生作品的共同研發事務，並解決計畫執行衍生問題。

2. 處（室）及領域（學科）小組，每雙週開會一次（處室小組會議得併同行政會議舉行），討論規劃領域（學科）使用「KTAV 單元學習食譜」五至十個最佳主題單元名稱及學生作品類別名稱。雙週開會亦得配合辦理教師專業群組進修，邀請學者專家或績優校長、教師指導「KTAV 單元學習食譜」的撰寫要領及智慧創客作品之核心技術分析、知識教育學與素養取向教育的實踐等。

◆ 三、品保機制

1. 教師「KTAV 單元學習食譜」設計教學主題知識的主要內涵，包括：「致用知識」、「經營（操作）技術」、「實踐（作品）能力」及「共好價值」。此外，尚須結合「素養取向教學教案設計」，在「學習內容」欄位直接正名為「智慧學習內容」，在「學習表現」欄位直接正名為「創客學習表現」，在「適性評量」欄位則直接正名為「價值評量」，以「KTAV 單元學習食譜」核心內容作為素養取向教學教案的主軸，確保「用智慧」→「做中學」→「有作品」→「論價值」的實踐（KTAV 教學模式）。

2. 輔導領域（學科）教師針對學生智慧創客經典作品進行「知識」及「核心技術」分析，對焦單元主題之「致用知識」及「操作技術」。

3. 無論學生作品的類別名稱、難度高低，均激勵學生珍愛自己的作品，並能夠論述自己作品「本身的價值」、操作學習與整體教育的價值意涵。

◆ 四、獎勵績效

1. 學校頒行「智慧創客教育師生優良作品獎勵要點」，定期頒獎表揚得獎作品師生。

2. 學校智慧管理所有得獎的師生作品，並製播卓越作品核心技術教學影片及 QR code 數位學習步道，為全校師生及參訪來賓表揚得獎師生（作品）教學要領及提供自主學習步道。

3. 學校製作「智慧創客達人」獎座及徽章：獎座頒給「KTAV 單元學習食譜」設計最優教師；徽章頒給所有得獎作品師生。衣服上別有徽章者，都是智慧創客達人。

柒、預期成效

一、量的績效

1. 完成學校四處（室）智慧創客師生作品，以及「KTAV 單元學習食譜」三十至五十件。

2. 完成學校領域（學科）智慧創客師生作品，以及「KTAV 單元學習食譜」五十至一百件。

3. 完成學校校本特色教育師生作品，以及「KTAV 單元學習食譜」二十至三十件。

4. 學校建置智慧創客教育師生作品、「KTAV 單元學習食譜」網頁，以及經驗分享交流對話平臺。

5. 學校精選智慧創客教育學生百樣作品，公布於智慧創客教育網頁，供全校師生及民眾點選。

6. 學校畢業生都能展出智慧創客代表作品十件，畢業代表作品包括：立體實物作品、平面圖表作品、動能展演作品、價值對話作品四大類。

二、質的價值

1. 教師具備知識教育學素養，實現教育新願景：「智慧人・做創客」。

2. 教師通曉知識遞移理論，採行 KTAV 教學模式，擴大師生知識遞移流量與職能。

3. 教師教學能夠有效融合「智慧教育」、「創客教育」、「價值教育」及「素養取向教育」之共同需求，採行「用智慧（KTAV）」→「做中學」→「有作品（做創客）」→「論價值」教與學歷程，經營「新

五倫‧智慧創客學校」，邁向教育 4.0。

4. 物理現象的知識、事理要領的知識、生命系統的知識、人倫綱常的知識、時空律則的知識，這五大類知識系統經由新五倫‧智慧創客教育，開啟教育的新文明與文化。

捌、經費需求：每校補助 10 萬元

1. 資料書籍費：共預列 1～2 萬元。

2. 教師專業社群運作費：共預列 2～3 萬元。

3. 作品製作材料費：共預列 3～6 萬元。

4. 郵電雜支費：共預列 1～2 萬元。

5. 諮詢輔導費：共預列 2～4 萬元。

6. 總計：每一學校補助 10 萬元。

第十六章　畢業生十件智慧創客作品展示試辦計畫【範例】

導論

　　本章刻意將「畢業生展出十件代表作品」事務，撰寫成一個「主題式教育計畫」，提供給學校教育同仁參照，期能有計畫地、務實地將這件事辦好，它代表的教育意義深遠，學校真實創新師生的生命價值，學校也真實創新教育特色品牌價值。就誠如計畫目標所寫的：優化智慧教育，活化創客教學，經營新五倫・智慧創客學校；深化價值實踐，創化學習作品，展現畢業生智慧人・做創客。

　　本計畫規劃設定了四大經營策略，十二項執行項目，計畫的重點在：如何讓畢業生都樂於展出他（她）的十件代表作品，這十件代表作品要如何產出，如何與平時的課程學習做連結。關鍵事項有四：(1)學校推動新五倫・智慧創客教育，帶動激勵師生「用智慧（KTAV）」→「做中學」→「有作品（做創客）」→「論價值」；(2)每位教師都為自己的授課領域（學科）研發五至十件最適化作品，並教導學生配合單元主題學習，完成這些學習作品；(3)師生每年都有一至三件作品參展或參賽；(4)畢業生自畢業年開始，就由班級導師輔導規劃畢業展個人的十件代表作品，包括：作品名稱、完成期程，以及每一件作品完成時的指導老師確認卡。

　　國小、國中、高中職、大學、碩士、博士每一層級的畢業典禮，都是人生發展的大事，如果每一次的畢業典禮，畢業生都能同時展出其在校所學的十件代表作品，都可以用手機或平板電腦向家長及來賓解說他的作品，

解說作品的「知識（K）、技術（T）、能力（A）、價值（V）」，這是一個多麼不一樣的畢業典禮，它可以真實地看到師生及學校的亮點。

壹、計畫緣起

迎接新課綱與素養取向教育的時代來臨，當代教育有四大趨勢：特色品牌教育、價值教育、創客教育及智慧教育，其教育目標在培育師生都是「智慧人・做創客」。為了有效實踐這四大教育趨勢，筆者出版《知識教育學：智慧人・做創客》（鄭崇趁，2017）一書，研發「知識遞移說」（新教育理論），以及 KTAV 教學模式和「KTAV 單元學習食譜」（整合型教學工具），引導學校教師得以統合實踐特色教育、價值教育、智慧教育及創客教育，邁向「教育 4.0：新五倫・智慧創客學校」。

新五倫的品德教育是指：第一倫「家人關係」，其核心價值有「親密、觀照、支持、依存」；第二倫「同儕關係」，其核心價值有「認同、合作、互助、共榮」；第三倫「師生關係」，其核心價值有「責任、創新、永續、智慧」；第四倫「主雇關係」，其核心價值有「專業、傳承、擴能、創價」；第五倫「群己關係」，其核心價值有「包容、尊重、公義、博愛」。這些核心價值均可選為品德教育中心德目，並研發年級學生「行為規準」，張貼於班級布告欄，由教師融入各領域（學科）及班級經營計畫，指導學生實踐有價值行為（含德行作品），此也是情意教學及素養取向教學核心指標。

「智慧教育」係指教師的單元教學即採行「知識→技術→能力→價值」四位一體的教學，教師採行 KTAV 教學模式，帶領學生的單元知能學習能夠融合知識的生命歷程：「致用知識（K）」、「操作技術（T）」、「實踐能力（A）」、「共好價值（V）」四者合一，知識含技術、知識組能

力、知識展價值、知識成智慧、知識能遞移。「真（K）、善（V）、美（A）、慧（V）」四者係智慧教育的核心元素與操作變項。

「創客教育」係指教師單元教學即採行四創一體的教育，包括：(1)研發有創意的學習食譜→(2)教導能創造的操作學習→(3)建構再創新的知能模組→(4)完成做創客的實物作品。創客教育的主要特質在「做中學」、「有作品」，其結合價值教育及智慧教育統合教學，教師得採用「KTAV 單元學習食譜」設計完整的單元教學核心元素及要領，導引師生「用智慧」→「做中學」→「有作品」→「論價值」。師生多能產出相對的智慧創客作品，至少可包括四大類：立體實物作品、平面圖表作品、動能展演作品、價值對話作品。

師生智慧創客作品的產出，來自各領域（學科）的單元主題教學，也來自處室執行的學校教育活動，更來自學校開展的校本特色課程。若每一領域（學科）都有五至十件學習作品；每一處室的教育活動也都有五至十件學生學習作品；每一師生參與校本特色教育，也都有三至五件作品。就教師而言，每位教師都會有十至二十件「KTAV 單元學習食譜」的教材設計與示範智慧創客作品；就學生而言，每位學生在同一層級學校（國小、國中、高中職、大學、碩士班、博士班），都會有五十至一百件作品。畢業時，精選自己的十件代表作品參與畢業展，應是水到渠成的事。

畢業生十件智慧創客代表作品的展出具有四大教育價值：(1)統整學校教育所學：定位學生在學校學到的「知識」、「技術」、「能力」、「價值」，用作品統整展現所學；(2)實踐「智慧人・做創客」：表達「用智慧→做中學→有作品→論價值」的教育績效成果；(3)蘊含性向興趣趨勢：學生各類作品多元並陳，交互爭輝，自己的十件代表作可以蘊含學生個人的性向、興趣趨勢；(4)展現優勢專長亮點：學生的精緻經典作品就是學生個人優勢專長亮點的寫照，是學生後續發展（升學及就業選擇）的最適配參照

點。

　　學校依循智慧創客教育的學理，激勵教師使用 KTAV 教學模式及「KTAV 單元學習食譜」，帶領學生「用智慧（KTAV）→做中學→有作品（做創客）→論價值」。校長邀集四處（室）主任、課發會領域小組召集人、畢業班級任導師集會，共同討論畢業學生展示十件智慧創客代表作品的核心工作與相關配套，擬訂成本計畫，期能藉由計畫的有效實踐，創新畢業生的生命價值及前述的四大教育價值。

貳、計畫目標

優化智慧教育，活化創客教學，

　　〈小策略①〉〈小策略②〉

經營新五倫・智慧創客學校；

　　　　〈小目的①〉

深化價值實踐，創化學習作品，

　　〈小策略③〉〈小策略④〉

展現畢業生智慧人・做創客。

　　　　〈小目的②〉

參、經營策略

一、智慧教學融入班級經營，優化人倫共好價值行為

　　　　〈因〉銜接小策略①〈果〉

二、KTAV 帶動四創一體學習，活化智慧創客優勢作品

　　　　〈因〉銜接小策略②〈果〉

三、知能創價陶鑄全人發展，深化生命意涵順性揚才

　　〈因〉銜接小策略③〈果〉

四、立體實物串聯平面圖表，動能展演開啟價值對話

　　〈因〉銜接小策略④〈果〉

肆、執行項目

畢業生十件智慧創客作品展示試辦計畫（綱要）

計畫目標	經營策略	執行項目
優化智慧教育，活化創客教學，經營新五倫·智慧創客學校； 深化價值實踐，創化學習作品，展現畢業生智慧人·做創客。	一、智慧教學融入班級經營，優化人倫共好價值行為	1. 學校推動新五倫價值教育。 2. 教師實踐智慧教學於各領域（學科）及班級經營。 3. 處室優化智慧型教育活動計畫。
	二、KTAV 帶動四創一體學習，活化智慧創客優勢作品	4. 學校實施德育智慧創客教學。 5. 教師運用 KTAV 教學模式授課及班級經營。 6. 處室規劃管理師生智慧創客教材及作品。
	三、知能創價陶鑄全人發展，深化生命意涵順性揚才	7. 學生實踐新五倫的核心價值及行為規準。 8. 學生產出領域（學科）智慧創客作品。 9. 學生建置校本特色教育活動學習作品系統。
	四、立體實物串聯平面圖表，動能展演開啟價值對話	10. 師生經營各領域（學科）及教育活動最適化作品。 11. 師生規劃畢業生個人十大代表作品名稱及完成時程。 12. 師生策展畢業生十件代表作品展示週（與畢業典禮同週）。

伍、執行內容

一、學校推動新五倫價值教育

學務處選用五至十個新五倫核心價值為學校品德教育中心德目，由年級導師共同研發年級學生的行為規準，每一年級行為規準三則，一則（句）「好習慣」、一則（句）「服務心」，另一則（句）挑選名人佳句。年級行為規準由學務處印製，並由班級導師輔導學生張貼於教室布告欄，供所有授課教師及學生實踐並融入各領域學科教學，導師則將新五倫價值教育之學生實踐融入班級經營計畫。

二、教師實踐智慧教學於各領域（學科）及班級經營

智慧教學是指單元主題教學要關照學生「知識（真）→技術（善）→能力（含作品‧美）→價值（慧）」四位一體的有效學習，將四大元素（真、善、美、慧）整合成智慧。學生用「價值省思」來完備自己單元主題的知識學習，則稱之為有智慧的學習；「價值（慧）」領導學習實踐，成為智慧教育的最核心元素。教師實踐智慧教學於各領域（學科）及班級經營，得使用 KTAV 教學模式及「KTAV 單元學習食譜」，確保單元主題的「教」與「學」都有「價值」引導，學生都在有智慧的學習。

三、處室優化智慧型教育活動計畫

學校所有的教育活動都可以智慧化，一般所謂的「智慧校園」係用現代化「智慧型數位科技設施」來「翻轉教育方法」。本計畫的「智慧型教育活動」，除了「方法數位化（智慧化）」之外，尚包括「實質內容智慧化」及「學習結果智慧化」。處（室）優化智慧型教育活動，得使用

「KTAV 單元學習食譜」併入原有的實施計畫思考，標示出整個教育活動要教給學生明確的「知識、技術、能力（作品）、價值」為何，再結合原計畫的 SOP 進行，即成為真正的「智慧型教育活動」。智慧型教育活動可以留下參與師生的智慧創客作品，每一處（室）刻意經營，則每一處（室）都可留下五至十類（件）經典的智慧創客作品。

四、學校實施德育智慧創客教學

品德教育的實施在於導引學生「力行好習慣」及「實踐優價值行為」（永續服務助人）：好習慣的力行在生活層面及學習層面；價值行為的實踐則屬於人倫綱常層面（人際關係）。生活習慣、學習習慣、人際關係習慣，都可以是有智慧的養成，也都可以是「創客式」的實踐，例如：用智慧型手機及電腦數位產品登錄新五倫核心價值及「行為規準」，要求自己「日行一善」與之「結合」，然後記錄儲存；又如：學校建置新五倫價值教育學習步道，提供師生隨時可「智慧創客」自主學習；另如：學校舉辦「品德教育月」或「情意教學週」等系列活動，採智慧創客教學實踐。

五、教師運用 KTAV 教學模式授課及班級經營

KTAV 教學模式及「KTAV 單元學習食譜」係整合智慧教育、創客教育及價值教育的新工具，教師使用它得以帶領學生「用智慧」→「做中學」→「有作品」→「論價值」，師生的教育績效價值就得以用「智慧創客」作品來具體呈現。是以每位教師應針對自己的授課領域、班級經營及主責教育活動，優先選擇合適的主題，運用「KTAV 單元學習食譜」設計核心教學內容。第一年選二至三個主題試作，產出二至三件學生智慧創客作品，第二年起則針對自己的授課領域（學科）精選五至十個主題，設計「KTAV 單元學習食譜」，編製智慧創客教材，幫助學生產出五至十件學習作品，

用 KTAV 教學模式實踐智慧創客教育。

六、處室規劃管理師生智慧創客教材及作品

學校四處（室）應就其職責規劃管理全校師生智慧創客教材及作品。教務處應建置各領域（學科）及校本課程（特色教育）的師生智慧創客教材及作品數位管理系統。學務處應建置教育活動、社團、慶典、品德教育、健康教育的師生智慧創客教材及作品數位管理系統。總務處應建置體育展場、藝文展場、社團展場、學習步道等之展出各類師生智慧創客教材及作品的數位管理系統。輔導室則應建置生命教育、親職教育、志工培訓教育等之各類與學生輔導攸關的師生智慧創客教材及作品數位管理系統。智慧創客教材及作品的智慧管理，得以「傳承創新」每年度更豐富精緻的作品。

七、學生實踐新五倫的核心價值及行為規準

學生實踐品德教育的主要方法有四：(1)結合親師聯絡簿：每天登錄日行一善的事蹟；(2)結合日記或週記：每週撰寫一篇有關「核心價值」、「中心德目」及「行為規準」的實踐事件、心得與省思；(3)結合閱讀與寫作：閱讀有關本週（月）中心德目的書籍與繪本，並寫一篇札記或價值省思；(4)結合慶典活動：指導學生表演品德行動劇，合唱具有核心價值意涵的歌曲，或由師長價值論述及表揚品格達人。上述這四種方法，學校得整體規劃，按週、月擇二至三項帶領學生實踐，並逐漸加強新五倫核心價值及行為規準元素之比率。

八、學生產出領域（學科）智慧創客作品

學生的學習作品來自教師各領域（學科）的教學為主，領域（學科）作品的總和，加上學校教育活動及校本特色課程的作品，成為學生在學校

接受教育整體「績效價值」的具體表現。是以學生應接受教師輔導，自主數位管理自己各領域（學科）的智慧創客習作，並在畢業年時系統整理自己的全部作品，分類成：立體實物作品、平面圖表作品、動能展演作品、價值對話作品，再從中精選十件（或優化重做）作為畢業代表作品。

九、學生建置校本特色教育活動學習作品系統

學生個人參與校本特色教育，例如：「教育 111」（一校一特色，一生一專長，一個都不少），以及個人優勢專長作品的發揮，是學生個人亮點之所在，也是「獨特人、永續人」教育功能之所在。是以學生個人應在教師指導之下，優先建置個人參與校本特色教育活動（智慧創客）的學習作品系統，智慧管理自己的優勢專長作品，並逐年配合教師指導，「傳承創新」、「優化、活化、深化、創化」個人的智慧創客作品。這些作品也都是學生精選為畢業生於畢業展的代表作品之基石。

十、師生經營各領域（學科）及教育活動最適化作品

「最適化作品」是指單元主題教育所產出的「實物作品」，經由「核心技術」及「系統結構」分析之後，作品本身的「致用知識（真）」、「操作技術（善）」、「實踐能力（作品）（美）」、「共好價值（慧）」，與教材主題表象知識技術最為吻合，沒有「難度落差」或「高階低就」、「低階高就」的產品（作品與主題知能不適配）。智慧創客教育的實施，前三年最適化作品的比率可能僅有 40～60%，需要師生逐年永續深耕（傳承創新），方能提高最適化作品比率。學者專家、輔導學校優質教師及國民教育輔導團團員，約三至五年期間，才能編撰出各級學校學生百大最適化智慧創客作品，才能編撰出各領域（學科）主題單元教學最適化十至二十件智慧創客作品，才能由各學校自編學校校本特色教育最適化三十至五

十件智慧創客作品。最適化作品才能真正呈現領域（學科）師生教學特色，也才能真正呈現學校教育特色及學生優勢專長。

十一、師生規劃畢業生個人十大代表作品名稱及完成時程

學生畢業代表作品是學生在學校總學習「績效價值」的展現，代表作品的產出有三大方式：(1)精選：從歷年的學習作品中精選十件；(2)重做：進入最後一年（畢業年）時，重新規劃十大作品，用一年的時間重做；(3)部分精選部分新做：平時學習最得意的作品及新作都選為畢業展代表作品。級任導師應輔導畢業班學生，自主擬訂個人畢業展計畫展出代表作品的名稱及完成時程，通常要鼓勵學生採第三種策略：部分精選部分新做最佳，這樣最能代表學生在學校各年段的學習表現與成長歷程，是最適化的作品與「績效價值」。

十二、師生策展畢業生十件代表作品展示週（與畢業典禮同週）

學校所有畢業班，應藉由班聯會自治幹部籌組「畢業展籌備委員會」策展畢業生十件代表作品展示週，各畢業班學生至少 1～3 人參與委員會，並分組執行各項職能任務，包括：系統思考畢業作品總量、需占空間（樓地板面積）、最適化展示場地、「班級作品」完成時程、數位聯播系統、畢業生個人化簡介系統、觀眾來賓參訪路線規劃、動態作品與靜態作品的區隔與交互輝映，以及參加畢業典禮的家長、親友、師長、來賓於典禮前後參訪作品展的動線規劃。用智慧創客代表作品，展出學生畢業典禮的教育價值、學生的生命價值及可能持續發展的價值。

上述十二個項目的執行內容，也可用圖 16-1 來呈現其計畫綱要。

策略一、智慧教學融入班級經營，
　　　　優化人倫共好價值行為

1. 學校推動新五倫價值教育。
2. 教師實踐智慧教學於各領域（學科）及班級經營。
3. 處室優化智慧型教育活動計畫。

策略二、KTAV帶動四創一體學習，
　　　　活化智慧創客優勢作品

4. 學校實施德育智慧創客教學。
5. 教師運用 KTAV 教學模式授課及班級經營。
6. 處室規劃管理師生智慧創客教材及作品。

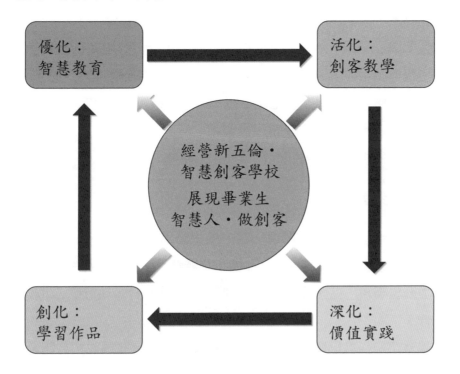

策略四、立體實物串聯平面圖表，
　　　　動能展演開啟價值對話

10. 師生經營各領域（學科）及教育活動最適化作品。
11. 師生規劃畢業生個人十大代表作品名稱及完成時程。
12. 師生策展畢業生十件代表作品展示週（與畢業典禮同週）。

策略三、知能創價陶鑄全人發展，
　　　　深化生命意涵順性揚才

7. 學生實踐新五倫的核心價值及行為規準。
8. 學生產出領域（學科）智慧創客作品。
9. 學生建置校本特色教育活動學習作品系統。

圖 16-1　畢業生十件智慧創客作品展示試辦計畫（綱要）

陸、執行要領（配套措施）

一、推動組織

1. 學校成立「畢業生十件智慧創客作品策展委員會」：規劃畢業生作品總量、類別、展場、數位簡報系統及重要時程管控。

2. 教師成立畢業班級任導師聯盟，督導學生幹部分組執行策展任務，班級導師也要指導學生規劃個人十件代表作品的名稱及完成時程。

3. 畢業班學生成立畢業展工作小組，邀集各班級代表 1～3 人參與，分行政組、場地組、作品組、設備組、活動組及宣傳組，依學校策展委員會的規劃與指導，執行策展工作事務。

二、運作方式

1. 學校策展委員會每月開會一次，由學務處主任主持，9 月份策訂完成「畢業生十件智慧創客作品展示試辦計畫」及「策展時程規劃表」並公告周知，克責處（室）、教師及畢業生依計畫執行核心事務（工作）。

2. 畢業班級任教師聯盟，依核心事務進程需要每雙週或按月開會，交互檢核學生畢業展相關事宜的進展與問題處理討論，指導學生發揮「交互作用、整合發展」之績效與功能。

3. 畢業班學生畢業展工作小組，各分組召集人會議每週開會一次，各組報告任務執行進度與最佳作法討論，檢討策進，確保工作品質與適時達成任務目標。

4. 畢業班的班會按月討論本班畢業展作品產出及展示會活動事宜，讓每位畢業生都能珍惜畢業展機會，推出自己的「最佳作品」，譜寫

自己的生命故事。

三、品保機制

1. 畢業生十件智慧創客代表作品名稱及完成時程，經由導師指導及批示，並承諾按時完成繳件。

2. 畢業生每人製作畢業展作品品質保證卡，控管自己代表作品的品質與時程，樣張如下：

<table>
<tr><td colspan="4" align="center">畢業展作品品質保證卡</td></tr>
<tr><td colspan="4" align="right">○班○號　姓名○○○</td></tr>
<tr><td align="center">作品名稱</td><td align="center">領域（學科）</td><td align="center">指導教師</td><td align="center">完成日期</td></tr>
<tr><td>1.</td><td></td><td></td><td></td></tr>
<tr><td>2.</td><td></td><td></td><td></td></tr>
<tr><td>3.</td><td></td><td></td><td></td></tr>
<tr><td>4.</td><td></td><td></td><td></td></tr>
<tr><td>5.</td><td></td><td></td><td></td></tr>
<tr><td>6.</td><td></td><td></td><td></td></tr>
<tr><td>7.</td><td></td><td></td><td></td></tr>
<tr><td>8.</td><td></td><td></td><td></td></tr>
<tr><td>9.</td><td></td><td></td><td></td></tr>
<tr><td>10.</td><td></td><td></td><td></td></tr>
</table>

學生簽章：＿＿＿＿＿＿＿＿＿＿＿　　導師簽章：＿＿＿＿＿＿＿＿＿＿＿。

3. 畢業生完成十件代表作品後，應同時製作數位電子檔成為自己手機及平板電腦可以播放的簡報系統及 QR code 播放系統。

四、績優獎勵

1. 除了畢業生畢業作品展之外，也同時舉辦優秀作品選拔展。學校可聘請智慧創客專業評審團，選出每班特優作品一件，每一領域（學科）特優作品一件、優等作品三件，校本特色教育及處（室）教育活動作品特優作品各一件、優等作品各三件。

2. 獲獎作品學生在畢業典禮上頒發獎狀予以表揚，特優及優等作品製作成數位光碟及電子管理系統，成為學校的智慧資本教材及價值行銷產品。

柒、預期成效

一、量的績效

1. 95%以上的畢業生展出十件智慧創客代表作品。

2. 學生畢業展作品包含四大類：立體實物作品、平面圖表作品、動能展演作品、價值對話作品，每一類作品至少 15%以上，至多 50%。

3. 學生畢業展依「班級」及「四大類」雙主軸設計，陳列實物作品、電腦手機電子播放系統及作品 QR code 簡介系統，並有專人接待導覽說明。

4. 學生得獎作品二十至五十件，製作成大會展場電子播報系統簡介，每一班級的學生作品亦都製作電子播報簡介系統，將大會簡介及班級簡介輪流交互在會場大銀幕及班級攤位銀幕上播放。

5. 每一班級由導師指導培育 5～10 人，擔任「班級作品現場解說人員」，畢業生個人親友及來賓由當事人負責解說，必要時可使用手機及平板電腦展示簡介。

6. 90%以上的畢業生能為自己展出的作品，完成數位管理簡報系統，以及能用手機及平板電腦簡報自己的智慧創客作品。

二、質的價值

1. 學生實現 4.0 教育新目標：「智慧人・做創客」。

2. 教師喜歡 KTAV 教學模式及「KTAV 單元學習食譜」，使用 4.0 教育新工具，整合實踐校本特色教育、智慧教育、創客教育及價值教育。

3. 師生樂於「用智慧（KTAV）」→「做中學」→「有作品（做創客）」→「論價值」，開展自己豐富多彩的生命價值，創發教育 4.0 的新文明與文化。

4. 學校智慧管理師生作品，傳承創新師生的「自我實現」及「智慧資本」。

捌、經費需求：每校補助 5～20 萬元

1. 小型學校（畢業生 50 人以下），每校補助 5 萬元。

2. 中型學校（畢業生 51 人至 300 人），每校補助 10 萬元。

3. 大型學校（畢業生 301 人以上），每校補助 20 萬元。

第四篇
新詞釋義篇：新價值

教育新價值　價值新教育
　　新覺識　探究　教育 4.0 新知識價值
　　新方法　發現　KTAV 新技術價值
　　新動能　運作　主題計畫新能力價值
　　新價值　註解　智慧創客新人生價值
進升　知識新價值　邁向教育 4.0

素養取向教育新境界：三軸・三鑰

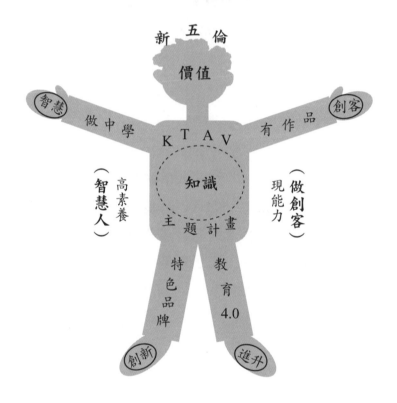

三條教育軸線
- 第一條軸線：知識價值教育
- 第二條軸線：智慧創客教育
- 第三條軸線：創新進升教育

三把教育鑰匙
- 第一把鑰匙：新五倫價值教育
- 第二把鑰匙：KTAV 教學模式及 KTAV 單元學習食譜
- 第三把鑰匙：進升型主題計畫

第十七章　新詞釋義

導論

本章共介紹二十則與「教育4.0」攸關的「專有名詞」，都在本書前十六章使用過，包括：(1)工業4.0；(2)教育4.0；(3)文明進升性；(4)文化含容性；(5)核心素養；(6)關鍵能力；(7)教育組件元素；(8)新知能模組說；(9)知識遞移說；(10)知能創價說；(11)新五倫；(12)核心價值；(13)價值教育；(14)智慧教育；(15)創客教育；(16)KTAV教育（教學）模式；(17)KTAV單元學習食譜；(18)新覺識；(19)新動能；(20)新五倫‧智慧創客學校。筆者逐一說明其概念型定義及操作型定義，並申論它們在教育邁向4.0的意涵價值，供讀者參照使用。

本書之所以增寫這一章，並且置於第四篇的起始章節，是有較深層的考量：(1)「教育4.0」的想像與建構，臺灣學術界才開始討論，筆者在書中提出的版本，能否獲致認同與加持，有待「價值行銷」並「長期經營」；(2)二十個創新的教育「專有名詞」都含有「進升」的意涵，然散見在前十六章中，雖有的連續出現，但在個別的篇章中有其個別之「角色意涵」，讀者很難有效銜接；(3)新「專有名詞」宜由原作者直接註解，避免被認同之後產生過度的「濫用」與「誤用」，反而造成「教育進升」的障礙或阻力；(4)教育知識的創新最不容易，教育進升的覺識與動能更加困難匯聚，而本書各章的「導論」及本章的「新詞釋義」都是創新的方法作為，期待它們能夠幫助讀者快速進入「教育4.0」的情境。

壹、「工業 4.0」對教育發展的啟示

1.0 機械化（1776 年起）	3.0 自動化（1950 年起）
2.0 電氣化（1870 年起）	4.0 智慧化（2010 年起）

「工業 4.0」係工業發展階段劃分的專有名詞，將工業革命以後的工業產品進化升級，帶給人類新文明與文化的躍升及生活品質的優化明顯之四大階段。其操作型定義為：工業 1.0「機械化」時期、工業 2.0「電氣化」時期、工業 3.0「自動化」時期、工業 4.0「智慧化」時期。

「機械化」時期約自 1776 年起，因為瓦特發明蒸汽機，開始有了「引擎」，人類運用引擎產生各種機械動能，而成為工作與生活的利器。「電氣化」時期約自 1870 年起，機電整合帶動新的進升，電話、電鍋、冷氣、電動車、鐵路電氣化、高鐵、飛機、交通工具及生活用品等，皆有革命性進化。「自動化」時期約自 1950 年起，機器人發展快速，逐漸取代勞力密集及惡劣環境場域之工作，電腦及手機加入自動化革新，「全球化」（地球村）的景象已經形成。「智慧化」時期約自 2010 年起，其最大特色為 AI（智慧機器人、智慧型手機、電腦及數位產品）、物聯網及大數據，勢將人類的生活導入「智慧創客」新世界（請參考本書第一章）。

「工業 4.0」對教育發展的啟示主要有四：(1)教育本身文明、文化的進升，也可劃分 1.0 至 4.0 的階段，如 1.0「書院、私塾教育時期」、2.0「學校教育公共化、普及化時期」、3.0「特色品牌學校教育時期」、4.0「新五倫・智慧創客學校時期」；(2)教育新文明具有進升性，教育新文化則具有含容性：進升性是指優秀教師及學生率先進升到 3.0 及 4.0 階段；含容性則是指學校中的師生，處在 1.0、2.0、3.0、4.0 階段者同時存有；(3)從教育的「組件元素」予以優化，是進升新文明、文化的根：教育像智慧型手機，

找到重要的「零組件」及「核心元素」，予以優化、活化、創化、新化，教育的分項（議題）系統就會逐一邁向 3.0 及 4.0，再統合進升為教育 4.0；(4)優先培育 4.0 教師，才能經營 4.0 教育，教出 4.0 學生，是以「素養取向」新師資培育機制亟待確立。

貳、「教育 4.0」的鉅觀版本

1.0 書院、私塾教育時期	3.0 特色品牌學校教育時期
2.0 學校教育公共化、普及化時期	4.0 新五倫‧智慧創客學校時期

「教育 4.0」係指學校教育文明發展的四大主軸階段，這四大階段的名稱與內涵，可以概要描繪不同時代教育的進升焦點。其操作型定義為：教育 1.0「書院、私塾教育時期」、教育 2.0「學校教育公共化、普及化時期」、教育 3.0「特色品牌學校教育時期」、教育 4.0「新五倫‧智慧創客學校時期」。這是筆者提供的鉅觀版本，以「學校的歷史發展」及「教育目的」的進升為經緯，系統思考而成的版本，可以再優化為更精確版本。

「書院、私塾教育時期」（教育 1.0）指封建帝制時代的書院及民間私塾，它們是當代學校教育的濫觴（起源），其教育目的在「脫文盲（平民）‧求功名（貴族）」。「學校教育公共化、普及化時期」（教育 2.0）指臺灣六年國教及九年國教時期，學校教育普及化、公共化、強迫化，接受高等教育的機會也增加，其教育目的在「知識人‧社會人」的培育。「特色品牌學校教育時期」（教育 3.0）在臺灣教育的發展約自 2000 年起，教育部頒布「國民中小學九年一貫課程綱要」鼓勵學校發展校本課程及特色教育，教育部並設有「教學卓越獎」、「校長領導卓越獎」及「空間美學特色學校獎」；臺北市有「優質學校評選」、「教育 111 標竿學校認證」；

新北市則有「卓越學校」、「新北之星特色學校」，引導學校經營進入本位化、特色化、品牌化階段。3.0 教育階段的目標就像「教育 111」的三個 1：「一校一特色、一生一專長、一個都不少」，教育目的則強調「獨特人・永續人」的培育。

「新五倫・智慧創客學校時期」（教育 4.0）指學校教育的經營進升到「新五倫・智慧創客教育」時期，在臺灣約自 2018 年起開展。臺北市優質學校評選「資源統整」向度，將「知能創價」及「智慧創客」列為評選指標，強調 4.0 版的資源統整在協助學校邁向「新五倫・智慧創客學校」，總計有二十六校申請，十三校通過評選，成為 4.0 版「資源統整」優質學校。臺北市政府教育局補助十校執行「教育 4.0：新五倫・智慧創客學校試辦計畫」，中國教育學會以「教育 4.0：智慧學校的想像與建構」為主題，出版專書，並舉辦國際學術研討會，開啟「教育 4.0」新時代（請參考本書第一章）。

參、「文明進升性」的教育意涵

・新元素	・新系統
・新組件	・新模式

人類生活的總稱曰文化，知識分子或社會菁英新開拓具有進升性的生活方式曰文明，文明普及化後成文化，文化再躍升後有新文明，因此文明具有進升性，文化則具有含容性。「文明進升性」係指知識分子或社會菁英在常態人類文化中發現具有進升性的生活方式，包含：食、衣、住、行、育樂、學習、事業、休閒、生命、生涯的新元素、新組件、新系統、新模

式之謂，其操作型定義在於發現生活主軸的新元素、新組件、新系統、新模式。

　　以「工業 1.0 至 4.0」為例，工業 1.0 為「機械化」時期，「引擎」的發明為元素。工業 2.0 為「電氣化」時期，電的發明也是新元素，機電整合則為新組件、新系統。工業 3.0 為「自動化」時期，自動產製系統是一種新系統、新運作模式，但也必須優化部分新零組件中的新元素才能做到。工業 4.0 為「智慧化」時期，智慧型手機的產品持續進升其功能，都是在既有的基礎上，優化新零組件，增加新元素，或者活化系統介面，更新操作模式，累增創化新「智慧型文明」。

　　「文明進升性」的教育意涵有四：(1)發現新教育元素：如核心素養包含六大元素：真（致用知識）、善（經營技術）、美（實踐能力）、慧（共好價值）、力（行動意願）、行（德行作品）；(2)發現新教育組件：如「新知能模組說」、「知識遞移說」、「知能創價說」，或者「新五倫」、「智慧教育」、「創客教育」；(3)發現新教育系統：如「創客教育系統」（研發有創意的學習食譜→教導能創造的操作學習→建構再創新的知能模組→完成做創客的實物作品）。又如「知能創價說系統」（知識學習→知能融合→知能創價→智慧創客）；(4)發現新教育模式：如 KTAV 教育（教學）模式及「KTAV 單元學習食譜」。KTAV 教學模式可以整合實踐價值教育、智慧教育及創客教育，經營學校成為「新五倫・智慧創客學校」，邁向教育 4.0。

肆、「文化含容性」的共好價值

> ‧共存價值　　‧助長價值
> ‧知進價值　　‧共榮價值

　　教育的新文明、文化與工業 4.0 推進的人類新文明、文化，性質雷同，教育新文明具有進升性，教育新文化具有含容性；「進升性」註解人類各種文明的「進升階段」性質，「含容性」詮釋人類各種文化的「階層比率」性質。「文化含容性」係指同一國家或群組的人，其「工業化」或「教育化」程度中，1.0 至 4.0 各階段的人都有（同時存有），只是每一群組中各階段人數的「比率不同」而已。愈文明的國家，其人民達到「工業 3.0 及 4.0」、「教育 3.0 及 4.0」的比率較高，待開發中國家，其人民停留在「工業 1.0 及 2.0」、「教育 1.0 及 2.0」的比率仍然過半。

　　從教育的觀點看「文化含容性」，它帶給人類文明與文化的「共好價值」，這些共好價值才能幫助人類持續地推進新文明與文化，而沒有突然間被滅絕。「文化含容性」具有四大共好價值：(1)共存價值：人類散布存在於整個地球，文化也具有多元性；遺傳秉性、風俗民情、聰慧狂狷、價值取向、多元並存，彼此尊重、包容、接納、含容，方能互補、並存，具有共存價值；(2)知進價值：文化含容性也代表同一族群人類生活文明的差異性，明確揭示其 1.0→2.0→3.0→4.0（進升主軸）的階段任務目標，族群人民即知曉進升的方向與作為，迎頭趕上，具有知進價值；(3)助長價值：素養取向的教育強調「真、善、美、慧、力、行」六大元素，共好重組、主動互助，「文化含容性」提供群組共學、交互助長的運作利基，具有助長價值；(4)共榮價值：「文化含容性」讓人類追求共好共榮價值，原本處於 1.0、2.0、3.0、4.0 的人都能彼此認同、共存、含容知進、助長進升、共榮共享，持續推進人類的新文明與文化，具有共榮價值。

教育 4.0 的建構，也期待教育攸關的人、事、時、地、物都能同時進升到 4.0 的標準，實具有「高絕難度」，需要教育人員「集體智慧」的發揮也到 4.0 的水準方有可能。「文明進升性」的教育意涵（新元素、新組件、新系統、新模式的進升）與「文化含容性」的共好價值（共存、知進、助長、共榮）交互作用、整合發展，配合參與「教育 4.0：新五倫・智慧創客學校」試辦計畫的「人」與「學校」增多，或可早日實現，至少得以找到經營的軌跡與正確的著力點。

伍、「核心素養」的建構元素（新知能模組說）

```
・真（致用知識）    ・慧（共好價值）

・善（經營技術）    ・力（行動意願）

・美（實踐能力）    ・行（德行作品）
```

素養者，修養的元素也。核心素養係指「人」經由「知識」的教育與學習，新知識與身體內既有的「知識、能力」產生「螺旋重組」、「知能融合」所建構的「新知能模組」。新知能模組包括六大元素：「真（致用知識）」、「善（經營技術）」、「美（實踐能力）」、「慧（共好價值）」、「力（行動意願）」、「行（德行作品）」。六大元素建構（基模系統重組）的「新知能模組」尚存在身體之內（看不到）稱為「素養」者，屬「內隱知識」；能夠外顯化表現出有價值行為者（看得到），屬「外顯知識」，就稱為「能力」。狹義的「核心素養」指內隱的「新知能模組」之存有與創新；廣義的「核心素養」則包括能夠外顯、外化的有「價值行為能力」（素養含能力）。素養取向的教育強調培育學生的「素養」，有時又將「素養、能力」並稱，但「素養含能力」，先教素養再表現能力才

是更精準的教育。內隱素養、外顯能力，一體兩面。

核心素養的操作型定義有兩種詮釋，「元素說」與「組件說」稍有不同。「元素說」的操作型定義認為：「核心素養」係前述六大元素建構的，此六大元素是「真、善、美、慧、力、行」，或者「知識、技術、能力、價值、意願、作品」。「組件說」的操作型定義認為：「核心素養」係三大零組件建構的，此三大零組件是：「新知能模組說」（理論意涵）、「知識遞移說」（功能意涵）、「知能創價說」（績效意涵），三大組件建構創新核心素養的完整意涵與價值。新知能模組說的操作元素與「核心素養」相同，是「真、善、美、慧、力、行」。

知識遞移說的操作元素為「知識解碼→知識螺旋→知識重組→知識創新」（描繪知識進入人的身體後，知識生命本身的成長創新）。知能創價說的操作元素則為「知識學習→知能融合→知能創價→智慧創客」（描繪知識進入人的身體之後，知能融合再外顯創價成「智慧人‧做創客」的創新歷程）。狹義的核心素養專指「新知能模組說」；廣義的「核心素養」除了「新知能模組說」之外，還包括「知識遞移說」及「知能創價說」兩大輔助理論（零組件）。

陸、具「關鍵能力」的學生與教師

學生：‧學習力	‧知識力	‧藝能力	‧品格力
教師：‧專業力	‧整合力	‧執行力	‧創發力

關鍵能力（key competency）在「國民中小學九年一貫課程綱要」時代，專指「核心能力」；在「十二年國民基本教育課程綱要」時代，英文仍然使用「key competency」來解釋「素養取向」的課程目標。是以部分學

者（如吳清山，2017b），認為廣義的 competency 具有「素養」的意涵，且「素養大於能力」。本書鑒於 key competency 持續被用於「能力取向」的課綱及「素養取向」的課綱已是不可逆的事實，並認同吳清山教授的詮釋：狹義為「能力」，廣義則含「素養」。唯「素養含能力」，能力與素養都是「知識」進入人的身體之後，滋長生成的，知識成致用知識（K）、知識含技術（T）、知識組能力（A）、知識展價值（V），「KTAV」四合一稱為「素養（智慧）」，單獨的 A 則專指能力。教育在教人「知識」，也在教人「能力」，更在教人「素養」。

　　「關鍵能力」（key competency）若以「素養、能力」並稱，學生的「基本素養」及「核心能力」如圖 17-1 左圖所示，教師的「基本素養」與「核心能力」如圖 17-1 右圖所示。

　　學生的核心素養有四：學習力、知識力、藝能力及品格力，每一素養都含有兩大核心能力，共有八大核心能力（如圖 17-1 左圖），素養含能力。教師的核心素養有四：專業力、整合力、執行力及創發力，每一素養含有兩大核心能力，共有八大核心能力（如圖 17-1 右圖），素養含能力，它們都是關鍵能力（key competency）。

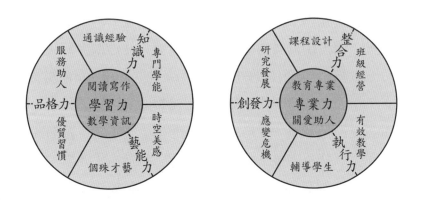

圖 17-1　學生及教師的素養與能力

資料來源：鄭崇趁（2017，頁 166）

柒、「教育組件元素」解碼教育的知識系統結構

> ‧組件：次要變項　　‧次級系統
> ‧元素：原型知識　　‧基本單位

　　智慧型手機的進升都是從它的「零組件」及其「核心元素」優化而來，教育要從 1.0 進升到 2.0，再從 2.0 進升到 3.0、4.0，也要找到教育的「零組件」和「核心元素」，從「教育組件元素」優化、活化、新化、創化，才能進升教育的「分項、議題」，教育的諸多「分項、議題」才能個別進升到 3.0、4.0。當教育有關的人、事、時、地、物都已有 4.0 的標準，教育才算真正的邁向 4.0、達到 4.0。

　　教育的「零組件」指教育的「次要變項」或其「次級系統」。以「教育行政」為例，它的次要變項可分為「計畫、組織、領導、溝通、評鑑」五大核心次要變項。以「校務評鑑」為例，其次要變項可分為「行政效能、課程發展、師資教學、學生輔導、環境設施、資源統整」六個向度（次要變項），每個向度各再分四個項目，每個項目再訂三至五個「指標」來進行「檢核判斷」，就稱之為「向度指標系統」的次級系統。

　　教育的「核心元素」指教育的「原型知識」及「基本單位」。「原型知識」，例如：筆者撰寫《知識教育學：智慧人‧做創客》一書，主張教育的知識分五大類：物理現象的知識、生命系統的知識、事理要領的知識、人倫綱常的知識及時空律則的知識，由於精準的詮釋知識的人、事、時、地、物，此就是原型知識，也是《知識教育學：智慧人‧做創客》全書的「核心元素」。又如：本書主張「核心素養」包括六大元素：「真（致用知識）」、「善（經營技術）」、「美（實踐能力）」、「慧（共好價值）」、「力（行動意願）」、「行（德行作品）」，都是「原型知識」

的「核心元素」。「基本單位」指不宜再分割的組織實體，如「班級」、「年級」、「年段」、「學程」、「學校」；人的「知、情、意」；人的「感、知、覺、識」；教育「KTAV」都是研究教育「元素」之「基本單位」。這些「基本單位」及「原型知識」有時會由「元素」進升到「組件」。「元素」是「組件」次級系統的知識；「組件」是「元素」上級系統的知識。

捌、「新知能模組說」的教育價值

> ・屬內隱知識　・是能力源頭
> ・成核心素養　・係創價之心

筆者撰寫本書與《知識教育學：智慧人・做創客》一書，對教育界產生最具體的「動能貢獻」有二：(1)發現「核心素養」的建構理論：「新知能模組說」、「知識遞移說」及「知能創價說」；(2)研發教育的新模式（工具）：KTAV 教學模式及「KTAV 單元學習食譜」。其中，「新知能模組說」詮釋「核心素養」由六大元素組成（建構）：「真（致用知識）」、「善（經營技術）」、「美（實踐能力）」、「慧（共好價值）」、「力（行動意願）」、「行（德行作品）」。新知能模組係內隱知能，外顯化成為能力（有價值行為實踐）。

「新知能模組說」在本書中不斷地出現，具有四大教育價值：(1)屬內隱知識：Nonaka 與 Takeuchi（1995）發表「知識管理」公式及「知識螺旋」效應時，將知識分為「內隱知識」（在身體內，看不見）及「外顯知識」（表現出來，看得見）；新知能模組說將「核心素養」界定為「內隱知識」，且由明確的元素組成，用內隱知識「定位」素養的教育價值；(2)成

核心素養：用「新知能模組」的「存有」來具體描繪素養的存有，讓「核心素養」一詞不再抽象得遙不可及；(3)是能力源頭：「素養」與「能力」究竟哪個先？哪個大？在學界多混淆難懂；「新知能模組說」主張先在身體內建構「新知能模組」係內隱者為素養，能外顯化者為能力，是以素養先、能力後，且素養含能力；知識是素養與能力共同的源頭；(4)係創價之心：「新知能模組」就像藏在人身體之內的「心」，它是知能創價的根，也是智慧創客的總樞紐，等同於一顆創價之心，創新個人的生命價值，也創新組織的教育價值。

「新知能模組說」不但詮釋了「核心素養」的真實意涵，其再與「知識遞移說」及「知能創價說」連結，更能夠全面註解「教育組件元素」（分項、議題）之源頭，發展歷程與績效價值，妙用無窮（如圖 17-2，請參考本書第二章說明）。

玖、「知識遞移說」進升知識的教育價值

| ・知識解碼 | ・知識重組 |
| ・知識螺旋 | ・知識創新 |

「知識遞移說」係指教師教學的主要目的在「知識遞移」，也就是能將教師身上的知識及教材上的知識，有效地「遞送、轉移」到學生身上，學生不但知道、了解這些知識的意涵，還會運用操作裡頭的技術，而成為自己帶得走的能力（德行作品），創新知識並創新自己生命的價值。其操作型定義聚焦「有效知識遞移」的核心技術（操作型教與學之技術），包括：「知識解碼」→「知識螺旋」→「知識重組」→「知識創新」。

「知識解碼」指教師教學「單元主題知識」前，會將其「核心知識」

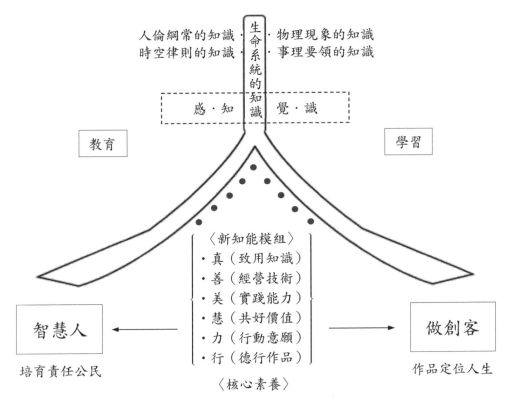

圖 17-2 「新知能模組」說：核心素養的建構元素

資料來源：作者自行繪製

解碼為「可操作學習的技術」，例如：筆者教授「系統思考」主題知識時，將其解碼為「觀照全面→掌握關鍵→形優輔弱→實踐目標」四個可操作學習的技術，輔以實例說明，學生很快就能理解學會。

「知識螺旋」指教師善用教學情境讓師生的對話交流及群組討論，產生「內隱知識外部化」及「外顯知識內部化」的交互作用。螺旋進升效應，有利於知能融合創新，建構再創新知能模組，例如：臺灣最近流行的「學習共同體」及教師的「備課、議課、觀課」，就是在促進教師的「知識螺旋」，確保能「教會學生」產生「知識遞移」的質量。學生採「分組討論

學習」，也在促進學生的「知識螺旋」，藉由群組動能，相互螺旋助長，幫助大家都能夠學會。

「知識重組」指學習者本身「知識基模系統重組」，將新學到的「真（致用知識‧K）」、「善（經營技術‧T）」、「美（實踐能力‧A）」、「慧（共好價值‧V）」進行系統化、結構化、模組化，逐漸成為內在的「新知能模組」（核心素養），藉以外顯化成為有價值的能力實踐（德行作品）。

「知識創新」指學習者本身「知識基模系統重組」後所建構的內在「新知能模組」及能外顯化「有價值行為實踐」（德行作品），此都是「知識創新」。學習者創新自己的知識、創新自己的知能元素、創新生命的新價值，師生也共同創新教育的新價值。

拾、「知能創價說」導引師生邁向「智慧人‧做創客」

‧知識學習	‧知能創價
‧知能融合	‧智慧創客

「知能創價說」係指教育之主要目的在藉由教師對學生的教學，匯聚師生的「知識資源」及「能力資源」，融合創新「生命的價值」及「教育的價值」之謂。其操作型定義聚焦在四大教學核心技術的掌握，包括：「知識學習」→「知能融合」→「知能創價」→「智慧創客」，意味著師生「知能創價」的意涵在引導師生都邁向「智慧人‧做創客」。

「知識學習」是指廣義的「新知識」學習，若教師能運用 KTAV 解碼學生新學的主題知識，成為教師要教會學生的「知識（K）→技術（T）→

能力（A‧含作品）→價值（V）」，效果最好。「知能融合」指新學習的「KTAV 內涵（知識）」與學習者本身已經存有的知識與能力互動融合，產生「新知能模組」系統，備以「知能創價」。然學生新建構之「新知能模組」系統，其系統化、結構化、模組化差異頗大，是以「知能創價」的效果個別差異也大。

「知能創價」指學習者知能融合之後，持續系統重組，以新的知能模組外顯化成好價值行為實踐，包含德行作品。知能創價指創新教師及學生的生命價值，創新師生的教育價值。就教師而言，指用新的教材、新的方法（如 KTAV）教學生；就學生而言，能學到新知識、新技術、新能力及新價值。「智慧創客」指學習者「知能創價」的具體價值行為實踐，每一位都成為「智慧人‧做創客」，而德行作品就是「智慧教育」及「創客教育」共同的績效作品。

知能創價說補強知識遞移說（由知識生命的創新，強化人的知能融合後創新教育及人本身的價值），共同輔助「新知能模組說」，成為「核心素養」三大零組件，統合註解「核心素養」的意涵及定位（如圖 17-3，請參考本書第二章的說明）。

拾壹、「新五倫」開展人際關係新界面

‧第一倫　家人關係		‧第四倫　主雇關係	
‧第二倫　同儕關係		‧第五倫　群己關係	
‧第三倫　師生關係			

新五倫係指將人類人際關係的類別重新劃分成：第一倫「家人關係」、第二倫「同儕關係」、第三倫「師生關係」、第四倫「主雇關係」、第五

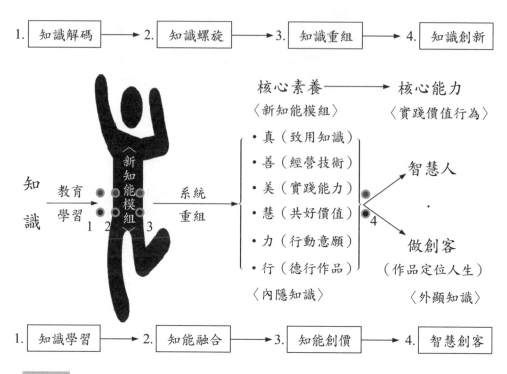

1. 知識解碼 → 2. 知識螺旋 → 3. 知識重組 → 4. 知識創新

核心素養 ——→ 核心能力
〈新知能模組〉　　　〈實踐價值行為〉

知識　教育　學習　〈新知能模組〉　系統重組

・真（致用知識）
・善（經營技術）
・美（實踐能力）
・慧（共好價值）
・力（行動意願）
・行（德行作品）
〈內隱知識〉

智慧人
・
做創客
（作品定位人生）
〈外顯知識〉

1. 知識學習 → 2. 知能融合 → 3. 知能創價 → 4. 智慧創客

圖 17-3 新知能模組說、知識遞移說、知能創價說（三說）之系統結構
資料來源：作者自行繪製

倫「群己關係」。新五倫與五倫（父子有親、君臣有義、夫婦有別、長幼有序、朋友有信）是相對照的，鑑於傳統的「五倫之教」在目前的「德育」與「情意」教學中都不再使用，是以筆者撰寫《教師學：鐸聲五曲》（鄭崇趁，2014）一書時，倡議人以「新五倫」及其「核心價值」來優化傳承德育及情意教學，用「新五倫」來傳承創新朱熹「白鹿洞書院學規」之「五教之目」。

新五倫之核心價值已研發二十個：第一倫「家人關係」的核心價值有：「親密、觀照、支持、依存」；第二倫「同儕關係」的核心價值有：「認同、合作、互助、共榮」；第三倫「師生關係」的核心價值有：「責任、

創新、永續、智慧」；第四倫「主雇關係」的核心價值有「專業、傳承、擴能、創價」；第五倫「群己關係」的核心價值有「包容、尊重、公義、博愛」。

　　新五倫及其核心價值可以優化品德教育、情意教學及價值教育，例如：從新五倫的二十個核心價值中，選出八至十二個成為學校品格教育之中心德目，再由各年級教師研發實踐此中心德目的「行為規準」（通常每年級學生的行為規準三條），一條「好習慣」、一條「服務心」、一條「名人佳句」，貼在教室布告欄，供教師適時融入各科教學，也供學生每天實踐力行。

　　新五倫之「核心價值」亦可直接用在教師的班級經營計畫（將班級學生培育成何種價值取向的學生），也可提供教育領導人規劃學校（組織）中長程發展計畫時「願景領導策略」之核心價值設定〔用願景（Vision）、任務（Mission）、核心價值（Core Value）三詞並列〕。

拾貳、「核心價值」統整人、事、時、地、物的「共好價值」

> ・教師（人）：傳道、授業、解惑、領航
> ・學校（組織）：精緻、創新、公義、永續
> ・教育（事業）：順性揚才、全人發展、自我實現、智慧資本

　　生命共好的品質曰價值，人的一生都活在不同的時空中與各種不同群體的人一起「拿物做事」，是以狹義的「核心價值」，專指同一群體的「人」共好的生活品質，如前述的新五倫核心價值。廣義的核心價值則擴

大到人與組織、事業共有的「人、事、時、地、物」都共好的價值，例如：教師（人）的「核心價值」可設定為：傳道、授業、解惑、領航；學校（組織）的「核心價值」可設定為：精緻、創新、公義、永續；教育（事業）的「核心價值」則可設定為：順性揚才、全人發展、自我實現、智慧資本。

教師的核心價值與教師的「角色責任」及「核心素養」攸關，「傳道、授業、解惑、領航」的深層意涵是：「傳生命創新之道」、「授知識藝能之業」、「解全人發展之惑」及「領適配生涯之航」，是一種以人教人、教「人之所以為人」的核心價值，類似師生共同人生「目標、使命」的價值。

「學校」是教育事業的「組織單位」，國家設小學、國中、高中職、大學，學校是經營教育事業的組織主體，但學校的核心價值是什麼？《中華民國教育報告書：黃金十年，百年樹人》（教育部，2011）揭示學校教育的核心價值是：「精緻、創新、公義、永續」。其深層意涵是：我們要建設精緻的學校，創新經營課程教學，帶好每一位學生（教育正義），永續擴展師生知識技能，持續創新教育價值。就價值內容而言，已擴及「人、事、物」的共好品質。

教育已成為國家與教育人員共同經營的教育事業，它是一種「人」乘以「組織」的集合，其核心價值可以設定為：順性揚才、全人發展、自我實現、智慧資本。「順性揚才」開潛能，優勢智能明朗化，找出人的專長亮點；「全人發展」培育：智慧人、做創客、新領導、優教師、能家長及行國民；「自我實現」活出自己；「智慧資本」對組織群體產生動能貢獻，其「共好品質價值」已統合「人、事、時、地、物」的共同價值。

拾參、「價值教育」融合串聯智育及德育

> ・價值論述　　・價值評量
> ・價值回饋　　・價值實踐

　　生命共好的品質曰價值，「價值教育」係指教育「知識學習」價值化的歷程，經由知識教育，創新人的「真（致用知識・K）」、「善（經營技術・T）」、「美（實踐能力・A）」、「慧（共好價值・V）」新生命價值及新教育價值的教育。其操作型定義主要有「價值論述策略」、「價值回饋策略」、「價值評量策略」及「價值實踐策略」。價值教育的經營策略如圖 17-4 所示。

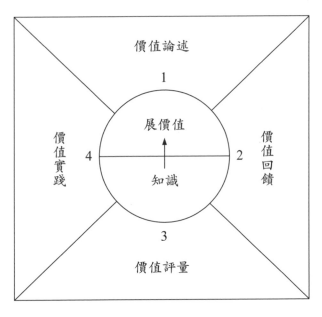

圖 17-4　價值教育的經營策略

資料來源：作者自行繪製

「價值論述策略」的主要方法有：(1)揭示慶典或事物本身的核心價值；(2)論述「辦好這件事」的價值所在；(3)論述「完成實踐」的生命價值；(4)論述「潛在價值」的存有。「價值回饋策略」則重在「適時價值」回饋，例如：(1)會議價值回饋：用核心價值引導議題討論；(2)分享價值回饋：用核心價值詮釋同仁的經驗分享；(3)績效價值回饋：任務達成時，立即給同仁績效價值回饋；(4)競賽價值回饋：參與競賽活動師生無論得名與否，都給予正向價值回饋。

「價值評量策略」用在單元教學結束前的 5～10 分鐘，由教師引導學生省思回饋，回答或寫下下列問題的答案：(1)本單元完成作品之價值；(2)本單元學習歷程之價值；(3)本單元教師教學之價值；(4)本單元教育之價值；(5)本單元創新生命之價值；(6)本單元對群己及社會國家之潛在價值。「價值實踐策略」則可用在所有教育活動及單元教學，可分成四個循環步驟：「揭示價值」→「體認價值」→「實踐價值」→「創新價值」。

價值是「核心素養」、「品德教育」、「情意教學」、「智慧教育」、「創客教育」之共同元素，「價值教育」的實施，如採用 KTAV 教學模式及「KTAV 單元學習食譜」來實踐，則可以融合串聯「德育」及「智育」，完整註解「素養取向」的教育，避免智、德兩育雙軌分道。

拾肆、「智慧教育」：智慧教師用智慧方法編智慧教材教智慧學生

> ・智慧教師（K）　・智慧教材（A）
>
> ・智慧方法（T）　・智慧學生（V）

　　智慧教育係指實施「知識（K）→技術（T）→能力（A）→價值（V）」四位一體的教育，其操作型定義，也可用「智慧教師（K）」→用「智慧方法（T）」→編「智慧教材（A）」→教「智慧學生（V）」。此意味著有智慧的教師用現代科技的知識及技術（智慧方法），編撰 KTAV 有創意的學習食譜（智慧教材），直接教「知識（K）、技術（T）、能力（A）、價值（V）」四位一體給學生，而學生經由「智慧型學習」成為「有智慧的人」。

　　「智慧」一詞含有四大元素：「真（致用知識・K）」、「善（經營技術・T）」、「美（實踐能力・A）」、「慧（共好價值・V）」，也就是「核心素養」六大元素中的前四大（KTAV）。「智慧」一詞近似人類與生俱來的「理性」，是每一個人最為珍貴的生命資產之一，但智慧需要「學習」、「教育」來誘發，因為人接受「教育程度」及「自主學習」之個別化差異大，是以個人及群體的「個人智慧」及「集體智慧」能夠真實地被開展程度（表現實踐程度）也充滿差異性。

　　「有智慧的人」是「人之所以為人」的幸福人，能過著自在自主的生活，活出自己，有能力適度對群體產生動能貢獻（德行、作品），是一位能夠「自我實現」又有「智慧資本」的人。「有智慧的人」從古至今，每個時代都有，但定義、內涵及價值取向，每個時代也有所不同，難有一致的界說，但卻是人類共同的理想之一，大家都想成為一個「有智慧的人」。

　　因為「工業 4.0」的進升，AI（智慧化）產品、物聯網、大數據對人類生活與互動學習產生革命性影響。教育是傳承創新知識及人類智慧的主要場域，教育政策開始引導從「自動化學習」（行動學習）進升到「智慧校園」，再從「智慧教室」、「智慧教學」進升到「智慧教育」的推動與實踐。本書將「智慧教育」定位為：「知識（K）、技術（T）、能力（A）、價值（V）」真、善、美、慧四位一體的教育，可以使用「KTAV 單元學習食譜」來實踐，是「智慧教師」教「智慧學生」的歷程，師生都是「智慧人・做創客」。

拾伍、「創客教育」：有創意、能創造、再創新、做創客，四創一體的教育

> ・研發「有創意」的學習食譜　・建構「再創新」的知能模組
> ・教導「能創造」的操作學習　・完成「做創客」的實物作品

　　創客教育係指「做中學，有作品」的教育，「做中學，有作品」是 Maker 最精要的意涵。Maker 一詞引進國內時稱「自造者」，Maker Education 就譯成「自造者教育」或「創客教育」。新北市在 2014 年成立「創客教育實驗學校」，筆者認為「創客」與「自造者」相較，創客更符合教育的本質意涵，也期待「創客教師」編「創客教材」，用「創客方法」教「創客學生」，師生都在「做中學」，並產出「實物作品」。

　　創客教育的操作型定義有四大步驟：(1)研發「有創意」的學習食譜→(2)教導「能創造」的操作學習→(3)建構「再創新」的知能模組→(4)完成「做創客」的實物作品，簡稱四創一體的「創客教育」。其中，「有創意」的學習食譜是指「KTAV 單元學習食譜」；「能創造」的操作學習是指能

用「知識」解碼後的「技術」操作學習；「再創新」的知能模組是指核心素養的六大元素（真、善、美、慧、力、行）所建構的內隱知能模組；「做創客」的實物作品則是指學生學習所完成的作品，這些作品可包括四大類：立體實物作品、平面圖表作品、動能展演作品、價值對話作品。

「創客教育」必須與「智慧教育」結合實施，合稱為「智慧創客教育」，共同使用 KTAV 教育模式及「KTAV 單元學習食譜」教學，導引師生「用智慧」→「做中學」→「有作品」→「論價值」，同時實踐「知識（K）、技術（T）、能力（A·作品）、價值（V）」四位一體的「智慧教育」及四創一體的「創客教育」。「智慧創客教育」的主要目標在培育「智慧人·做創客」，其具體實踐指標有三：(1)每位教師都能針對自己的授課領域（學科）規劃五至十個「KTAV 單元學習食譜」，教導學生產出五至十件智慧創客作品；(2)師生每年都有一至三件作品，參加成果展示會或智慧創客作品嘉年華會；(3)學校畢業生在畢業典禮時，能夠同時展出個人的十件代表作品。師生都是「智慧人·做創客」。

拾陸、「KTAV 教育（教學）模式」：新五倫·智慧創客學校通用的教學模式

・K：致用「知識（真）」	・A：實踐「能力（美）」
・T：經營「技術（善）」	・V：共好「價值（慧）」

KTAV教育（教學）模式係筆者研發的新教育（教學）模式（鄭崇趁，2016a），其配合「KTAV 單元學習食譜」可以實踐「新五倫（價值）教育」、「智慧教育」及創客教育，所以最原始的名稱十分冗長，稱為「新五倫·智慧創客教育 KTAV 教學模式」，如圖 17-5 所示，本書簡稱 KTAV

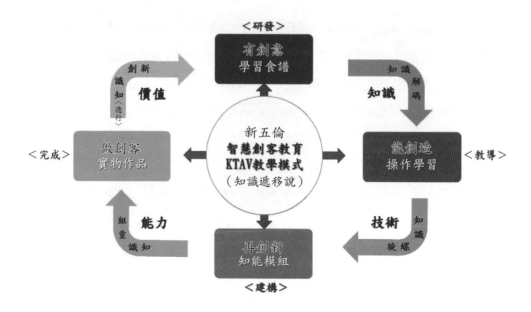

圖 17-5　KTAV 教學模式

資料來源：引自鄭崇趁（2017，頁 74）

教育（教學）模式，或 KTAV 教學模式。

　　KTAV 教學模式含括四大教學系統：(1)智慧教育：「知識（K）、技術（T）、能力（A）、價值（V）」四位一體的教學，稱為智慧教育；(2)創客教育：「研發有創意的學習食譜」→「教導能創造的操作學習」→「建構再創新的知能模組」→「完成做創客的實物作品」四創一體的教學，稱為創客教育；(3)新五倫（價值）教育：此一教學模式以「價值」收尾，意味著創新的知識、完成的作品、整體的教學歷程，都要進行「價值評量」，是融入單元教學的「價值教育」實踐，也適用於「新五倫及其核心價值」的具體實踐；(4)知識遞移說（理論）：在圖 17-5 的四個轉彎處標示了「知識解碼」→「知識螺旋」→「知識重組」→「知識創新」的「知識遞移循環系統」（理論），詮釋KTAV 教學模式是有理論支持的重要教育（教學）

模式。

　　KTAV 教育（教學）模式能適用於各領域（學科）教學及各處（室）的重要教育活動，引導學校師生實踐新五倫（價值）教育、智慧教育及創客教育，讓學校進升為「新五倫・智慧創客學校」，邁向教育 4.0。

拾柒、「KTAV 單元學習食譜」呈現智慧創客教育四大特質

```
・單元主題規劃　　・德行作品兼顧
・素養能力教學　　・價值省思回饋
```

　　KTAV 教育（教學）模式，立基於教育理念及理論的圖像化，也要有相對的實踐工具，教師的教學才有真實的著力點，是以筆者將 KTAV 教學模式轉化為「KTAV 單元學習食譜」（如表 17-1 所示），將 KTAV 設計成「知識（K）」、「技術（T）」、「能力（A）」及「價值（A）」四大欄位，供教師直接將此一單元要教給學生的「知識、技術、能力（作品）、價值」設計填入，然後依序「教與學」，師生即可共同實踐智慧創客教育。

　　「KTAV 單元學習食譜」具有彰顯（呈現）智慧創客教育的四大特質：(1)單元主題規劃：教育在傳承創新「知識」，廣義的知識包括「致用知識」、「經營技術」、「實踐能力」及「共好價值」，各領域（學科）都以「單元」來教學，智慧創客教育的實施，亦以「單元主題」規劃教學，最具效能與效率；(2)素養能力教學：KTAV 教學模式（單元學習食譜）引導師生「用智慧（知識技術）」→「做中學（操作學習）」→「有作品（含具體德行）」→「論價值（省思回饋）」，是一種「素養能力」導向的教學；(3)德行作品兼顧：素養外顯化成為有價值的行為實踐，「KTAV 單元

表 17-1　新五倫・智慧創客教育「KTAV 單元學習食譜」

單元名稱：	年級領域：		設計：
K 知識 Knowledge 致用主題知識	**T 技術** Technique 能操作學習技術	**A 能力** Ability 實踐行為能力	**V 價值** Value 人類群己教育價值
知識名稱及意涵	教學活動（學習步驟）	師生實物作品	成果價值詮釋
「知識解碼」要領	「知識螺旋」焦點	「知識重組」系統 新知能模組	「知識創新」價值
□編序□鷹架□步驟□流程 □原型□元素□成因□脈絡 □次級□系統□次要□變項	□內化□外化□交流□對話 □新化□活化□深化□優化 □同化□調適□融入□存有	□真（致用知識）□善（經營技術） □美（實踐能力）□慧（共好價值） □力（行動意願）□行（德行作品）	□真實□體驗□生新□創價 □均等□適性□民主□永續 □傳承□創新□精緻□卓越

資料來源：鄭崇趁（2017，頁 124）

學習食譜」之「德行、作品」兼顧，融合智育與德育，不再素養能力分家
（素養含能力）；(4)價值省思回饋：第四個欄位提供師生價值評量檢核，
針對「德行作品」省思回饋，是否真的為「智慧人・做創客」，以及此一
單元的教學究竟處於「教育 1.0、2.0、3.0、4.0」的哪一階段。

拾捌、「新覺識」：覺識「素養含能力」的教育本質暨「學校經營」的「進升力點」

・素養：內隱新知能模組	・組件：教育的分項議題
・能力：外顯好價值行為	・元素：教育的運作力點

「新覺識」是本書第一篇篇名「理念素養篇」的副標題，是以全篇的

標題為「理念素養篇：新覺識」。理念素養篇共五章，探討教育 4.0 的意涵以及學校經營進升的相關名詞概念，強調教育 4.0 的詮釋與進升，教育人員要有「新覺識」：覺識「素養含能力」的教育本質，覺識「知識價值化」的知識生命歷程，覺識從「元素組件」經營可提升學校的進升力點。覺識「新五倫・智慧創客學校」就是教育 4.0 的學校，覺識 KTAV 教學模式可以推進教育新文明與文化。

　　第一個新覺識在：覺識「素養含能力」的教育本質；本書詮釋核心素養是「真（知識）、善（技術）、美（能力）、慧（價值）、力（意願）、行（作品）」的內隱新知能模組，外顯化才成為好價值的行為實踐，是以素養含能力，內在的素養大於能夠表現出來的能力。第二個新覺識在：覺識「知識價值化」的生命歷程；知識本身是有生命的，知識進入人的身體以後，只要「著床」（遞移）成功，知識就隨著人的生命而有生命，知識優化成致用知識（K）、知識含技術（T）、知識組能力（A）、知識展價值（V）、知識能遞移（知能創價）、知識成智慧（KTAV四位一體）、知識達創客（德行、作品）、知識行道德、知識通素養，此之謂知識價值化歷程。

　　第三個新覺識在：覺識從「元素組件」經營可提升學校的進升力點；教育分項、議題、次要變項、次級系統都是學校教育的零組件，教育的原型單位就是教育的元素（如真、善、美、慧、力、行）。組件及元素有時可以互換，元素升級為組件，組件降級化為元素。學校經營的進升，可以從「組件元素」著力，個別的組件元素逐步優化創新就可以匯聚整體教育的進升。第四個新覺識在：覺識「新五倫・智慧創客學校」就是教育 4.0 的學校。因為「3.0 的教育」是有「特色品牌教育」的學校，新五倫是德育的進升，智慧教育是美育、群育的進升，創客教育是智育、體育及生命價值的進升，整體而言可以進階到教育 4.0。

　　第五個新覺識在：覺識 KTAV 教學模式，可以推進教育的新文明與文

化，因為它能有效實踐新五倫（價值）教育、智慧教育及創客教育，「KTAV 單元學習食譜」是它們的核心工具（利器）。

拾玖、「新動能」：轉動新教育智慧創客資本

> ·主題計畫　優化　新教育組件元素
> ·主題計畫　活化　新教育知能創價
> ·主題計畫　創化　新教育文明系統
> ·主題計畫　深化　新教育文化底蘊

「新動能」是本書第三篇「實踐計畫篇」的副標題，是以全篇的標題為「實踐計畫篇：新動能」。實踐計畫篇由筆者擬訂了六個有關「教育4.0：新五倫·智慧創客學校」主題計畫，包括：「教育 4.0：新五倫·智慧創客學校試辦計畫」、「新五倫價值教育實施計畫」、「創客教育實驗學校實施計畫」、「國民教育輔導團智慧創客教育實施方案」、「學校智慧創客教育學生百樣作品研發計畫」、「畢業生十件智慧創客作品展示試辦計畫」等六個示範主題計畫。期待試辦學校產生新動能，轉動新教育智慧創客資本。

「主題計畫」可以優化教育「新組件元素」，「主題計畫」可以活化教育「新知能創價」，「主題計畫」還可以創化教育「新文明系統」，「主題計畫」更可以深化教育「新文化底蘊」。優化、活化、創化、深化就是進升教育的新動能。新動能的使力焦點，則在「組件元素」、「知能創價」、「文明系統」及「文化底蘊」。教育新動能，進升新教育。

主題計畫優化「新五倫教育」、「智慧教育」、「創客教育」之組件元素，產生新教育動能。主題計畫活化學校教師、學生、校長、幹部之「知

能創價」，創新個人的生命價值，創新課程教材的教育價值，產生新教育動能。主題計畫創化學校教育、教育機制、教育目標（智慧人・做創客）、新教育文明系統，產生新教育動能。主題計畫深化友善校園、師生互動氣氛、組織士氣、正向積極新教育文化底蘊，產生新教育動能。

　　教育新動能，進升新教育；轉動新教育智慧創客資本，邁向「教育4.0：新五倫・智慧創客學校」，推進教育的新文明與文化。

貳拾、「新五倫・智慧創客學校」開啟教育 4.0 的新文明與文化

> ・知識（K）進升智慧　　・能力（A）進升作品
> ・技術（T）進升創客　　・價值（V）進升倫常

　　本書用「新五倫・智慧創客學校」來代表「教育4.0」的學校教育，它是全新教育的新文明與文化。新五倫教育包括第一倫「家人關係」、第二倫「同儕關係」、第三倫「師生關係」、第四倫「主雇關係」、第五倫「群己關係」，本書已研發了二十個核心價值，來進升「人倫綱常」的知識價值。

　　智慧教育是指學校教師能夠實施「知識（K）、技術（T）、能力（A）、價值（V）」四位一體的教育，是智慧教師、用智慧方法、編智慧教材、教智慧學生的教育。智慧教育讓一般的主題知識（K），進升為人的智慧（KTAV四位一體同時在人身上），師生都是有智慧的人。

　　創客教育是指四創一體的教育：研發「有創意」的學習食譜→教導「能創造」的操作學習→建構「再創新」的知能模組→完成「做創客」的實物作品。創客教育必須結合智慧教育一併實施，成為「智慧創客教育」，並

使用 KTAV 教學模式在教學中實踐。KTAV 中的知識（K）進升為智慧，技術（T）進升為創客（自造者），能力（A）則進升為作品，師生每年都有一至三件作品參展，價值（V）則進升為人倫綱常的知識，成為新五倫的新系統結構。

就本書的觀點而言，教育 1.0 至 4.0 可用「鉅觀的意涵」及「微觀的意涵」來詮釋。鉅觀的意涵指「學校教育」整體發展的主軸任務描繪，是以教育 1.0 至 4.0 的版本是：「教育 1.0（經驗化）」指「書院、私塾教育時期」，教育目的在「脫文盲·求功名」；「教育 2.0（知識化）」指「學校教育公共化、普及化時期」（在臺灣指六年國教、九年國教時期），教育目的在「知識人·社會人」的培育。「教育 3.0（能力化）」指「特色品牌學校教育時期」（在臺灣約自 2000 年起），教育目的在強調「獨特人·永續人」之培育。「教育 4.0（素養化）」則指「新五倫·智慧創客學校時期」（在臺灣自 2018 年起臺北市有十所學校開始試辦），教育目的在培育「智慧人·做創客」。

「教育 4.0」的「微觀意涵」則主張教育的核心「組件元素」都可以設定其 1.0 至 4.0 的進升任務目標，供學校經營者從重要的組件元素擬訂「主題計畫」，進行優化、活化、創化、深化。多數的分項教育（微觀）進升到 4.0，整體教育（鉅觀）就會邁向 4.0，而「新五倫（價值）教育」及「智慧創客教育」是教育 4.0 時代最核心的「組件元素」。KTAV 教學模式及「KTAV 單元學習食譜」則是優化這些「組件元素」的新教育模式（智慧型工具）。

第十八章 「後教育4.0」的想像與建構

〈極樂世界在人間的教育〉

導論

　　本章是全書的最後一章，有點像戲劇的「最終回」。筆者藉用「現代化與後現代」的價值論述方式，將章名定為「『後教育 4.0』的想像與建構」，來論述未來教育的可能發展脈絡，並且提出了一個有點宗教意味的版本供大家想像：「極樂世界在人間的教育」。「教育4.0」不知還要多少年才能真實存在於「人間」，它需要新覺識、新方法、新動能及新價值的「交互作用，整合發展」，學校教育實境經由新五倫・智慧創客教育的永續經營，方能真正地進升到「教育 4.0」（現代化）；「教育 4.0」的文明與文化存有之後，就會出現「後教育4.0」（後現代）。

　　本章逐一論述了「覺識、方法、動能、價值」再進升的「可能力點」，期待教育的力量（未來發展）真的可以營造「極樂世界在人間」的教育實境。因為人的智慧化，創新了「物」的智慧化、「事」的智慧化、「人倫」的智慧化、「時空」的智慧化、人本身「生命系統」的智慧化，「萬物生靈」的智慧化，太陽的陽光也智慧化，地球本身也智慧化，地球上的水、土、風、雨、雷、電、空氣也都智慧化，現代化也智慧化，後現代跟著智慧化，人與萬物生靈都「有智慧地」共存、共好、共榮、共享地活在地球上，這不就是「極樂世界」在人間嗎？而不用等到死後升天。「工業智慧化」→「教育智慧化」→「人的智慧化」→「萬物智慧化」→「宗教智慧化」，建構了「後教育4.0」的想像。

壹、緒言：「教育 4.0」與「後教育 4.0」——未來教育的發展脈絡

本書探討「教育 4.0」的想像與建構，將「教育 4.0」界定為：新五倫‧智慧創客學校，全書分四篇共十八章。首篇「理念素養篇：新覺識」共五章，結合素養取向的教育，論述教育 4.0 的存有及學校教育「組件元素」的進升經營，即可邁向教育的新文明與文化（2.0→3.0→4.0）。第二篇「進升策略篇：新方法」也有五章，以 KTAV 教學模式（新方法）為基調，逐次說明「新五倫教育」、「價值教育」、「智慧創客教育」、「資源統整」、「校務治理」等「組件元素」的進升策略。

第三篇「實踐計畫篇：新動能」有六章，由筆者撰擬六個與「教育 4.0」攸關的學校「主題教育計畫」，作為學校幹部及縣市教育行政人員策訂自己縣市（學校）的執行計畫範例，期能產出「人」與「組織」之新教育動能，早日進升為教育 4.0 學校。第四篇「新詞釋義篇：新價值」則有兩章總結性的文章：第十七章統整教育邁向 4.0 所揭示的教育新名詞二十則，說明其核心意涵（概念型定義）及其操作型定義（次級系統、操作變項），俾便讀者掌握本書的精華內涵；第十八章則以本文作總結，以「後教育 4.0」來描繪未來教育發展脈絡，以「極樂世界在人間」的教育，來優化論述「新覺識」、「新方法」、「新動能」、「新價值」再進升的軌跡。

自工業革命以來，工業 1.0（機械化）進升到 4.0（智慧化）約二百五十年（1776 年迄今），教育 1.0（私塾書院）進升到 4.0（智慧創客）則約上千年。教育 4.0 的明確版本到底是什麼，還有待教育學者的「集體智慧」進行研發確認。人類文明與文化的進升軌跡已有更為貼切的專有名詞：「現代化」（國家人民生活現代化），「現代化」之後又有「後現代」，目前臺灣社會的發展正處於「現代化」與「後現代」交織的年代。那麼，工業

4.0 之後是否會有「工業 5.0」的出現，或者就出現「後工業 4.0」？教育 4.0 之後是否也會有「教育 5.0」出現，或者就出現「後教育 4.0」？值得教育學者省思面對，發揮集體智慧，共同詮釋、探索、研發可能的軌跡。

筆者拜讀吳清山（2017c）《未來教育發展》一書後，甚為驚豔。吳教授用九章篇幅，連同三個附錄（三大主題）逐一闡述教育的未來發展，這十二大主題是：「未來教育發展動向」、「未來教師教育發展」、「未來教師專業倫理」、「十二年國民基本教育」、「教育領導與人才培育」、「素養導向教育」、「實驗教育發展」、「教師專業標準」、「校長專業標準」、「教育研究倫理的發展（附錄一）」、「教育系統的民主實踐（附錄二）」、「教育政策的品質評鑑（附錄三）」。這十二大主題就是當前教育最重要（核心）的「零組件」，吳教授統整出它們的「理論基礎」、「研究發現」、「國際脈絡」及「在地進程」，寫出「主題教育」未來的發展，是「2.0 進升 3.0」及「3.0 進升 4.0」的最佳參照版本。吳教授若能再給予明確補註標示各「階段任務」，讓教育人員更容易掌握其「進升力點」，則此書之貢獻將更為宏大。

筆者認為，「教育 4.0」的意涵、版本、價值都正在建構形成中，不適合再論述有否「教育 5.0」；依「文明進升性」及「文化含容性」的方向思考，「教育 4.0 的文明」要發展成實質的「教育 4.0 的文化」，可以永續經營，存用百年千年。是以筆者主張用「後教育 4.0」來論述「教育 4.0」之後的教育「未來發展」可能趨勢。並且用一個具體的圖像（版本）來作引導討論的方向，這個「後教育 4.0」的版本圖像是：「極樂世界在人間」的教育。為有效描繪此一版本圖像的內涵，接續以「新覺識」、「新方法」、「新動能」、「新價值」的再進升為主軸，討論教育未來發展的可能軌跡。

貳、覺識新教育的發展軌跡

覺識者，覺察到之深層見識也。本書第一篇「理念素養篇：新覺識」所稱的「新覺識」，重在「素養含能力」的覺識，揭示「教育 4.0」的鉅觀與微觀意涵的覺識；重在「文明進升性」與「文化含容性」的覺識，發現「教育組件元素」可以進升經營的覺識；重在「KTAV 教育（教學）模式」可以統整實踐「新五倫（價值）教育」、「智慧創客教育」，並融合「智育」及「德育」的功能與價值之覺識。筆者尚未及用「專章詮釋」搭建教育 4.0 的「教育原理學說」來鞏固其「理論基礎」，稍留遺憾。

本章選用「教育 4.0」攸關的教育原理學說四則，來分析其「教育 4.0」時期的「核心論點」，以及「後教育 4.0」階段的可能發展軌跡，稍作補強「理論基礎」不足之用，包括：「順性揚才觀」、「優勢學習論」、「適配生涯說」及「全人發展說」。這四大原理學說的重要性，可用圖 18-1 來表示。

圖 18-1　順性揚才到全人發展教育圖解

從圖 18-1 觀察，圖的中心點是人，而且是「小孩」。「教育」陪伴著小孩慢慢成長發展，先發展成圈內的六大「角色責任」：成熟人、知識人、社會人、獨特人、價值人、永續人（基本教育階段完成）；接受高等教育者要接續完成圈外六大角色責任的發展：智慧人、做創客、新領導、優教師、能家長、行國民。十二大角色責任全到位，才是 4.0 的全人發展，此之謂「全人發展說」（鄭崇趁，2015，2017）。教育幫助人類的全人發展，尚須「順性揚才觀」、「優勢學習論」及「適配生涯說」的併連交織，四大原理學說產生「交互作用，整合發展」的教育效果，師生才能「智慧人‧做創客」。以下逐一說明四大理念的「新覺識」及可能的「再進升」。

一、「順性揚才觀」的進升

「教育若水，順性揚才」是筆者於 2009 年的新覺識。「順性揚才」在筆者 2012 年《教育經營學：六說、七略、八要》一書中，列為「八要」（八個實踐要領）之一，之後於 2014 年《教師學：鐸聲五曲》與 2015 年《家長教育學：「順性揚才」一路發》兩書中，均有「專章」介紹討論；《家長教育學：「順性揚才」一路發》一書並將其提升為全書的「核心價值觀」，列為首章的「順性揚才觀」。

「順性揚才觀」是教育 4.0 時代的教育新覺識，其核心論點有五：(1) 教育要像「水的善性」，順學生之性，揚其可揚之才；順學生的背景習性、喜好興趣、潛在性向、優勢專長及理想抱負，促其優勢智能明朗化，揚其自我實現之才；(2)教師要順學生「素養能力」之性，揚其「學習力」、「知識力」、「藝能力」、「品格力」之才；(3)學生要順「教師」之性，揚其「專業領航」之才；(4)學生要順「家長」之性，揚其「沃土、養分」之才；(5)學生要順「學校」之性，揚其「特色品牌教育」之才。順性揚才觀是「適性教育」的進升，由「適」進升到「順」，由順「學生」進升到「師生」、

「父子」、「人與組織」彼此互順，由「順性」進升到「揚才」。教育的「順性揚才觀」在揚學生、教師、家長、校長、教育領導、學校所有教育人員及組織群體的才，是教育 4.0 時代的教育「新覺識」。

「後教育 4.0」的「順性揚才觀」有可能的發展是：(1)整全性的順性揚才觀：「教育 4.0」時代，順性揚才的適用對象由「學生本人」擴及到「人際關係」的順性揚才；「後教育 4.0」時代，將再進升到「整全性」的順性揚才，只要與教育有關的「人、事、時、地、物」都要順性揚才。整全式的順性揚才觀類似孫中山先生的治國主張：「人盡其才、地盡其利、物盡其用、貨暢其流」，筆者（鄭崇趁，2012）曾另加「事畢其功、時中其機」；(2)計畫式的順性揚才觀：「整全性」的順性揚才觀涉及到的教育資源龐雜無序，必須要有個別性的「順性揚才」計畫方案才能運作實踐；是以學校教育中，將充滿著大大小小、多元繽紛的計畫式「順性揚才觀」的實踐方案，以順應教師及學生的教育需求；(3)價值化的順性揚才觀：「順性」並非「放任不管」，為了「揚才」，順性揚才觀的教育可能進升到「價值化」階段，也就是具有「揚才價值」效能的「組件元素」才會被「施力啟動」，沒有「揚才價值」的資源就不被選用，此之謂「價值化的順性揚才觀」；(4)群集組的順性揚才觀：當前教育界流行的「專業學習社群」本即是「群集組的順性揚才」方式，但原來的專業學習社群強調其目的是為了共同的「專業進升」而非「順性揚才」；後教育 4.0 時代，將會順「群集專業」之性，組進階學習社群，揚 2.0→3.0→4.0「進升專業」之才。「整全性、計畫式、價值化及群集組」將是「後教育 4.0」順性揚才觀的寫照。

■ 二、「優勢學習論」的進升

為了有效詮釋「教育 111」中「一校一特色、一生一專長、一個都不少」的教育原理，筆者有了「優勢學習論」的新覺識，自 2010 年起宣導

「教育 111 政策的亮點」時，都將「有效引導優勢學習的行動方案」列為政策五大亮點之一（鄭崇趁，2011，頁 269-276）。2012 年出版的《教育經營學：六說、七略、八要》一書，亦將「優勢學習」列為「實踐要領（八要）」中的第五要（第十八章），專章闡述說明，2014 年出版的《教師學：鐸聲五曲》及 2015 年出版的《家長教育學：「順性揚才」一路發》兩書，亦以專章論述「優勢學習論」的原理以及不同教育人員的實踐作為。筆者認為「優勢學習論」也是教育 4.0 時代重要「新覺識」。

「優勢學習論」在教育 3.0 及 4.0 的時代，其核心論點有五：(1)優勢學習是符合興趣與性向的學習、順應相對專長的學習、發展特色風格的學習、善用環境配備的學習、統整資源系統的學習；(2)受教育者的優勢學習主要在：激勵興趣主題閱讀、參與專長社團活動、展示主題學習成果、積極爭取競賽展演（鄭崇趁，2012，頁 299-315）；(3)教師優勢學習的經營可從下列事項著力：取得領域（學科）教學認證、迎接教師評鑑、彰顯個人品牌價值、研發教育產品與著作、定期參與教育學術研討會、發表專長論著；(4)學校優勢學習的方向在：定位學校價值優勢、選定學校經營策略、認同學校特色亮點、行銷學校教育品牌（參考鄭崇趁，2015，頁 181-194）；(5)家長教養自己孩子可從下列事項著力：性向興趣的優勢學習、知識技能的優勢學習、人際情意的優勢學習、做事要領的優勢學習（鄭崇趁，2015，頁 197-213）。

在「後教育 4.0」時，優勢學習論的進升力點可能在下列四項：(1)知識遞移的優勢學習：教師指導學生找到「解碼→螺旋→重組→創新」的優勢核心技術，增益知識遞移流量；(2)知能創價的優勢學習：教師指導學生善用自己的「優勢知識」及「優勢能力」資源，兩者知能融合創價，創新生命價值及教育價值；(3)智慧創客的優勢學習：師生都能了解自己最專長優勢的「智慧創客產品」是什麼，盡情在學校教育活動及領域教學中發揮，

參展作品都有個別亮點；(4)智慧管理的優勢學習：用高端科技數位管理自己的優勢「知識（K）、技術（T）、能力（含作品）（A）、價值（V）」，建置個人優勢學習資源系統、知能創價系統、智慧創客作品系統。

三、「適配生涯說」的進升

適配生涯說是筆者於 2015 年撰寫《家長教育學：「順性揚才」一路發》時的「新覺識」，主張人的一生要有四大適配：適配的教育、適配的事業、適配的伴侶、適配的職位，人的四大適配都到位，就可以過著適配幸福人生。這是「人之所以為人」的理想抱負，也是教師、家長及學校教育要教給學生，幫助他們實現的「經營力點」。適配生涯說的核心意涵，如第三章的圖 3-5（本書第 58 頁）所示。

適配生涯說的核心論點包括四大適配：(1)適配的教育：順性揚才開潛能，優勢智能明朗化；(2)適配的事業：工作性質合性向，專門專業又專長；(3)適配的伴侶：條件能力相登對，品味一致幸福多；(4)適配的職位：自我實現的職位、智慧資本的職位。這四大適配經營到位，協助每個人都可以有「適配幸福人生」。適配幸福人生具有四大指標：「適配的潛能開展」→「適配的創客作品」→「適配的事業伴侶」→「適配的智慧生涯」，也就是「智慧人・做創客」的適配實踐，是教育 3.0 及 4.0 時代的教育新覺識。

「適配生涯說」的來源與發展，筆者曾這樣詮釋：最早的「有教無類、因材施教」是教育 1.0 時代的覺識；「適性育才」是教育 2.0 時代的覺識；「適配教育」是教育 3.0 時代的進升覺識；「適配生涯論」則是孕育教育 4.0 時代的再進升覺識。那麼，「後教育 4.0」的適配生涯說會再有具體的進升覺識嗎？筆者對它仍有四大發展趨勢之想像：(1)適配範圍的擴增：適配教育強調「人」與「教育內容」的「登對」，教育 3.0 及 4.0 時代的適配

範圍僅談及「教育、事業、伴侶及職位」四者之間的適配（兩兩適配），「後教育 4.0」的適配範圍會更加擴增，擴增到多元適配、群組適配、任務適配及文化適配等；(2)適配對象的精確：適配範圍擴增之後，是否適配的「元素組件」會跟著增多，五彩繽紛，足以迷惑顛倒大眾。但人類具有智慧，會從中選擇適配的對象，且有各種「大數據」提供做決定的參照，其適配精確度將日益提高；(3)適配標準的研發：各行各業都在訂「專業標準」，在適配生涯論的帶動下，或許也會出現各種「適配標準」的研發，甚至「適配教育學」的出版；(4)適配價值的永續：「適配」的教育價值會被大多數人體察：認同力行、永續經營適配幸福人生；「後現代」永續元素的訴求中，加入了「適配教育」這一新「零組件」，為人類創新「幸福人生」的具體實踐價值。

四、「全人發展說」的進升

「全人發展說」是「全人教育」的進升。一般的「全人教育」有三種論說：(1)五育說：指德、智、體、群、美的教育（全人教育）；(2)多元智能說：Gardner（1983）將人的智慧潛能分成八大類，同時關照這八大類潛能的教育，此稱為全人教育；(3)全人格說：品格教育從「七情俱」的「情緒處理」到「致中和」的「情感表達」，再到「成風範」的「情操培育」，始得教出學生「全人格」的性情，也稱全人教育。筆者分析這三種「全人教育」是教育 2.0 時代的「新覺識」。筆者（鄭崇趁，2012）主張「全人發展說」，人從小到大，要藉由教育的輔助，發展六大角色責任：成熟人、知識人、社會人、獨特人、價值人、永續人，這六大角色責任均衡到位，即稱為全人發展，這是教育 3.0 的「新覺識」。

筆者（鄭崇趁，2017）出版《知識教育學：智慧人・做創客》一書是以 2012 年的「全人發展說」為基礎，主張再進升六種角色責任：智慧人、

做創客、新領導、優教師、能家長、行國民，並強調「基本教育階段十二年」，要發展完成「成熟人、知識人、社會人、獨特人、價值人、永續人」六種角色責任（教育 3.0）；在接受高等教育之後，就要持續進升完成「智慧人、做創客、新領導、優教師、能家長、行國民」進階版的六大角色責任；十二種角色責任同時在每一個人的身上，教育在幫助人經由學習、整合併連發展，逐一完成到位，稱全人發展說，如圖 18-1 所示。進升後的全人發展說（十二個角色責任），屬教育 4.0 的新覺識。

　　「後教育 4.0」的時代，「全人發展說」會再有進升嗎？還是像「後現代」的學者從此不再關注「全人發展」？筆者在此有了新的覺識與想像，或許佛家所談的「極樂世界」會是一個蠻具體的選項。佛家的「極樂世界」要人往生以後，其靈魂才可「往西方極樂世界」，並且要在活著的時候，修行得道，佛才會接引前往，一般修行未到位者，都要受著生死輪迴之苦。本章將「後教育 4.0」定位為：「極樂世界在人間」的教育，意味著教育如能真的進升到 4.0 以上（後 4.0），「全人發展說」會進升到「生靈萬物」的全人發展，大家試想：「人、事、時、地、物」都是有智慧，地球、太陽也都是有智慧，風、火、水、電也都是有智慧，彼此主動為萬物生靈的共存、共進、共榮、共享，而「交互支援，整合發展」，那不就是「極樂世界」嗎？人類的智慧已經發現了「雲端」，「雲端」是影音數位資料儲存的「極樂世界」。人類智慧的再進升，開啟了萬物生靈智慧化，相信總有一天會發現「極樂世界就在人間」，它是「教育」經營來的。是以「後教育 4.0」的時代，「全人發展說」會再進升，進升為生靈萬物的全人發展，太陽的智慧之光照耀著地球，地球有智慧地運轉，萬物生靈（含人）有智慧地在地球上搭建一個「極樂世界」，幸福地過著一生，不用再等到死後才能進升。

參、教育「新方法」的再進升

教育 4.0 的時代，其發現的教育新方法是 KTAV 教育（教學）模式及「KTAV 單元學習食譜」。是以本書第二篇的楔詞，這樣寫著：

教育新方法　　KTAV　　新教育
KTAV　統整　新課程設計
KTAV　聚焦　新單元教學
KTAV　引領　新智慧創客
KTAV　實踐　新價值評量
開展　新五倫　智慧創客學校

「後教育 4.0」時代，KTAV 新方法會再進升嗎？會更加精要，還是又複雜起來？就像智慧型手機的發展，手機本來的體積很大卻功能有限，晶片技術改良後，體積變小、功能強大，但最近的趨勢是：體積不再更小了，有的又慢慢恢復像小平板電腦大小，很多顧客（使用者）更喜歡。筆者認為，KTAV 教學模式已有《知識教育學：智慧人・做創客》整本書作為理論基礎，模式的主軸不會改變，然周邊的方法技術就有可能再進升，進升得更為精緻實用。教師愈方便使用的教學模式或愈有教學效果的教育方法，它才會有永續經營的市場（時空），等到「後教育 4.0」時，也有可能「沒人再用它、談它」、「存在不一定被知」，因為當時的人類都忙著在學習「新產品」的方法，無暇關照。

筆者觀察「KTAV 教學模式」、「知識教育學」、「知識遞移說」、「知能創價說」、「新知能模組說」、「智慧創客教育」在中小學（約二十校）實踐近兩年的績效成果，省思「後教育 4.0」的教育情境，準備再持續撰寫下列四部書籍，以供教育人員參考，或可作為教育「新方法」再進

升的使力焦點。

一、教育解碼學：元素、組件、系統、模式

　　這本書（《教育解碼學》）是「知識遞移說」的進升，筆者覺識到教育人員使用「KTAV 單元學習食譜」時，從第一個欄位「知識（K）」到第二個欄位「技術（T）」之間，雖有「知識解碼」的要領，提到十二個「核心技術」（要領）在引導，然約有三分之二的教師遇到困難，需反覆教導說明，才能準確地將要教給學生的主題知識「解碼」為學生可操作的技術；各領域（學科）的知識內涵性質各不相同，教師「跨領域知識」解碼的「素養能力」更有待進升。大多數的教師都擁有「解碼教育知識」的素養能力，「KTAV 單元學習食譜」及師生的作品才得以幫助師生「知識遞移」的成功與「流量質能」的擴增。

　　「知識遞移說」主張師生知識遞移，創新知識的核心歷程（技術、要領）在「知識解碼」→「知識螺旋」→「知識重組」→「知識創新」，是知識本身的「遞移學說（理論）」。建構中的《教育解碼學》一書，相對於「知識遞移說」，具有四大進升點：(1)聚焦教育知識：「知識遞移說」的知識對象是廣義的知識，浩瀚無垠，「教育解碼學」則聚焦在「教育知識」，教會學生「核心素養（含能力）」的知識；(2)解碼教育實體：用「元素、組件、系統、模式」解碼教育知識的實體，方便教師掌握操作；(3)註解知能結構：教育的「元素、組件、系統、模式」都是人「知能融合」之後的新「創價」系統結構，是人類教育智慧的結晶；(4)優化深層力點：「教育解碼學」揭示教育知識的深層「元素、組件、系統、模式」，進升了「解碼→螺旋→重組→創新」知識的「遞移效能」。

■ 二、知識生命學：存有、被知、遞移、創新

這本書（《知識生命學》）是「知識教育學」的進升。筆者在教授或導讀《知識教育學：智慧人・做創客》一書時，主張「知識是有生命的」，知識經由教育與學習，進入人的身體以後，它就會隨著人生命的增長而有生命，進入身體的知識只要「著床」成功，它就是這個人的「致用知識（K・真）」，然後致用知識會持續生長，「知識含技術（T・善）」、「知識組能力（A・美）」、「知識展價值（V・慧）」、「知識能遞移」、「知識成智慧」、「知識達創客」、「知識行道德」、「知識通素養」，這就是知識的生命史。知識依附著「人類的生命」而有自己的生命，知識也因為人類的「知能融合」及「知能創價」而創新了很多新知識。然而，博碩士學生及教師（含校長）對此都似懂非懂，課後撰寫的「KTAV 單元學習食譜」，其精準度尚待加強。

筆者覺識到「知識生命學」的重要，它可以補強「知識」主體性的生命開展歷程，而不一定要依附「人類」及「教育」。哲學上的「知識論」在探究人如何得到知識，不是知識本身的生命；「知識教育學」主要在闡明「人」、「教育」與「知識」三者的關係，也非知識主體的生命學。筆者認為，持續深耕知識本身的「存有」、「被知」、「遞移」及「創新」，就可以建構一本以「知識」為本位（主體）的《知識生命學》，期待它可以提供「後教育 4.0」時期的教育經營者參照。

■ 三、知能創價學：知識、能力、素養、創價

本書（《知能創價學》）是「知能創價說」及「新知能模組說」（含素養取向教育）的進升，意味著「教育 4.0」時代素養取向的教育，需要「新知能模組說」、「知能創價說」來註解「核心素養」的元素以及「知

能創價」、「智慧創客」的教育新零組件。進入「後教育 4.0」的年代，最後進升到有「整本書」，可以論述說明「知識、能力、素養、創價」四者之間的緊密關係，並檢核 KTAV 教育（教學）模式的妥適性。

建構中的《知能創價學》一書可能有四大進升力點：(1)知能融合技術的進升：「知識學習」→「知能融合」→「知能創價」→「智慧創客」係「知能創價說」的四大核心步驟；「知能融合」的核心技術將進一步研發定位，提供教師有效教學參照；(2)知能創價標的的進升：教育 4.0 時代，知能創價僅兩大方向：創新師生生命價值及創新教育價值，「後教育 4.0」時代，創價標的可能進升到整個與教育攸關的「人、事、時、地、物」；創新的知識也將含括：物理現象的知識、事理要領的知識、生命系統的知識、人倫綱常的知識及時空律則的知識；(3)知能素養模組的進升：「教育 4.0」時代，用了「新知能模組」為核心素養的「理論」意涵，由六大元素（真、善、美、慧、力、行）所建構，以及 KTAV 教學模式「知識（K）」、「技術（T）」、「能力（A）」、「價值（V）」四位一體的智慧教育；「後教育 4.0」時代可能有更進升的模組版本並用；(4)智德統整軌跡的進升：「教育 4.0」時代，用「智慧教育」、「創客教育」、KTAV 教學模式來統整智育融合德育；「後教育 4.0」時代或許可以發現更為整合性、精確性的智德統整軌跡（版本）。

四、新五倫教育學：情意、價值、美慧、實踐

本書（《新五倫教育學》）是「論新五倫及其核心價值」的進升，用整本書的篇幅，依據「德育原理」，從「情意教學」、「價值取向」、「美感智慧」及「實踐力行」的視角來建構《新五倫教育學》，讓「新五倫及其核心價值」論說，不僅停留在「觀點」（新五倫、價值）、「重要性」（傳續文化的根）、「方法步驟」（實施計畫範本）的強調，且能成為品

格教育的主流，依其核心價值編製的教科書、單元教材琳瑯滿目，到處都是，而《新五倫教育學》就是「後教育4.0」德育施教的「理論基礎」。

建構中的《新五倫教育學》一書可能具有四大進升力點：(1)人倫綱常知識的進升：將「德育」（五倫之教）列為「知識」的一種，屬「人倫綱常」的知識，本即具有「突破性」的進升力點；由「新五倫及其核心價值」論說進升為《新五倫教育學》更是人倫綱常知識的進升；(2)人際關係知能的進升：「家人」、「同儕」、「師生」、「主雇」、「群己」五大人際關係之「核心價值」及其「行為規準」的「實踐力行」，就是「人倫綱常知識」與「人際互動能力」融合後的「知能創價」，可謂人際關係知能的進升；(3)文明與文化認知的進升：「文明進升性、文化含容性」被大多數人民認同後，「新五倫」才有機會銜接「五倫」（五教之目），這是文明與文化認知的進升；(4)智德統整軌跡的進升：「新五倫・智慧創客學校」嘗試統整學校的智育及德育；「新五倫教育學」或許可以將「智德統整」的軌跡（方向、道路）明確化，成為「智德統整軌跡」的進升。

肆、教育「新動能」的再進升

教育4.0時代，筆者採用的「新動能」是由「主題計畫」帶動的「新動能」：用主題計畫「優化」教育新組件元素、用主題計畫「活化」教育新知能創價、用主題計畫「創化」教育新文明系統、用主題計畫「深化」教育新文化底蘊。「主題計畫」是工具，所以第三篇用六章的篇幅（第十一章至第十六章）提供了筆者所擬訂的六個「主題計畫」範例。「優化」、「活化」、「創化」、「深化」則是「動能」，能轉動教育事業的動能，而轉動的對象則是教育新「組件元素」、新「知能創價」、新「文明系統」及新「文化底蘊」，轉動「新五倫・智慧創客學校」，彩繪4.0教育天空。

　　「後教育 4.0」時代，「新動能」有可能再進升，原由「主題計畫」帶動，進升為「多元精緻」帶動，筆者認為最可能的方向是「新計畫動能」、「新創客動能」、「新智慧動能」及「新文化動能」，逐次說明如下。

■ 一、新計畫動能

　　新計畫動能是指，原本「教育 4.0」時代實施的「新計畫」所產生的新動能，例如：六個計畫範例都是「新計畫」，主軸在「新五倫教育」、「智慧教育」、「創客教育」、「價值教育」、「畢業學生作品展」、「特色品牌教育的智慧創客化」，這些計畫學校實施得愈普遍，產生的新動能就愈大。筆者預估只要有 5％學校試辦「教育 4.0：新五倫‧智慧創客學校試辦計畫」，新計畫動能就能進升 20％的能量，而成為關鍵再進升帶動的「新動能」。

■ 二、新創客動能

　　「教育 4.0」時代，「創新經營」的「特色品牌學校」、「自造者教育」、「智慧創客教育」，會進升與「創客教室」為主軸的整合型計畫一同實踐，然後產生「新創客動能」。此一新創客動能將會使全國 20％以上的教師認同實踐「研發有創意的學習食譜」→「教導能創造的操作學習」→「建構再創新的知能模組」→「完成做創客的實物作品」之創客教育。每個學校多數的領域（學科）及四大處（室）每年都舉辦師生創客作品展，創客教育成為學校教育的新動能，此之謂新創客動能。筆者認為，「創客」兩字為「創新」、「創意」、「發明」、「自造」等時尚的教育名詞找到共同的歸宿，「創客教育」將在教育 4.0 時代大放異彩，其所進升的「新創客動能」或將為「後教育 4.0」時代的關鍵動能之一。

◢ 三、新智慧動能

　　「教育 4.0」時代是「素養取向」的教育，重視德育，學校強化「價值教育」及「智慧教育」，由「智慧教室」到「智慧校園」，由「行動學習」到「自主智慧學習」，再由「自主智慧學習」到「群體智慧學習」，然後進升到「智慧教師」用「智慧方法」編撰「智慧教材」教「智慧學生」，師生都是有智慧的人。「智慧教育」就是「知識（K）→技術（T）→能力（A）→價值（V）」四位一體的「智慧人教智慧人」的新教育，只要 20％以上的教師認同使用 KTAV 教學模式來實踐「智慧教育」，學校教育將產生巨大的新智慧動能，師生的「個人智慧」遞移倍增，國民的「集體智慧」也將快速增長。新智慧動能是融合「智育」與「德育」合流成「素養取向」教育的最佳動能，「後教育 4.0」時代亦將持續滋長再進升。

◢ 四、新文化動能

　　教育 4.0 時代的教育主軸：「新五倫・智慧創客學校」日漸普及經營，待有 20％的學校都在邁向 4.0 的教育時，「新文化動能」就會產生滋長，而成為新文化教育的新動能。此一「新文化動能」具有下列四大特質：(1)智慧生活的文化動能：人民都在追求智慧化生活，工具智慧化、方法智慧化、經營事業智慧化、學習創新智慧化、生活產品智慧化、理想抱負的實現智慧化，這是智慧生活的新文化動能；(2)創客作品的文化動能：創客教育普遍化之後，人人都有「學習作品」，「創客」的「定義與經營」進升到生命的創客（生兒育女）、教育的創客（學習作品）、事業的創客（公司產品）及休閒的創客（琴棋書畫），每一個人從小到大將有豐厚精彩的「創客作品」，人的創客作品定位每一個人的人生；追求創客，適時產出創客作品成為新文化動能，此一創客作品的文化新動能，勢將成為「教育

4.0」及「後教育 4.0」的文化底蘊之一；(3)品質績效的文化動能：教育 4.0 的時代，是追求教育品質進升的年代；「新五倫」教育進升了「德育」、「群育」及「情意教學」的教育品質，「智慧創客教育」進升了「智育」、「體育」、「美育」的教育品質，產出了新「品質績效」的文化動能，此一新「品質績效」的文化動能，也將瀰漫在「後教育 4.0」的時代；(4)價值取向的文化動能：教育 4.0 的時代，「價值教育」受到新的寵愛，它是素養取向教育、德育、群育及「智慧教育」共同的根源（元素），當 20％以上的師生都有個人及組織明確的「核心價值」時（進升到教育4.0），「價值」的追求與實踐將成為新的文化動能，這價值取向的新文化動能，一經開展將穿越時空，成為「教育 4.0」及「後教育 4.0」共同交織的新文化、新動能。

伍、教育「新價值」的再進升

　　教育 4.0 的時代，才開始用「新價值」來牽引教育「組件元素」的優化與進升。「價值教育」在以前是併在「品德教育」與「情意教學」中實施的，「價值」尚未被當作教育的核心元素。筆者在本書中，特別增撰第四篇「新詞釋義篇：新價值」，加寫第十七章「新詞釋義」及本章（第十八章）：第十七章共摘介本書用到的二十個「新教育名詞」，這些新名詞在 4.0 教育以前的教科書中並不常見，多為筆者為了撰寫本書，將「教育理念」進升後統整的新教育名詞，這些新教育名詞更為精準地詮釋教育的本質，並能帶領學校經營者讓自己的學校邁向「教育 4.0：新五倫‧智慧創客學校」的進升，真實地經營「教育新價值」；本章則接續論述「後教育4.0」的可能發展，想像未來教育的「新價值」。

　　教育 4.0 的時代，教育的「新價值」圖像為何？第四篇的楔詞中有較

具體的描述:「教育新價值,價值新教育」,「新覺識,探究,教育4.0新知識價值」、「新方法,發現,KTAV 新技術價值」、「新動能,運作,主題計畫新能力價值」、「新價值,註解,智慧創客新人生價值」,也就是「新五倫・智慧創客學校」具有「教育4.0新知識」價值、「KTAV新技術」價值、「主題計畫新能力」價值、「智慧創客新人生」價值。「知識(K)→技術(T)→能力(A)→價值(V)」都有新的價值意涵。

後教育4.0時代,教育「新價值」會再進升嗎?筆者想像它的可能趨勢是:「自我實現新價值」、「智慧資本新價值」、「集體智慧新價值」、「物人合一新價值」。「自我實現新價值」進升「活出自己」的深層意涵與生命價值;「智慧資本新價值」進升「動能貢獻」的品質意涵及慧能價值;「集體智慧新價值」進升「專業群組」的使命必達及群能價值;「物人合一新價值」進升「人與自然」融合創價及極樂價值。精簡說明如下。

一、自我實現新價值

「活出自己」是每個人類的共同夢想,沒有活出自己的人,枉來人間這一趟,活出自己的學術用語就是「自我實現」。在教育4.0時代,「自我實現」的意涵是:自己的「理想抱負」與「現實情境」吻合適配,自我實現的人擁有適配幸福人生。進入「後教育4.0」時代,自我實現的意涵及生命價值會有新的「進升」及「詮釋」,概略有四:(1)「智慧人・做創客」的自我實現:「智慧人・做創客」成為自我實現的新價值,教育在教每個人成為有智慧的人,每個人都有他的作品,用智慧完成作品,作品具有定位人生的新價值;(2)全人發展的自我實現:人接受完基本教育(十二年),就要達成「人之所以為人」的「六大角色責任」:成熟人、知識人、社會人、獨特人、價值人及永續人,而接受過高等教育的人,要再進升完整的六大角色責任:智慧人、做創客、新領導、優教師、能家長、行國民;這

十二大角色責任若能均衡到位，人最有價值；(3)適配幸福的自我實現：適配的教育、適配的事業、適配的伴侶及適配的職位，建構適配幸福人生，適配幸福進升為人自我實現的新價值；(4)知識價值的自我實現：自我實現的程度與知識攸關，人能覺知「知識」在身體內價值發展的歷程，稱為知識價值的自我實現，屬於自我實現新深層價值。

二、智慧資本新價值

人的智慧資本原指自己腦力是有智慧的資本，是對自己的資本，後來這個資本進升到對人所隸屬的組織（群體）有產生動能貢獻者，稱為有效智慧資本，這也是一種「進升」的「意涵詮釋」。教育 4.0 時代，自我實現的價值在「活出自己」，「智慧資本的價值」則在產生「動能貢獻」，兩者兼備才是「人之所以為人」的人。「後教育 4.0」時代，智慧資本新價值可能再往下列方向進升：(1)「人共好」的智慧資本：智慧資本的新價值在提高組織內部「人共好」的新價值；(2)「事更佳」的智慧資本：智慧資本的新價值在產製研發核心事務的新 SOP（標準作業程序），讓「事更佳」，提高效能與效率；(3)「物精美」的智慧資本：智慧資本的新價值，在幫助組織核心產品的「東西」（物）更為精美，進升其品質；(4)「價新高」的智慧資本：智慧資本的新價值，在提升整個組織有新的高價值（如產品、股價、評鑑）。

三、集體智慧新價值

國力與文化是「集體智慧」觀察的典型指標，國力是全國人民「集體智慧」的總產值，而文化則是全國人民生活的實境總稱。然國家中的次級群組機構單位複雜緊密，大大、小小、高階、中階、基層，又百業分工，有的興隆暢旺，有的成為夕陽產業，政府有時有能，有時又無為，是以國

家人民的「集體智慧」很難辨識、評斷，也很不容易解析其「組件元素」，然後從教育上進行「優化」，不過「集體智慧」名詞的出現，以及「智慧教育」的推動，已經讓「教育」進升到 4.0 的時代。集體智慧來自個人智慧的總和（統整串聯、加乘創價），智慧是可以教育經營的，「知識（K）、技術（T）、能力（A）、價值（V）」四位一體的教育稱智慧教育。至此終於有個著力經營的「初始版本」。

後教育 4.0 時代，「集體智慧新價值」的「組件元素」或許會往下列四個方向「進升發展」：(1)承擔責任的集體智慧：組織成員大家搶著為組織承擔責任，把共同的事務優先做好，再做自己的事；(2)承諾力行的集體智慧：組織成員都能針對本分、本業、家業、共業承諾完成日期，實踐高品質價值表現；(3)創新創客的集體智慧：大家都能創新經營，「用智慧→做中學→有作品→論價值」，匯聚成一種創新創客新價值的集體智慧；(4)品牌風格的集體智慧：每個人都用優勢專長為大家服務，追求獨特的品牌風格，個人的行事有品牌風格，組織（學校）的行事更有品牌風格，國家社會的組織文化到處呈現一種「品牌風格」新價值的集體智慧。

四、物人合一新價值

「共好價值」是「集體智慧」經營的指標，在「教育 4.0」時代，多從「素養取向」的教育做起，追求在教育（學習知識、能力）時，人與人要「共好」，然後加上「自主」、「互動」就能「共好」→「共榮」→「共享」，這是「素養取向」的教育，也是「集體智慧」新價值的「具體機制」，強調「人與人共好」價值的集體智慧。「後教育 4.0」時代，「人與人共好」價值可再進升到「物人合一」（共好）新價值，也就是「智慧教育」教給人的，不只停留在「人與人共好」，還要擴增（進升）到「人與設備（物）共好」、「人與運作（事）共好」、「人與生態（自然）共好」

及「人與時空（律則）共好」，此一「物人合一」新價值，就有點像「極樂世界」（共存、共好、共榮、共享）在人間的新價值。

陸、結語：「極樂世界在人間」的教育想像

工業 1.0 至 4.0 彩繪人類的新文明與文化，工業 4.0 啟發了「教育 4.0」的想像與建構。筆者認為，「教育」是傳承創新人類「知識」的行業，教育如果能像「工業 4.0」般找到具體的「組件元素」予以優化、活化、創化、新化，並標示「鉅觀教育」（如學校）及「微觀教育」（如行政領導、課程教學、教材教法、價值教育等）的明確「階段任務（目標）」及「進升力點（指標）」，設定教育 1.0 至 4.0 進升版本，則教育事業的貢獻度應超越工業 4.0，它可以永續推進人類的新文明與文化。

本書就是「版本」規劃範例，將教育 4.0 界定為「新五倫・智慧創客學校」教育的時代，是教育 3.0（特色品牌學校教育時期）的再進升。全書分四篇（十八章）來闡明教育 4.0 的「新覺識、新方法、新動能、新價值」。本章則為全書的總結，特別用「『後教育 4.0』的想像與建構」為章名，探討論述「教育 4.0」實施之後，有可能的教育發展，並選用了「極樂世界在人間的教育」為發展「任務目標」的版本，來牽引開展「後教育 4.0」時代新覺識（K）→新方法（T）→新動能（A）→新價值（V）可能的再進升，也類似新「教育指標系統」版本的規劃，同時代表著筆者對於「未來教育發展趨勢」的詮釋。

人類新文明與文化的推進，是一種永續「進升」的節奏與旋律，「進升的樂章」如何表達呈現，決定在每一時代人類「集體智慧」的抉擇。「進升」的意涵有時含括短暫的「休息、沉淪、僵化、無知」，然後才有「系統重組」找到進升力點的新覺識、新方法、新動能及新價值。西洋教育史

告訴我們：歐洲的文明與文化歷經希臘羅馬時代的興旺，但也經過中古世紀「黑暗時期」的漫漫長夜（長達三、四百年，人類的核心價值在死後升天，現世只能苦修，男的傳道、女的抄經，爭取死後升天）。文藝復興運動及啟蒙運動之後，人生的價值才從天上回到人間，當下的快樂幸福及事功才對人最有價值。中國教育史也告訴我們：佛教在中國的發展也幾度興盛、幾度「滅佛」，因為佛教建構的「極樂世界」（阿彌陀佛的極樂世界）還是在天上，沒有在人間，知識論的學者通常將之歸類為「玄學」，「討論愈少愈好」，因為它少了科學證據，而「哲學思辨」也多流為「想像」的建構，不能當作「真實的教育學術」。

　　還有的人更悲觀，認為人類的歷史就是「宗教戰爭」的歷史，「正教」與「邪教」的戰爭，為四大宗教「教義」不同所引發信眾之間的戰爭。也有人認為人類的「文明與文化」進升都為人類帶來「災難」，例如：二次大戰的元凶德國、日本都是當時國家文明與文化進升最到位、最強的國家。近代美國參與「韓戰」、「越戰」、「出兵伊拉克」、「敘利亞」都獲得美國國會通過，由總統行使的職權，表象是維護世界的和平正義，實質是「強國霸凌弱國」（霸凌沒有順從其價值利益的國家）。最近，美國又與新興的中國展開「經貿大戰」，加上美國又是「伊斯蘭教恐攻全世界」的主要對象，人類快覺識到「第三次世界大戰」的危機與災難。果真如此，「教育 4.0」的想像都還來不及建構完整，哪來的「後教育 4.0」。

　　「極樂世界在人間」的教育想像，立基於「辦好教育」就是「人類修行」的「進升」。「教育的進升」有可能幫助所有的人「智慧化」及「價值化」，「人與人的互動」、「人拿物做事」、「人與自然互動」、「群組與群組互動」，甚至於「國與國的互動」都展現了「共好價值」，人類在地球上經營的新文明與文化，都是「正向慧能」的凝聚與交互支援。沒有戰爭，沒有暴力，沒有「貿易戰爭」（貨暢其流），沒有「意願的衝

突」，每個人都「全人發展」，充分「自我實現」（活出自己），同時也是有效「智慧資本」（對組織有動能貢獻），過著「適配幸福人生」，這就是「極樂世界在人間」的教育想像。

筆者勉強描繪了「後教育4.0」的圖像，期待這個版本可以引發學術界更多人討論。認同者即為知音，大家共同努力，期待這輩子（還活著的時候）就能看到它在自己的生活世界發現（實現）；不認同者也是知音，大家死後升天（在西方極樂世界），看著人類如何繼續活下去。《大慈菩薩發願偈》上的經文：「虛空有盡，我願無窮，情與無情，同圓種智」是筆者撰寫本書的心情寫照。

❀ 參考文獻 ❀

中文部分

方德隆（2017）。十二年國教核新素養導向的課程、教學與評量。載於 **2017 智慧創客教育學術研討會論文集**（頁 43-80）。臺北市：國立臺北教育大學。

何福田（2010）。**三適連環教育**。臺北市：師大書苑。

何福田（主編）（2013）。**教育入門**。泰國清萊華校教師公會。

吳清山（2017a）。邁向核心素養的基本教育變革。**師友**，**595**，9-15。

吳清山（2017b）。素養導向教育。載於**未來教育發展**（頁 124-151）。臺北市：高等教育。

吳清山（2017c）。**未來教育發展**。臺北市：高等教育。

周何（2002）。**國語活用辭典**。臺北市：五南。

教育部（2000）。**九年一貫課程綱要**。臺北市：作者。

教育部（2011）。**中華民國教育報告書：黃金十年，百年樹人**。臺北市：作者。

教育部（2012）。**中華民國師資培育白皮書**。臺北市：作者。

教育部（2014）。**十二年國民基本教育課程綱要總綱**。臺北市：作者。

教育部（2016）。**中華民國教師專業標準指引**。臺北市：作者。

陳伯璋、張新仁、蔡清田、潘慧玲（2007）。**全方位的國民核心素養之教育研究**。行政院國家科學委員會成果報告（NSC 94-2511-S-032-001）。

曾長泉（2007）。**作文架構一點通**。臺北市：新苗。

臺北市政府教育局（2017）。**優質學校 4.0 評選指標系統**。臺北市：作者。

劉信吾（2013）。因材施教。載於何福田（主編），**教育入門**（頁 121-131）。泰國清萊華校教師公會。

劉真（1991）。教書匠與教育家。載於梁尚勇（主編），**豎立教師的新形象**（頁 31-50）。臺北市：臺灣書局。

蔡清田（2016）。「領域／科目核心素養」的課程設計。**臺灣教育評論月刊，5**（5），142-147。

鄭依琳（2010）。**從感覺學作文**。臺北市：螢火蟲。

鄭依琳（2011）。**從聯想學作文**。臺北市：螢火蟲。

鄭崇趁（2011）。**教育經營學導論：理念、策略、實踐**。臺北市：心理。

鄭崇趁（2012）。**教育經營學：六說、七略、八要**。臺北市：心理。

鄭崇趁（2013）。**校長學：成人旺校九論**。臺北市：心理。

鄭崇趁（2014）。**教師學：鐸聲五曲**。臺北市：心理。

鄭崇趁（2015）。**家長教育學：「順性揚才」一路發**。新北市：心理。

鄭崇趁（2016a）。**教育經營學個論：創新、創客、創意**。新北市：心理。

鄭崇趁（2016b）。創客教育的理論基礎及實踐作為。載於國立臺灣大學師資培育中心（主編），**第四屆師資培育研討會：各科教材教法研討會論文集**。臺北市：國立臺灣大學。

鄭崇趁（2017）。**知識教育學：智慧人・做創客**。新北市：心理。

鄭崇趁（2018a）。「資源統整 4.0」的教育價值及實踐作為。**教師天地，205**，1-18。

鄭崇趁（2018b）。「教育 4.0」的意涵暨「教育經營」的進升。**教育研究雙月刊，288**，53-68。

鄭崇趁（2018c）。建構「核心素養」的元素及零組件：「新知能模組說」、「知識遞移說」及「知能創價說」。**教師天地，206**，1-14。

鄭崇趁（2018d）。「新五倫教育」暨「價值教育」的實施策略〈德育素養・品格情意之進升〉。**教師天地，207**，10-18。

蘇永明（2017）。兩岸核心素養的價值觀分析。載於 **2017 智慧創客教育學術研討會論文集**（頁 81-91）。臺北市：國立臺北教育大學。

英文部分

Gardner, H. (1983). *Frames of mind: The theory of multiple intelligence.* New York, NY: Basic Books.

Glaser, R. (1962). *Training research and education.* Pittsburgh, PA: University of Pittsburgh Press.

Nonaka, I., & Takeuchi, H. (1995). *The knowledge creating company: How Japanese companies create the dynamics of innovation.* New York, NY: Oxford University Press.

國家圖書館出版品預行編目（CIP）資料

教育 4.0：新五倫‧智慧創客學校 / 鄭崇趁著.
--初版. -- 新北市：心理，2018.11
面；　公分. --（教育行政系列；41436）
ISBN 978-986-191-845-7（平裝）

1.教育行政　2.學校管理

526　　　　　　　　　　　　　　　　107018597

教育行政系列 41436

教育 4.0：新五倫‧智慧創客學校

作　　者：鄭崇趁

責任編輯：郭佳玲

總 編 輯：林敬堯

發 行 人：洪有義

出 版 者：心理出版社股份有限公司

地　　址：231026 新北市新店區光明街 288 號 7 樓

電　　話：(02) 29150566

傳　　真：(02) 29152928

郵撥帳號：19293172　心理出版社股份有限公司

網　　址：https://www.psy.com.tw

電子信箱：psychoco@ms15.hinet.net

排 版 者：辰皓國際出版製作有限公司

印 刷 者：辰皓國際出版製作有限公司

初版一刷：2018 年 11 月

初版四刷：2021 年 5 月

I S B N：978-986-191-845-7

定　　價：新台幣 450 元